講談社文庫

戦禍に生きた演劇人たち

演出家・八田元夫と「桜隊」の悲劇

堀川惠子

講談社

戦禍に生きた演劇人たち

演出家・八田元夫と「桜隊」の悲劇

目次

最愛の夫、林新にこの本を捧げる

戦禍に生きた演劇人たち

演出家・八田元夫と「桜隊」の悲劇

八田元夫　1903～1976（撮影・飯島篤）

序章　ある演出家の遺品

無機質な会議室のドアを開くと、二〇人は座れそうな長テーブルの上に、巨大な段ボール箱がびっしりと並べられていた。事前に聞いてはいたが、まずその量に驚く。中に収められているのは全て、ある演出家の遺品だ。没後四〇年、これまで処分されたと言われてきた品々である。

講義棟が建ち並ぶ早稲田大学の敷地の一角に、ひときわ目をひく演劇博物館がある。一七世紀ロンドンの劇場フォーチュン座を模して、正面にはエリザベス朝時代の舞台が、両翼には桟敷席をイメージした木枠の窓が配置され、キャンパスの中でそこだけ異空間を形成している。昭和三年（一九二八）、坪内逍遥の古希と『シェークスピア全集』の翻訳の完成を祝って設立されて以降、国内外の演劇関連に特化した資料を一手に所蔵する、日本で唯一の専門博物館として運営されてきた。

その倉庫の奥深くに、演出家、八田《はった》元夫《もとお》の膨大な遺品は眠っていた。一部の演劇台本を除いては外部に公開されるデータベースにも登録されておらず、一九九〇年代初頭に寄贈されて以降、誰の目にもふれていない。一度、アーキビストの手によって新品の封筒に分類されてはいるが、量が膨大で、完全には整理しきれていないのだと担当者は申し訳なさそうに説明した。

八田元夫（一九〇三〜一九七六）という名前を聞いても、ピンとくる人はもうほとんどいないだろう。八田は、戦前、戦中、戦後と、三つの時代を新劇の世界に生きた演出家だ。子も持たず、趣味も仕事も芝居だけ。舞台に費やした歳月は、七二年の生涯のうち五〇年以上。文字通り人生を演劇に捧げ尽くした男である。

遺品の入った封筒を、ひとつひとつ開けていく。

まず演出家になる前のものと思われる品々が現れた。古びた家族写真には、広い庭に丸髷《まるまげ》に着物姿の母親と勝ち気そうな男の子、明治末期のものらしい。大正一五年（一九二六）発行の東京帝国大学文学部の卒業証書、いやに大きく威圧的だ。聞き慣れない社名の新聞社の採用通知もある。八田に新聞記者という前歴があったとは初耳だ。

別の封筒には、紅白の大入り袋が何十枚も詰まっていた。公演の切符が完売した時に配られるご祝儀袋で、表には墨字で「八田様」とある。テレビや映画と違い、肉体の芸術とも言える芝居は、板の上の一瞬だけが真実だ。後には何ひとつ残さない。確かにそこに舞台があり、大勢の観客の胸を打ったであろう証ともいえる大入り袋は、思い入れの深い品に違いない。どれも皺ひとつないうえ色褪せてもおらず、いかに大切に保管されていたかが感じられる。

その他、戦前の劇評、戦中の演出ノート、芝居のパンフレット、書きなぐられたメモの類、手紙、そして膨大な草稿など、細かなものまで数えれば万単位に届きそうな分量だ。

加えて写真は約一七〇〇点にのぼる。撮影が許されていなかった戦争末期の舞台写真も大量にあった。ある舞台の上には「航空機増産推進移動演劇会」という横断幕が張られている。軍需工場に派遣された時のものだろう。簡素な木造りの舞台に、満員の観客が前のめりで見入っている。テレビもない時代、限られた空間に様々な世界そして人生を見せてくれる芝居は大変な娯楽だった。

ラジオ放送の収録現場で撮影された写真もあった。一本の太いマイクを囲んで、スーツ姿の俳優たちが台本片手にポーズを取っている。後ろには、巨大な日の丸の旗が掲げられていた。

戦後の八田元夫をよく知る一人が、俳優の近石真介《ちかいししんすけ》（八八歳）だ。近石は『サザエさん』の初代マスオ、『ルパン三世』の銭形警部の声、テレビ番組『はじめてのおつかい』のナレーション等で知られ、舞台は退いたが声優として息長く活躍している。その近石にとって八田元夫は、師匠であり俳優人生の原点だという。

とにかく八田の演出は独特だった。演技には絶対に形を付けず、俳優の内から生まれてくる感情を何よりも大切にした。

「演じるな！　感じろ！」

これが決まり文句。そこからの沈黙は長かった。俳優が演技で応えると、「そうだ！　そこだ！　感じたか！」と全身で歓喜する。借り物の演技を嫌い、頑固なまでにリアリズムに拘った。忍耐強さでは比類のない演出家だったという。

そんな情熱溢れる演出家が、舞台を離れれば一転、気弱な男になった。敵は作らず、喧嘩はせず、ちょっと怖がりで、つまらぬことにグズグズ悩む。「モッちゃん、モッちゃん」と呼ばれ、多くの演劇人に愛されたと、劇作家の和田勝一は書いている。

八田は終生恐らく、面と向って人と激論対決するというようなことはなかったのではなかろうか。私が勘違いをして激昂しても、彼は強く抗弁するのではなく、泣くような声で「違うんだよ……。違うんだよ……」と訴えるようにいうだけである。……／八田は死ぬまでこの童心を失わなかった。押し倒されふんづけられながら、この童心で演劇に夢中になれたのだ。子供が無心になるように、彼は芝居によって無心の境地に遊んでいたのではなかろうか（『新劇』昭和五一年一一月号）。

若者たちに交じって立つ八田の姿は、みなより頭ひとつ低く痩せっぽちだ。集合写真ではいつもオマケのように、隅っこに遠慮がちに写っている。鼻にかかる独特の丸眼鏡は一時代前のインテリ青年の臭いがするが、どこか愛嬌がある。白髪混じりの長い顎髭は浮き世離れした仙人のよう。もともと皺くちゃの顔が、笑うとさらにクシャクシャになる。

無邪気な子どものように、童心そのままに演劇の世界に没頭したという八田元夫。しかし、演出家として彼が歩んだ道のりは決して平坦なものではなかった。

私が、八田元夫という演出家の存在を知ったのは、二〇〇四年にさかのぼる。

東京・目黒の五百羅漢寺に、劇団「桜隊」の慰霊碑がある。桜隊は昭和二〇年八月六日、アメリカが広島に投下した原子爆弾で全滅した悲劇の劇団として知られている。九人の隊員は被爆した場所こそ広島だが、その直前まで東京に住まい、東京を拠点に活躍していた俳優たちだった。東京に慰霊碑があるのはそのためだ。八田元夫は戦争末期、その桜隊の演出家を務めた。東京から広島にも同行したが、運命のちょっとしたいたずらで原爆の惨禍を免れ、命を繋いだ。八田は仲間たちの最期を見届け、そして彼らの骨を拾って歩いた。そのことを戦後ずっと背負って生きた。

八田が桜隊について書き残した記録に、『ガンマ線の臨終』(未来社・昭和四〇年)がある。演出家ならではの極めて冷静な観察眼で、桜隊の悲劇を詳細に伝えている。

この記録を参考に、映画監督の新藤兼人はドキュメンタリー映画『さくら隊散る』(近代映画協会・一九八八年)を制作したし、井上ひさしは戯曲『紙屋町さくらホテル』(初演は新国立劇場・一九九七年)を書き上げた。大御所二人に並記するのは気が引けるが、私も二〇〇五年、NHKで桜隊の被爆を描いたテレビドキュメンタリーを放送した。

しかし、番組の制作にはどうしても乗り越えられない壁があった。描けたのは、原爆投下前後の「点」でしかない。なぜなら戦前から戦中、そして戦後へと移ろう演劇界の歩みを描くための歴史的な資料が決定的に不足していたからだ。

なぜあの時代、彼らが桜隊というひとつの劇団に集まったのか、俳優たちは何に苦しみ、何に生き甲斐を見出し、何と戦い、そしてどんな事情を抱えてあの夏の日、広島に居合わせることになったのか。そこには、どうしても埋めることのできぬ広大な空白が広がっていた。

実は新藤兼人監督も、先にふれた自身のドキュメンタリー映画の制作について心残りがあることを吐露している。

　それから併せて、戦争中の新劇を含めた演劇人たちがどんなふうに国家体制の中で苦しんで生きたかということもやったんですが、時間の都合で十分ではありません。今後その点にしぼり、また誰かがやるようなことにでもなれば結構と思います

(桜隊原爆忌の会・昭和六三年会報)。

新藤監督もまた、桜隊という存在の向こうにチラチラと覗く演劇界の暗い影に、まだ描くべきものがあると感じていたようだ。

八田元夫は、決して日の当たる場所に出ようとしなかった。数多くの俳優たちに陰から寄り添い、舞台の袖から戯曲の真髄を極めることに専念した。これまでスポットライトが当たることは皆無だったといっていい。

しかし八田は、演劇界を知り尽くしていた男である。桜隊の記録だけでなく、もっと多くの資料を残しているのではないか。かなりのメモ魔であったことも伝え聞いた。私は改めて八田の遺品を探した。

彼の膨大な遺品を早稲田大学演劇博物館に運び込んだのは、実は八田の弟子だったことが分かった。その貴重さをよく知っていて、処分される直前に目ぼしいものを自分の家に運び込み、長く保管していたのだという。その人も今や高齢のため話を聞くことは叶わなかった。

戦時中の演劇界については、まとまった資料はほとんど残されてこなかった。戦災により劇団の資料は焼失し、国の記録は意図的に焼かれた。時代の変化が急激かつ複雑であったことも、後の検証を難しくした。一方で、改めて光を当てることにより、演劇界の不都合な真実が浮かびあがるという事情もあった。当事者たちによって秘されてきた事実も少なくない。

八田元夫の遺品には、大正デモクラシーに花開いた新劇が、やがて昭和に入って政治に揉まれ、軍国主義に蹂躙され、激しく歴史に翻弄される道程が刻まれていた。抵抗、苦闘、そして哀惜——。その渦のただ中に、八田は生きた。彼の遺品を辿れば、おぼろげで雲を摑むように思えた遠い彼方の記憶がはっきりと色を帯びてくる。

これから始まる物語は、演出家八田元夫の眼を通して見えた、演劇界の足跡だ。戦禍の中に自由を奪われ、手足を縛られ、重い枷《かせ》をはめられ、それでも芝居の世界に生き抜いた舞台人たちがいた。互いを深く愛し、戦争で離れ離れになってもなお、演じることを通じて心を通い合わせようとした俳優たちがいた。

彼らが生きた時代に向きあう時、私たちは改めて反芻することになるだろう。あの時と同じ空気が今、この国に漂ってはいやしないか。頭上を覆い始めたどす黒く重い雲から、再びどしゃぶりの雨が降り出しやしないか。そしてその時、果たして私たちは、足を踏ん張って立ち続けていくことができるだろうかと。

第一章　青春の築地小劇場

文明開化の町、築地

日本の近代演劇発祥の地と呼ばれた伝説の劇場が、かつて東京・築地にあった。

二〇一八年に豊洲へ移転した旧築地市場から、八丁堀方面に向かって新大橋通りを北上していくと、間もなく築地本願寺前の交差点に差しかかる。それを越えて一本目を左に入ったところに、小さな記念碑がある。よく探して歩かなければ見落としてしまいそうなほど、本当にささやかなものだ。

コンクリート製のプレートには「築地小劇場跡」と刻まれている。その右隣には中央区が取り付けた新しい説明版が並んでおり、ここを訪れる人が今も少なくないことが分かる。説明版には、築地小劇場は大正一三年（一九二四）に建てられ、多くの名優を輩出、昭和二〇年三月の東京大空襲で焼けるまで新劇の灯をともし続けたとある。

築地小劇場から生まれた俳優といえば、杉村春子、滝沢修、小沢栄太郎、藤原釜足、沢村貞子、東山千栄子、多々良純、殿山泰司と挙げればきりがない。いずれも、映画や舞台の第一線で活躍した名優たちだ。戦後の日本映画の全盛期を支えた実力者たちと言ってもいいだろう。

築地の風景は近代、大きく様変わりしてきた。江戸時代に埋め立て地として造成され、長く築地本願寺を中心とした寺町として栄えた。それが明治初年、隣接する明石町に外国人居留地が置かれたことで、西洋文化が花開くハイカラな町へと一変する。明治の文化人、内田魯庵《ろあん》は「ドチラを見ても外国人の住宅ばかりで、ドコからとなくピアノの音や……讃美歌のコーラスを聞く時は一種のエキゾチックの気分に陶酔する」（『魯庵随筆　読書放浪』）と書いていて、この頃の築地には魚河岸の風景も劇場のにぎわいもまだない。

異国情緒の溢れる文教地区の風景を激変させたのが、大正一二年の関東大震災である。江戸の残滓《ざんし》を消し去ったと言われる震災で築地は壊滅。そこに、やはり大震災で壊滅した日本橋の魚河岸や青果市場が、築地市場（当時は海軍の所有地）へと移転してくることが決まり、町はあわただしく復興へと動き出す。

槌音《つちおと》が響く中、銀座よりの一角に「劇場ができるらしい」という噂が飛び交うようになるのは、関東大震災からわずか数ヵ月後のことだった。

関東大震災が起きた年、八田元夫は東京帝国大学文学部の二年生である。大学のある本郷も大きな被害に見舞われたが、八田自身は震災には遭遇していない。夏休みで父の転勤先である新潟に滞在していたからだ。地元の新聞には目を疑うような東京の惨状が次々に伝えられてくる。本当に授業は再開するのか、不安に思いながら東京に戻って来たのが九月下旬のこと。

八田は自身の生い立ちについて、膨大な未発表原稿にまとめている（一部は演劇雑誌『悲劇喜劇』に掲載された）。これから本書で描く八田の生い立ちやそれに関する引用は、特に断りのない場合はそれら原稿類に依るものである。

二ヵ月ぶりに大学を訪れた八田は、その変わり果てた風景に驚いた。一番ひどくやられたのが八田の通う文学部で、レンガの建物は見事に倒壊し、入り口のアーチだけがローマの廃墟さながらに残っていた。秋から再開した講義は、医学部の教室や学外の建物を借りて行われ、やがてバラック建ての教室に落ち着いた。

八田の専攻は、美学美術史学科だった。美術に少しでもふれておけば将来、演劇の仕事に就いた時に役立つだろうと考えたからだ。後に詳しくふれるが、彼の芝居好きは寝床で母の乳に抱かれた頃からの筋金入りなのだった。

この頃、八田は頻繁に神楽坂に通っている。ある目的があった。

（引用文中、カッコ内の本文より小さな字は筆者注、以下同）

坂の下り際の所に、牛込会館という貸席があった。畳敷で、いってみれば寄席に毛の生えた位のものであるがともかく舞台があった。そこで、舞台協会や、それから水谷八重子が兄《ママ》（義兄）・竹紫《ちくし》のバックアップで、芸術座を名乗ってスタートした。芝居に飢えた頃であった。片っ端から観ていった。新潟以来馴染の舞台協会。〝三浦製絲場主〟（久米正雄作）をやっていた岡田嘉子の横顔が大変美しかった。芸術座は〝人形の家〟を旗上げ公演にした。まだハイティーンの水谷八重子のノラは、どことなく可愛かった。お人形には見えたけど、最後の叛逆するところでは、どこか娘むすめしていた。そのほか、芸術座を脱退した金平軍之助たちの近代劇場もここを旗上げに使ったたし、それから、須磨子時代の芸術座の流れをひく同志座は、（麻布）十番で芝居をした。そのほか、神田の貸席のようなところで舞台協会が〝お艶殺し〟を上演したのを観に行ったのを記憶している。

東京がすっかりガタガタになっている。芝居とあれば目の色を変えて観に行った。しかし、どれも私の期待を充分には満足させてくれなかった。

第一次世界大戦後の恐慌に、関東大震災はさらなる追い打ちをかけた。被災者一九〇万人、死者行方不明者一〇万人以上、生き残った者も裸同然で焼け出され、経済はドン底に落ちた。それでも八田の手記によれば、焼け跡のあちこちには小さな芝居小屋が貪欲に立ち上がっている。どんな厳しい時代にあっても、役者は演じる場を求め、人々は娯楽を欲する。

年が明けて大正一三年春、八田は新聞のある記事に目を奪われた。

すでに数週間前、新聞は新しい劇場が築地に立つと報じていた。そして創立者、小山内薫《おさないかおる》・土方与志《ひじかたよし》、その他のメンバーも写真入りで報道していた。私はその記事を頼りに板橋（級友）と一緒に、新しく劇場の建つ、焼跡の土地を下見していた。そして六月に入って、いよいよ待望の劇場ができた。仮建築ではあるが、グレーのアーチでもって塗りこめられた表、そして階段を上がって入っていく客席。飾りはなかったが、どこか修道院のような内側の壁も灰色一色の、厳《いかめ》しいがしかし新しい、そんな劇場ができあがった。

すべてが廃墟となり、無に返ったこの東京に、新しい劇場が生まれる——。八田はじっとしていられなかった。劇場ができる前から、何にもない築地の更地を見に行ったり、さらには建築中の建物に入って中の様子まで確かめたりして、その入れ込みようは尋常ではない。

築地の焼け跡に新劇場の開場を待ちかねていたのは、八田だけではなかった。あらゆる演劇関係者、文学者、作家、批評家ら文化人が大変な関心を抱き、その日を指折り数えて待ちかねていた。新聞各紙は何度も紙面を割いて特集を組み、前売り券は早々に売り切れた。紙上に現れた「小山内薫・土方与志」といった創立者の名前からも、これまでとは全く位相も規模も異なる、新しい時代の演劇が始まろうとしていることを誰もが予感していた。

演劇の虜になった伯爵家の息子

後に築地小劇場と呼ばれることになる新劇場の設立に私財を投げ打って乗り出したのが、土方与志（一八九八～一九五九）である。築地小劇場誕生の背景を知るためには、まず与志の特異な生い立ちから辿らねばならない。

与志の祖父は、土方久元。土佐藩の出身で、明治維新後に政府の高官となり、宮内大臣を一一年にわたって務めた明治の伯爵だ。明治天皇からの信頼は厚く、天皇自ら小石川にある土方邸を訪れることもあった。

しかし与志の父は繊細な男で、人間関係の軋轢に苦しみ、若くして自殺している。母は四国の外様大名、加藤家のお姫さまだったが、より格式の高い土方家とはうまくいかず、冷えきった家庭に豪華な洋館はいつも静まりかえっていた。

成長した与志は、冷たい家庭から距離を置き、外の世界に楽しみを見出す。学習院高等部時代には、すでに芝居の世界に熱中していた。同級生の近衛秀麿（近衛文麿は異母兄）らと演劇グループ「友達座」を立ち上げ、大々的に発表会も行った。その行動は学内では目立ったようで、学習院院長の乃木希典《まれすけ》などは「久元の孫を鍛練しよう」と、与志をたびたび剣道の稽古に連れ出しては激しく打ち込んだ。国歌を歌えと言われて、フランスの国歌「ラ・マルセイエーズ」を歌ったという逸話を残すくらいの与志だから、乃木のしごきからは、ほうほうの体で逃げ出したことだろう。

学習院に在学中、与志は、旧薩摩藩出身で日銀総裁・三島弥太郎の次女、梅子と結婚する。梅子は、学習院の与志の演劇仲間の妹ですでに交流があり、二人は事実上、当時の華族では珍しい恋愛結婚だった。梅子による『土方梅子自伝』には、その後の与志の生涯が描かれている。不都合な裏事情も含め、与志本人が書いた自伝よりかなり詳しい。

それによると与志は、東京帝国大学国文科に進学。この時にはすでに、将来は自分の劇場を作るのだと決めていた。大学で海外の戯曲を読み漁り、演劇の理論研究に取り組みながら、自宅の洋館に大型の模型舞台研究所を作って舞台装置や照明の研究をした。

土方与志（提供・朝日新聞社）

歌舞伎の世界では、世襲で固定化されたスターを中心に、ある程度、決まった演目を繰り返し上演する。与志が目指したのは「新劇」だった。新劇の役者は歌舞伎のような派手な化粧や被り物はせず、地の顔で演じる。演目は、様々な作家の戯曲を使う。「演出家」がいわばオーケストラの指揮者のように、照明や音響、音楽、舞台装置、そして俳優を指揮する総合芸術としての近代演劇を日本に根付かせたいと考えた。

与志の演劇実験室は本格的なもので、外国

の演劇に接した経験を持つ文化人や、大学で芸術を学んだ若者たちがぞくぞくと集まった。その中の一人、俳優の千田是也《せんだこれや》（後に俳優座代表）は当時の土方邸について、「小山内薫、山田耕筰《こうさく》、秋田雨雀《うじやく》、市川左団次など名の知れた劇壇、文壇、画壇《ママ》のお偉方や美しい女優さんたちがゾロゾロやってくるし、酒や御馳走は豊富だし、二階までぎっちりつまった色とりどりのお客たち」がいたと自伝に書いている（『もうひとつの新劇史』）。この場所が数年後、築地小劇場を設立するための準備事務所と稽古場に変わることになるのだ。

関東大震災が起きた年、与志は将来の劇場創設に向けて勉強するため、一〇年間の予定でドイツに遊学したばかりだった。それを急遽取りやめて帰国する。小石川の邸宅は焦土の中に無傷で残っていた。与志は、自分の財産はすべて焼けてしまったものとみなし、人々に娯楽が必要な今こそ全財産を投入して劇場を作ろうと決めた。

幸い、国が震災後の復興を早めるために建築規制を緩め、バラック建ての新築を許可していたことも与志の決断を後押しした。バラックなら安価に劇場を建てることができる。そして永井荷風から「築地にいい空き地がある」との情報を得て土地を見に行き、その場で即決したと、後に築地小劇場の経営に参画する浅利鶴雄《つるお》（劇団四季・浅利慶太の父）は語っている。ただしバラック建てが安価とはいえ、妻の梅子によると初期投資だけで一〇万円。一〇〇〇円あれば立派な家が建った時代だ。新劇場の誕生は、土方家の財力あってこその話だった。

新劇の誕生

日本に古くからある芸能と言えば、歌舞伎や能が浮かぶだろう。それを「旧劇」と呼ぶとすれば、「新劇」とは文字通り「新しい劇」、つまり歌舞伎や能ではない芝居ということになる。

その起源をさかのぼると、明治中期に生まれた「壮士芝居」に辿り着く。「壮士」とは、ざっくり書けば自由民権運動に活躍した活動家たちのこと。明治政府による四民平等により特権が廃止され、没落した元士族の関係者が多かった。彼らは政党に雇われて用心棒をしたり、演説会でサクラを演じたりして糊口《ここう》を凌いだ。

さらに、民権運動を弾圧する政府に対して、市民を草の根から啓蒙する新しい活動の場を求めて「芝居」の世界に入る者たちが現れた。有名なのは、中江兆民の後押しを受けた角藤定憲《すどうさだのり》や、政府や社会問題を風刺する「オッペケペー節」で一大ブームを巻き起こした川上音二郎らだ。いずれも大阪が発祥の地で、政府から厚い保護を受ける歌舞伎を否定し、世相を批判した。「壮士芝居」は間違いなく「新しい劇」だった。この流れは後に「旧派」に対して「新派」と呼ばれることになる。

同じ頃、国内では知識階級が海外へ留学し、欧米の近代演劇に触発される者が増えてきた。旧来の歌舞伎でもなく新興の壮士芝居でもなく、演劇を新たな「文学運動」にしていこうという活動が起こり始める。その手始めとしてまず、お手本である外国の戯曲を輸入して翻訳し、日本語で上演する方法が取られた。これが「新劇」という言葉とともに広まっていく（『現代演劇講座』等参照、以下同）。

新劇初期つまり明治後期の指導者として必ず名が挙がるのが、坪内逍遥と小山内薫の二人だ。シェークスピア全集の翻訳でも知られる坪内は明治三九年（一九〇六）、弟子の島村抱月らと「文芸協会」を発足させ、『ヴェニスの商人』や『ハムレット』を上演した。

しかし問題となったのは、俳優の演技の稚拙さだった。坪内は、新劇を普及させるためにはまず、俳優の養成が急務であることを痛感した。戯曲がいくら立派なものでも、それを表現する俳優がいなければ舞台は成り立たない。そこで自宅に演劇研究所を立ち上げた。当時では極めて珍しい男女共学で、素人の俳優に対する教育と訓練を始めたのである。

付言すれば「女優」という職業を確立させたのもまた新劇だった。女の役者といえば、安土桃山時代の出雲阿国《いずものおくに》に代表される女歌舞伎がある。ところが寛永六年（一六二九）、幕府によって女が歌舞伎に出ることは禁止されてしまう。そこで女性が舞台に立てなくなった代わりに男が女を演じる、いわゆる「女形」が登場する。

演劇は男のものという二百数十年にわたって続いた固定観念を、新劇は打ち破った。男が素顔で舞台に立つだけでも十分衝撃的なのに、そこに女まで登場するのだから、何から何まで「新しい劇」だったわけである。

坪内の養成所には、後に新劇女優第一号として喝采を浴び、「芸術座」で活躍する松井須磨子らがいた。須磨子に代表される「女優」という職業は、大正デモクラシーの象徴となる。平塚らいてうが婦人解放雑誌『青鞜』で発表して流行語となった「新しい女」。その言葉の最先端に、女優という存在があった。

一方の小山内薫（一八八一〜一九二八）は明治四二年（一九〇九）、歌舞伎界の二代目市川左団次とともに新劇の劇団「自由劇場」を立ち上げている。左団次にはロンドンの俳優学校で学んだ経験があり、小山内と意気投合した。劇場は会員制で、初回は有楽座（明治四一年開場）でイプセン作『ジョン・ガブリエル・ボルクマン』を上演。その開幕前に小山内は、こう口上を述べた。

「私どもが自由劇場を起こしました目的はほかでもありません。それは生きたいから、

小山内薫

であります（筆者傍点）」

小山内の並々ならぬ覚悟で幕を開けた自由劇場は、谷崎潤一郎ら若手の文化人らに絶賛され一時は話題を呼んだ。しかし、小山内が留学したり左団次が松竹の専属になったりして、約一〇年で自然消滅してしまう。

文芸協会も自由劇場も、それぞれ坪内と小山内というカリスマがいなければ物事が動かず、システムとしての演劇を確立できなかった。活動の拠点となる専用の劇場を持てなかったことも、組織として長続きできなかった理由と言われている。

とは言え両者の取り組みは、芸能の世界に「新劇」というひとつのジャンルを確立させた。それまでの歌舞伎や能の役者とは全く異なる舞台俳優が次々に現れ、彼らはあちこちに小劇団を誕生させていく。そして小山内薫には五年後に再び、築地での大仕事がやってくることになる。

大正という時代は、明治末期に産声をあげた新劇が、知識階級を中心に認知されていった時期だ。逆に言えば、観客はまだ知識階級に限定されていた。そんな時代に、真新しい劇場の客席にちょこんと座り、目を輝かせていたのが八田元夫だった。

演劇少年、八田元夫

新潟市の海岸沿いに広がる公園の一角に、ある男性の胸像がある。戦争末期に鉄の供出により取り壊されたものを、地元の熱い要望で戦後すぐ再建されたものだ。

銅像の主は、八田三喜《みき》（一八七三〜一九六二）。三喜は八田元夫の父である。

八田家は金沢の下級武士だった。三喜の父つまり元夫の祖父も、やはり明治維新で失業したくちで、武士を廃業して筆屋を営んだ。三喜は幼い頃からひときわ優秀で、地元の旧制第四高等学校（通称四高）で学んだ。そして明治二七年（一八九四）、帝国大学（卒業時は東京帝国大学）へと進んで、教育者となる。

三喜は、文豪を多く輩出したことで知られる旧制三中（現・東京都立両国高校）の初代校長を一八年務めた。その手腕をかわれ、大正八年（一九一九）、いわゆる八高までのナンバースクールに加えて九つめの旧制高等学校として新設された新潟高等学校の初代校長として招聘された。八田校長は、帝国大学への進学が最優先された時代にあって、生徒の自主自立の精神を重んじる独特の教育方針を貫いたことで知られ、多くの生徒から慕われた名物校長だった。

三中時代の生徒、芥川龍之介も八田校長を慕い、八田の家を頻繁に訪れたひとりである。芥川は自殺する直前にも、新潟に転居した八田校長をわざわざ訪ねて暇乞いをしている（『八田三喜先生遺稿集』等参照）。

そんな偉大な父の長男として生まれたのが、元夫である。明治三六年（一九〇三）一一月一三日、東京・本郷に産声をあげた。三喜がまだ三中の校長時代のことだ。

元夫の母、敏子もまた教育者だった。東京では府立第一高等女学校（現・東京都立白鷗高校）を皮切りに、複数の名門女学校で教鞭をとった。八田は幼い頃、母を学校に送り迎えする人力車に乗せられ、その膝の上で揺られたことをおぼろげに覚えている。庭には大きな池があり、女中部屋を含めて部屋の数を数えるにも片手では間に合わなかった。

夜、床に入ってウトウトしていると、決まって遠くから「キイー」という音が聞こえた。本郷三丁目の交差点を、切り通しの方へ向かって曲がる路面電車の音だ。その路面電車の道伝いを父母と歩き、上野広小路の夜店を散歩したのは懐かしい思い出だ。

どこかへお出かけになっていた天皇陛下の「還幸」を、父と一緒に沿道にお出迎えに行ったこともある。日本にはすでに憲法も議会もできて、急激な西洋化もひと段落し、二度の大戦に続けて勝利した豊かな〝戦後〟を迎えていた。

八田が七歳の時、母が日本女子大学付属高等女学校に転勤になったのに伴い、本郷から目白台（旧小石川区関口台町）へと転居した。当時、この辺りはまだ東京府の新郊外で、家の近くの坂から早稲田の森の方角を見渡すと、緑の田んぼが広がっていた。目白台の新しい家には、本郷の時にはなかった西洋家具があり、この頃から椅子と机の生活が始まった。家にはオランダのランプが煌々と灯され、木製のオルガンが置かれ、「ブリタニカ」という西洋の金ぴかの字引がずらりと並んでいた。

八田は、日本女子大学に付属する豊明《ほうめい》幼稚園に入園する。毎朝、母に手を引かれて幼稚園に通った。幼稚園が終わると、母が教えているお姉さんたちばかりの学校まで走って行った。母を捜して教室を覗き見してはよく怒られたものだ。

この町での最初の記憶は「ハクブンゴッコ」だ。イトーハクブンという偉い人が、満州で朝鮮人に撃たれて亡くなった。腰に鈴を付けた新聞屋さんが「号外！　号外！」と叫びながら町を駆け、大人たちは一枚一銭を払ってその紙を受け取り、新聞屋さんより大きな声で「大変だ！　大変だ！」と騒ぎたてた。

この号外が出てから、近所の子どもたちの間で「ハクブンゴッコ」が始まった。ハクブン役とアンジューコン役が向かい合い、アンジューコンに撃たれたハクブンは倒れて地面を転がらなくてはならない。みながアンジューコンになりたがり、取っ組み合いの本当の喧嘩が起きた。伊藤博文がハルビンで安重根に暗殺されたのは明治四二年のことである。

八田が小学校にあがる頃、家庭にちょっとした異変が起きた。父さまと母さまが夜な夜などこかへ出かけ、遅くまで帰ってこない。母さまは自分に夜ご飯を食べさせると綺麗な着物に着替え、嬉しそうに出かけてしまうのだった。

どこへ行くのと尋ねてみれば、「大人の芝居よ」と言う。両親はこの時期、坪内逍遥の「文芸協会」、それに続く松井須磨子の「芸術座」の常連になっていて、ほとんどすべての演目を観ている。

母のいない夜は寂しかった。だが、いつもより遅めの寝床で、母が観てきたばかりの芝居を興奮気味に語ってくれるのが何よりの楽しみになった。

「スマコのケティがね、なりふりかまわず追ってくるので、大公の跡継ぎに決まったカール・ハインツはね」とか、「マグダはね、ベッドの中でコーヒーを飲むの、それを伯母さんたちがあきれるの」といった具合に。舞台の上に堂々と振る舞い、自分の人生を輝かしく生きる「新しい女」に、母は興奮していたにちがいない。

幼い八田少年は、夜な夜な繰り広げられる母の話に、マツイスマコとはどんな女の人なのだろうと夢想した。新聞に出ている写真を見たり、父の書斎にあった雑誌を取り出して眺めてみたりして、自分なりのマツイスマコ像を作っていった。

八田の父は、帝大系の学者たちが作った「丁酉《ていゆう》倫理会」に参加していた。八田のメモによると丁酉倫理会とは、明治三〇年、学界の第一線で活躍する哲学者や倫理学者を中心に結成された親睦団体だ。欧米のキリスト教を模範として、日本の生活様式や精神性に於ける近代化の必要性を訴えた。中でも、女性の社会進出と自立の必要性が会の活動のメインテーマのひとつで、大正ブルジョワジーと呼ばれる中産階級向けに会報誌を配ったり、会合を持ったりしてその必要性を議論し合った。八田夫妻が毎夜熱中した新劇の舞台には、新しい時代の息吹が詰まっていた。

大人が夢中になる芝居というものにドキドキしていた八田少年が初めて、劇場で生の舞台を観たのは「テンノーホウギョ」で黒い紋章を上着に一年間着けさせられた後というから、大正時代に入った一〇歳頃ということになる。

丁酉倫理会は年に二度、「家族会」を開き、子どもたちを連れて外出するという催しがあった。そこに観劇の計画が入ったのである。

その頃、新劇の拠点となっていた有楽座では、日曜日の昼の興行を「子供デー」としてそれ向けの芝居を打っていた。活動写真は空気が悪いと絶対に観に行くことを許可してくれなかった父だが、有楽座には連れて行ってくれるという。八田はその日の感激をこう綴っている。

ユーラクザ!! 母から、何度も、シバイの話できいたユーラクザに、その日私はいた。そして、生れてはじめてシバイを見た。それは夢の世界のようだった。ベルがなって、あたりがくらくなる。幕がするするとあがる。サアッと光がさす。牛若丸が出てきた。——あ、あれが金売り吉次だな。オシバイってこういうもんだナ。泥棒みたいなのが出て来た。牛若丸は刀をぬいて、そいつをやっつけた。そして、筆で、壁に何かをかいて行った。ワクワクするような気持で、私はジッと見ていた。

その日以降、八田は「子供デー」の常連になった。そして「裏方」にも興味を示すようになる。有楽座の二階の廊下の先には「電気部屋」と呼ばれる、斜め上方から舞台を見下ろせる小さな部屋があった。探検しがてら覗いてみると、水の入った桶に針金が二本入れてあって、技師がその針金を引っ張ると舞台が明るくなったり暗くなったりした。どういう仕組みなのか分からなかったが、お芝居の秘密を見つけたようでドキドキした。

売店に売っている舶来品「アメチョコ」も、甘くておいしかった。蠟紙に包まれたそのお菓子は、後に「キャラメル」と呼ばれるようになる。

八田は文字が読めるようになる頃には、すでに新聞を隅から隅まで読む癖がついていた。漢字が分からなければ字引を引いて読んだ。ある日、「東儀《とうぎ》鉄笛《てってき》」の記事が出ていて、目が釘付けになった。東儀家は、奈良時代から雅楽を世襲してきた家柄だ。鉄笛は、早稲田大学の校歌を作曲した功績で知られるが、「文芸協会」に参加して新劇俳優としても活躍していた。

八田はその名前を、両親が交わす会話の中に「トーギテッテキ」として耳で聞いて覚えていた。新聞には、鉄笛はとても稽古熱心で、自宅からいつも芝居の声が聞こえると書いてある。八田は、その東儀家の場所を知っていたのだから、もういてもたってもいられなくなった。

小学校の図画の時間、スケッチに出かけた戸山ケ原（現在の新宿・戸山周辺）で、近所に東儀家があるのを見つけていた。両親は、子供デーの芝居にしか連れて行ってくれないが、大人の芝居『ハムレット』では、東儀鉄笛の墓掘りの歌が素晴らしくうまいということを雑誌の劇評で読んでいた。八田は何度も東儀家の前に立ってはじっと耳を澄ませた。一度だけ、「明朗とした台詞をよむ声」が聞こえてきた。ゾクゾクッとするほど嬉しく、それだけで満足して帰った。

中学に入ってからは、父の書斎のシェークスピア全集にバイロン、イエーツ、ホイットマンの詩集を片っ端から読み漁り、戯曲と文学の世界に没頭した。

同じ頃、日本ではシベリア出兵が行われたり、富山に端を発した米騒動が全国に広がったり、普通選挙の成立を目指す運動が盛んになったりと時代は激しく動いてゆく。だが、恵まれた知識階級の坊ちゃんであった八田にとって、この頃はまだ、そんな時代の出来事は自分の生活には何ら関係がなかった。演劇という夢のような世界へのあこがれだけが、日増しに膨らんでいた。

八田が初めて「大人の芝居」を観た時の衝撃についても、ふれておかねばならないだろう。

それは、父が新潟に転勤する三ヵ月前の大正八年一月。八田が一五歳の時である。すでに府立四中（現・東京都立戸山高校）で同級生と演劇の真似っこを始め、父のフロックコートを衣装用に勝手に持ち出していた頃だ。

駒場にあった東京帝国大学農学部の大学院に、又従兄が通っていた。父が何かと面倒を見ていた人で、八田家にもよく出入りしていた。彼の研究室に遊びに行った時、思わぬ誘いを受けた。

「元夫君、今夜、須磨子を観につれていってあげようか？」

又従兄の思わぬ言葉に、八田は飛び上がった。

「エッ、須磨子を！」

幼い頃から何度も母の話に聞き、最近では新聞からその動向は知っていた。師匠であり恋人だった島村抱月が前の年にスペイン風邪で急死し、ひとり残された須磨子は孤軍奮闘していた。観劇の日が大正八年一月四日だったという詳しい日付を八田が覚えているのには、後に述べるような深い訳がある。

又従兄の案内で市電に乗って日比谷へと向かった。子供デー以来の、懐かしい有楽座。演目は、中村吉蔵の社会劇『肉店』一幕と、メリメ原作、川村花菱《かりよう》脚色の『カルメン』四幕である。開演前の有楽座には、着飾った大勢の大人たちが切符を買い求める長い列を作っていた。又従兄は一階のとてもいい席をとってくれた。

煙草のめのめ、空まで煙せ／どうせ、この世は癪のたね／煙よ、煙よ、ただ煙／一切合切、みな煙

北原白秋が作詞した『カルメン』の劇中歌が流れる。紛れもなく、これまでレコードで何度も聴いた『カチューシャの唄』の須磨子の声。その声の主が、手が届きそうなほど近いところで生き生きと動いている。独特の台詞まわし、ギラギラと光るような眼差し。八田は、万年筆書きの原稿にこう認《したた》めている。

幕切れ近くになると、須磨子の演技は熱を帯びて来た。そして、ホセに刺されて殺される場面は、流石にみごとというほかなかった。ミカエラの川田芳子があまり上手でなかっただけに、幕切れのカルメンは、印象的だった。私は興奮していた。家へ帰って寝床に入っても舞台の強烈なイメージが瞼の裏に浮んできて、なかなかねつかれなかった。

翌日もずっと、熱に浮かされたように舞台のことばかり繰り返し考えていた。その日、夕刊は来なかった。その翌日の六日、朝刊を開くと「須磨子自殺」という文字が

飛び込んできた。すぐには信じられなかった。何度も記事を読み返し、一昨日の夜、あの公演の後、牛込の芸術倶楽部で首をくくったということが分かった。

　その後、新聞の演芸欄には、島村抱月と須磨子をめぐるゴシップが飛び交った。男女の風聞は、当事者たちがいなくなれば際限なくエスカレートする。八田には、そんなことはどうでもよかった。やっと手に入れたと思った宝物を、急に奪われたようだった。思い返せば確かに、どこか思いつめたような、熱情に溢れる、何ともいえぬ迫力をまとった須磨子だった。役者がこれが最後と知りながら臨む舞台——。芝居という世界の深淵を覗き込んだような感触が、少年の心に刻み込まれた。

　八田元夫の芝居にまつわる逸話はまだまだ続くのだが、そろそろ築地小劇場の夜明け前に戻らねばならない。

異能の俳優

　伯爵、土方家では新しい劇場創設の準備が進んでいた。

　新劇団の柱ともなる演出は、土方があたることにした。だが土方は弱冠二六歳。大勢の関係者を率いる力を持つ総合演出の存在が必要だった。そこで土方は、新劇の生みの父、小山内薫に協力を仰いだ。土方にとって小山内は、大学卒業後に一時期、師事したことがあり、演出を学んだ恩師でもあった。

当時四三歳になっていた小山内は、かつて手掛けた自由劇場が霧散し、その後も映画会社とのいざこざが続き、失意のうちに関西にいた。若き教え子、与志のたっての依頼を二つ返事で引き受けた。

俳優集めには、与志が学習院時代に始めた演劇グループに繋がる人間関係が生きた。設立前夜に顔をそろえたメンバーには、友田恭助、東屋《あずまや》三郎、汐見洋《よう》、山本安英《やすえ》（戦後はぶどうの会）、千田是也、田村秋子（戦後は文学座）らがいる。

震災で町が壊滅した最中に、雲を摑むような新劇の世界に飛び込めたのは、いずれも経済的に恵まれた者たちばかりだったと言っていい。全員が例外なく、大学教授や医師、政治家、企業経営者らの子息で、八田元夫のように、幼い頃から芝居や音楽にふれることのできる文化的な環境に育った若者ばかりである。

ある日、何の約束もなしに、土方家の門を叩く者がいた。

この一ヵ月近く、この辺をウロウロしている奇妙な男だと女中から聞いて、妻の梅子が用心しながら応対に出た。

薄汚れた学生服を着た青年が立っていた。

名前を尋ねると、「丸山定夫」と名乗った。学生服は、わざわざ美大生のお古を借りて来たらしい。浅草のオペラ歌劇団でコーラスボーイをしているといい、間もなく築地小劇場ができるという宣伝ビラを見て、俳優を志願してやってきた。この一ヵ月、勇気が出なくて門を叩けなかったという。

「一人くらい、こんな人がいてもいい」

梅子から呼ばれて出てきた与志はそう笑って、その場で丸山を研究生として採用した。「こんな人」とは、自分たちとは異なる〝労働者階級〟という意味だ。千田是也の回想によると、丸山は「苦労人で孤独派で、こっちが下手にまともにぶつかって行くとはぐらかされそうで、やはり親しみにくかった」と書いていて、育ちの違う丸山の登場に、仲間たちはかなり戸惑ったようだ。

物語の重要人物となる丸山は、これまで見てきた土方与志や八田元夫と同世代。しかしその生い立ちは、全く別世界のものである。

丸山定夫は、後の相棒となる八田元夫より二年早い明治三四年（一九〇一）、愛媛県松山市に生まれた。

土佐藩出身の父は海南新聞（後の愛媛新聞）の記者で自由党員だった。丸山が父の思い出として書き残した姿は、「耶蘇教になる迄大酒を飲んで暴れ廻り、お袋を怒鳴ったり伝家の宝刀を抜いて柱をチョン切ったりして見せた」といったものだ（『丸山定夫・役者の一生』以下同）。

その父も丸山が小学校二年生の時に亡くなる。母子の生活は「貧乏のどん底」に落ちた。三人の兄たちは医師の家庭の養子や奉公に出され、四男の丸山は、五年生の時に京都室町の親戚に養子にやられている。そこも瘰癧《るいれき》（リンパ節が腫れる結核症の一種）を発病したことで疎まれ、六年生の途中で博多の長男に引き取られている。幼い身にはかなり過酷な放浪が続いた。

丸山の姪（丸山のすぐ上の三兄の娘）で俳優の由利亜夫妻が調べたところによると、松山第三尋常小学校（現・八坂小学校）に、丸山の三、四年生当時の成績が残されていた。親族ということで例外的に開示された成績は、ほとんどの科目が一〇段階中の九か一〇という抜群の内容だったという（『草の花』その六）。

福岡の高等小学校を卒業後、丸山は再び松山の実家に戻り、五十二銀行で給仕として働いた。給仕は正面玄関を使うことを許されず、日給は一八銭、「やつれたお袋が簞笥の抽出しを開けたまま明日どうして米を買おうかと思案に暮れて泣いている様な光景」に、丸山少年は胸を痛めた。進学した同級生らがカフェで騒ぐのを横目に、家と銀行を往復する毎日。学業優秀だったがゆえに悔しさは募っただろう。丸山は、「もうそろそろ物心がついて来ると共に、色々な青春のなやみが私を苦しめた。其の中心はいつも、醜い、貧しい自分であった。私は美人になりたいと思った。金持になりたいと願った。しかして又、美人をうとみ、金持を、ねたんだ」と書いている。

活動写真の「目玉の松ちゃん」（尾上松之助）を観るために、一週間も昼飯を抜いて入場料五銭を貯めたりしたのもこの頃だ。奮起して通い始めた夜学は、体力が続かず欠席ばかりで退学となり、理想と現実の世界はどんどん乖離していく。「自分の運命は何者かに壟断《ろうだん》されているのだと思った。然しそれが何者だかは分らない、只何時の間にか私の性格にむっつりとした卑屈なひねくれ屋の蔭が濃くなって行くのであった」と丸山は振り返る。

人を前へ前へと突き動かす原動力は、さまざまだ。肉親から注がれた愛情や豊かな生活といった幸せな記憶をエンジンに逆境を乗り越える人もいれば、宿命の様に背負わされた負のエネルギーを激しく燃やしながら生きる力に換える人もいる。丸山は明らかに後者だ。後の彼の俳優人生に深みと凄みを与えてやまない鬱屈した劣等感と孤独の澱《おり》は、少年時代から積もり始めていた。

大正七年、一七歳の時、丸山は銀行を辞める。これといって目的があったわけではない。いわば現実からの逃避だった。松山を後にして京都で働く親友の下宿や九州の兄の家に居候しながら、当てもなく職を転々とする。京都では、父のような新聞記者になりたいと複数の新聞社を訪ねるも、学歴も職歴も縁故もない青年は門前払い、逆に新聞配達の仕事をあてがわれてしまう。

とにかく、生きてゆかねばならなかった。新聞配達の他に、写字、俥屋、写真屋の小僧、家具屋の下足番と、「少しでも都合の好い方へ金の沢山取れる方へ身体の楽な方へと」身を委ねた。「其日暮しで、ほんとうに何の貯えも備えもなく、病気になったら死ぬか施療院へ引き取られる覚悟で」いた。

丸山の人生の転機は、新京極の夷谷座《えびすざ》で観た芝居から始まる。

浅草から夷谷座に巡業にきた劇団は、地方ではあまり観ることのない新劇だった。俳優の笹本甲午《こうご》が主演していた。生まれて初めて観た新劇の舞台に、丸山は衝撃を受けた。肉体の動き、声、息遣い、視線、自分に備わるすべてのもので芝居が出来る。これぞ人間の仕事だと思った。自分も芝居を観る側ではなく、笹本のように舞台の上に立つ役者になる。そう誓ったのは二〇歳のことだ（水品春樹「舞台監督の手記」昭和六年）。

翌大正一一年、放浪を続ける丸山は身一つで、縁もゆかりもない広島に駆け込んでいる。新しい劇団が出来るという噂を聞きつけたからだ。

広島の盛り場、新天地の真ん中に「青い鳥歌劇団」という劇団が興行を始めていた。団長はテノール歌手の大津賀八郎。大津賀は明治二八年、広島の中心部、石見屋《いわみや》町《ちょう》（現・幟町）の裕福な商家に生まれた。豊かな声量を持ち、当時神戸にあった関西学院を経てイタリアに留学、アドルフォ・サルコリに師事してオペラを学ぶ。帰国後は東京の根岸大歌劇団に入団し、浅草オペラの全盛期、金竜館で一世を風靡した。日本人最初のオペラ歌手とも言われる大津賀が、故郷の広島に凱旋して歌劇団を立ち上げた。歌劇団は歌だけでなく、短い芝居もやった。団員は約三〇人。半分は東京や大阪から大津賀を頼って駆け付けた芸人たちで、残りは地元で採用した。

日清、日露と戦争が起きるたび、広島は国内有数の軍事都市として成長、経済や文化も急速に発展していた。青い鳥歌劇団が拠点とした新天地のオペラハウス「泰平《たいへい》館《かん》」も、地元の名士が贅を尽くして完成させたヨーロッパ風の豪華建築で、舞台と客席の間にはオーケストラボックスを完備、緞帳も照明も贅を極めた造りだった。大津賀が、これなら恩師サルコリに見せても恥ずかしくないと、実際にイタリアから招いたほどだった。

資産家の大津賀は、面倒見のよさでも知られていた。突然、「仲間に入れてほしい」と飛び込んできた素人の丸山を快く迎え入れた。

この劇団には、先に参照した舞台装置担当の水品春樹（戦後は舞台監督協会初代会長）がいた。水品は当時の丸山についてこう書いている。

> 朝は早くから起きてピアノや声楽の勉強をしたのち、広い庭を掃除し炊事場を手つだい、楽屋入りしてからは、舞台裏のことはもちろん、楽屋風呂のカマドのたきつけから大津賀の身辺の用事、さて《ママ》は皆のお汁粉やそばの使い走りまでいやな顔ひとつせず実にまめまめしく身がるに立働いたのである。こんなふうだから皆に可愛いがられしごく調法がられた。ある夕方のことである。ドシャブリの雨をついて劇場に急いでいる私の前方を、雨傘を山のように背負い、たくさんの男女の高下駄を両手にもてるだけ提げて、素足でスタスタと泥路を行く者がある。しばらく歩いて行くうちにそれが丸山であることを知って眼頭が熱くなったことがある。

そんな丸山だから大将にも気に入られ、早いうちに舞台に立つようになる。ドイツの作家、シュミットボンの戯曲『街の子』。丸山の役は、歌の出番はなくわずかな台詞だけの老楽士役だったというが、その落ち着いた演技は、後に新劇の名優と呼ばれる才能の片鱗を感じさせる存在感があったという（薄田太郎『がんす横丁』）。

広島の青い鳥歌劇団の客席前方に陣取る観客の中には、音楽の道を目指していた少女、中野春子もいた。この少女こそ、若き日の杉村春子である。杉村は後に築地小劇場へ入り、丸山の薫陶を受けることになる。


ところが、飛ぶ鳥落とす勢いで公演を始めた青い鳥歌劇団も、わずか数ヵ月後には息があがってくる。

金銭におおらかな大津賀は、経営は得意ではなかった。より見栄えがするようにと出し物にかける経費ばかりが膨んでゆき、売り上げは団員の生活費へと消えていく。大阪松竹からは、衣装や舞台装置の返却を迫られる。ついに泰平館に支払う小屋代にまで難儀するようになった。青い鳥はとうとう広島を飛び立ち、旅巡業に活路を求めた。泰平館は同年、映画館に姿を替えているが、そのスクリーンに丸山定夫が活躍するようになるのはもう少し後のことだ。

翌大正一二年九月、歌劇団が四国を巡業している最中に、大変な報せが飛び込んできた。東京が大地震に見舞われ、浅草は火の海で壊滅したという。大津賀はすぐさま浅草オペラの再建に協力しようと上京を決断。丸山も大将に続いた。

震災後の浅草は、劇場は焼け落ちて再建はままならず、オペラどころではなかった。仕事にあぶれた仲間たちは、その身を持て余していた。面倒見のよい大津賀は彼らを一座にまとめ、当面の金を稼ぐため、北海道へと巡業に向かう。

この時の巡業に同行したコーラスボーイの中に、丸山定夫と、彼より三歳若い榎本健一、エノケンがいた。古川緑波（ロッパ）とともに浅草喜劇の立役者となるその経歴はあまりに有名だ。無名の丸山とエノケンは何かと気が合い、この旅で友好を深めた。

丸山定夫（提供・中央区立郷土天文館「タイムドーム明石」）

エノケンが旅の途中、地方にいる女に会いに行くのに旅費が足りないとがっかりしていた時、丸山が大津賀の時計をこっそり質に入れて工面してくれたというエピソードを、エノケンは戦後、折にふれ語っている。

もうひとつ、丸山はエノケンに強烈な印象を残している。丸山はコーラスだけでなく、歌劇団の幕間の寸劇にも出演した。ほんのわずかな出番しかない端役なのに、徹底的に登場人物の性格や行動を分析して取り組んでいた。

　丸山と僕はどういうものか気が合った。丸山は舞台ではとてもクサイ芝居をする。研究心旺盛で、もらった役をいろいろに解剖して組み立てる男だった。それでとんでもないクサイ演技をやってしまうので、僕はいつもお前は新劇に行ったほうがいいよ。といってたものだったが、のちに丸山は本当に新劇に行った（『喜劇こそわが命』）。


　この北海道巡業は、東京に戻る途中で旅費がつき、食うや食わずのまま劇団の小道具まで売り飛ばしながら日銭を稼ぐという悲惨なものに終わった。師匠と仰いだ大津賀は酒量が増えてゆき、丸山は介抱に走り回った。そこに未来は見えなかった。東京に帰ってしばらくして、丸山が土方与志を訪ねたことはすでに書いた。住む家を持たぬ丸山は、宿直係を兼ねて築地小劇場の衣裳部屋に住み込むことを許された。劇場住まいは丸三年に及ぶことになる。

「演劇は魔性の魅力を持つ。これに一歩踏み入れた者はその泥沼から足を抜くことはできない」

そう語ったのは映画監督の新藤兼人だ。その言葉を借りるなら、生い立ちの相違にかかわらず、演劇の魔性に魅いられた若者たちが続々と築地小劇場という磁場に引き寄せられていた。

青春の築地小劇場

大正一三年六月一四日、築地小劇場はこけら落としの日を迎えた。

築地の焼け跡に完成した劇場は約八〇坪、外観は灰色で不愛想なゴシック・ロマネスク様式だ。いの一番に駆け付けた八田元夫をまず驚かせたのは、劇場周りの閑散とした風景だった。それまでの芝居小屋には付き物だった、派手なのぼりの類が一切立っていない。客に媚びない不愛想な外観は、かえって新しい劇場の威厳を感じさせた。

中に入れば、これまでの芝居小屋には当然のようにあった桟敷《さじき》席が消え、すべて椅子だった。舞台がよく見えるようにと、客席が後ろに向かってなだらかに傾斜している様は、次々にやってくる観客を珍しがらせた。

初日から五日間、演目は一幕物の新作三本をぶっつづけで上演するという大変な意気込みで、上演前には劇場に入り切れない観客たちの長い列ができた。定員約五〇〇人の客席は超満員でごった返した。興奮気味の八田も席に陣取って、その時を今か今かと待っている。その手にはすでに五回一〇円の回数券が握りしめられていた。

裏方兼俳優の丸山定夫は、楽屋の入り口でバチを片手に大きな銅鑼の前に腰をかがめ、ジッと合図の時を待っていた。

定刻がきた。

築地小劇場（提供・早稲田大学演劇博物館）

新劇場の船出を告げる銅鑼が、丸山の手によって打ち鳴らされた。「ジャーン」という鈍い響きが、八田の脳天を突いた。場内が静まり返り、空気が一気に引き締まる。次の銅鑼で、常夜灯がふっと消えた。腹の奥底に染み入るような、最後のひときわ大きな銅鑼が打ち鳴らされ、その余韻の中で幕が上がった。

最初の演目は、ドイツの劇作家ゲーリング作『海戦』。演出は、土方与志だ。

時は第一次世界大戦。舞台は、これから戦いに臨もうとする洋上の艦船の中。登場人物は、ぎりぎりの精神状態に追い詰められた七人の水兵だ。戦闘という人殺しを選ぶか、それとも自軍に反旗をひるがえして退くのか、七人は激しくぶつかり合う。それも最後は、敵の一斉砲撃に晒されて全員が次々と死に絶えていくという、いわば反戦の戯曲とも言える。

八田はもちろん、舞台の様子を詳細に書き残している。

もう一つ、ボァンと（銅鑼が）鳴って幕がスルスルッとあがった。

「ゼンチョウダ！　ゼンチョウダ！（前兆だ）」という台詞。第二の水兵が右肩をいからし尻を突き出し「ウァウァウァウァウァア！」と怒鳴った。叫びの戯曲である。速射砲のような台詞が重なっていった。早いテンポ。体をぶっつけていくようなリズム。言葉ははっきりと聞きとれないが、幸いオリジナルでゲエリングの海戦を読んでいた。さらに伊藤武雄の翻訳もあわせ見ていたので、私にはドラマの進行も受けとれた。／ブワッと大砲が炸裂・張り物の一つが壊れたようにはずされていく。スペクタクルとしての一つのミクロコスモスというか、それまで日本の舞台で見出しえなかったダイナミックな興奮の中に私はひき入れられていた。……／私が想像していた以上の早さでシュライシュピール、叫びの戯曲は進行し、そして「戦闘は継続する！」（この台詞ははっきり聞こえた）の幕切れで「海戦」は終った。

ふっと溜息とも安賭《ママ》ともつかぬものが私の体をくぐりぬけた。

聞き取れぬほどテンポの早い台詞回し、統制のとれた集団演技、爆発のシーンで舞台を真っ赤に染め上げる照明、滑るように動く大道具、そして地鳴りするような砲撃の大音響――。初めて目の当たりにする舞台に度肝を抜かれたのは、八田だけではなかった。堂々たる新しい劇、新劇の咆哮である。

築地小劇場には日本で初めてプロンプター・ボックス（台詞や合図を送る要員が控える場所）や、ホリゾント（照明を当て背景を作る舞台上の幕）が設置された。八田は『海戦』の次に上演されたチェーホフ作『白鳥の歌』（演出・小山内薫）で、舞台の上に広がる真っ青な空の美しさにただただ驚いた。

初日は無事に終わった。八田は、煙草の煙がもうもうと立ち込め、興奮した観客たちでごった返す狭い廊下を抜けて表へと出た。ついに俺たちの劇場ができた、そんな感慨に満たされていた。

ふと見ると、劇作家の秋田雨雀がいた。八田は旧制高校時代、有島武郎と秋田の講演を聞きに行ったことがあった。楽屋に押しかけ、無謀ながらも拙い文学論で迫って以来のつきあいである。八田は秋田に駆け寄ると挨拶もそこそこに教えを乞うた。

「秋田さん、あの空、あの空の色、あれは何というんですか？」

ああ、八田君と秋田は手を挙げて答えた。

「あれはね、クッペルホリゾントというんですよ、君、知らなかった？」

あっと思った。すでに表現派について解説した翻訳や、近代劇場機構を写真付きで掲載した『コンチネンタル・ステイジ・クラフト』を読んで、ホリゾントの存在は知っていたのに。それでも、まさか漆喰ばかりのクッペルホリゾントが、あそこまでの効果を持つとはまったく想像の域を超えていた。頭の中の知識が、舞台を通して次々に立体になっていく気がした。八田は秋田と連れ立って、銀座、外堀、九段、江戸川橋としゃべり通しで歩いた。ようやく音羽の護国寺前で別れた後も、まだ何かしゃべり足りない気がした。

都新聞は初日の興奮を次のように伝えている。

小劇場が要求されて既に久しいが、わが大東京には、ただ一つの小劇場さえもなかったのだ。……こうした情けない東京に、築地小劇場が設立された事は、劇を愛好する吾々にとって大いなる喜びでなければならない。自分は、此の劇場の誕生を、心から祝福する（大正一三年六月二六日付）。

築地小劇場の評判はたちまち広まり、連日大入りの大賑わいとなる。俳優たちは新作の稽古をしながら、次の作品と、次の次の作品の台詞も同時に覚えるという、ほとんど息をつく暇もないほど演劇漬けの日々を過ごした。計算すると築地小劇場は、一年で平均二〇以上の公演を行っているのだから桁外れである。

最初は場違いな男が来たと、同僚から異端視された丸山定夫。衣裳部屋にひとり寝起きしながら、朝は誰よりも早くピアノの前に立って発声の練習をし、体操し、夜は誰よりも遅くまで戯曲を読み込み、暗い舞台の上で稽古を繰り返した。まるで水を得た魚のように、彼は瞬く間に築地小劇場を代表する俳優のひとりに成長していく。

八田は戦後、演劇雑誌が組んだ「築地小劇場五十年記念」という特集に、「私の大学、私の砦」というタイトルでこんな原稿を寄せている。

もう、黄ばんだノートでくたびれた講義をする大学なんか糞喰え！　だった。演目がかわるごと、感動した舞台は二度、といった具合に、完全な築地の常連になってしまった。誰かが築地の廊下は床屋の待合室みたいだと云った。たしかに、蓬《ほう》髪《はつ》、ボサボサにのばした連中が過半をしめていた。そのボサボサにのばした顔の中から、後でツキジの役者になったり、戯曲をかきだした奴が生れて来た。すでに将来の作家や俳優はこの客席から生れるだろう……なんて評論もかかれていた（『悲劇喜劇』昭和四八年六月号）。

その評論の通り、連日のように観客席に陣取った八田元夫も、築地の船出から約八年後には演出家として丸山らとがっぷり四つに組んでいる。まさに築地小劇場は客席や廊下までも、未来の演劇人たちで溢れ返っていたと言えるだろう。

ただ、熱気を帯びた観客席の隅にはいつも、にこりとも笑わぬ無表情な男たちの姿があった。私服姿の警察官だ。演目はどのようなものか、役者の台詞に問題はないか、この劇場が社会にどのような影響を与えるのか、彼らは密かに、そして着実に調べを進めていた。

築地小劇場が天真爛漫に輝いた時代は、そう長くは続かない。時代は大正から昭和へと進み、新劇の舞台は思わぬ形に歪められていくことになる。

第二章　弾圧が始まった

帝大生、芸能記者に

八田元夫が東京帝国大学四年生となった初夏、小石川の下宿に一通の通知が届いた。

〈本社記者ヲ命ス　月俸四拾圓ヲ給ス〉

日付は大正一四年（一九二五）六月五日、送り主は「日刊日本新聞社」とある。

「えっ、もう？」

八田は思わず驚いた。その後、首をひねった。

「社名が違うぞ」

北昤吉《れいきち》からは、「東西新聞」を創刊すると聞いていた。それが「東西」変じて「日本」になっている。

北昤吉という人物を紹介するには、二・二六事件で処刑された北一輝《いっき》（本名は輝次郎）の弟と書くのが一番分かりやすいだろう。

北兄弟は新潟・佐渡の出身だ。八田の父、三喜の初任地が旧制佐渡中学（現・県立佐渡高校）で、授業も受け持つ校長として北兄弟を教えた。ふたりは上京してからも八田校長を慕い、一輝はたびたび八田の家までやって来た。検閲で出版禁止を食らった著書の山を運んで来ては、八田校長から出版のコツを諭されていた。北一輝の初期の思想は、大正デモクラシーの論客、吉野作造らを講師に招いて授業を行った八田校長の教えに、かなりの影響を受けていると指摘する研究者もいる（松本健一『評伝 北一輝』参照）。

弟の昤吉は早稲田大学を卒業した後、八田が校長を務める三中の教員に引き抜かれた。後に早稲田大学の講師となり、大学が大隈重信の銅像の隣に妻の像を建てようとした時は、学生の側に立って反対運動を扇動したという〝武勇伝〟を八田は父から聞いていた。

そんな事情もあって八田は昤吉にシンパシーを感じ、彼の家によく出入りした。北邸の応接間はいつも左右の論客で談論風発していて、黙って座っているだけで刺激的だった。哲学者の三木清や歴史家の羽仁《はに》五郎と知り合ったのも北邸だった。

八田が「東西新聞」の計画を聞いたのは、晗吉がドイツ外遊から帰ってきた春頃、外国の芝居の様子を聞きに行った時のことだ。晗吉が近いうちに新聞社を立ち上げる予定で、社名は、西と東の文化を交流させる「東西新聞」にするという。八田はつい口走ってしまった。

「僕は誰よりも芝居を観ているから、芸能記者として雇ってほしい」

その場は「考えておこう」の一言で終わったが、次の連絡がいきなりの採用通知。現役の帝大生は、芸能記者を兼ねることになった。

新生・日本新聞社の社屋は、日吉町（現在の銀座）にある二階建ての小さな洋館だった。一階が営業局、二階が編集局というささやかなもので、印刷は東京駅の近くにある毎夕新聞社で行われ、ゲラ（校正刷り）を見に工場まで連日出張した。

日本新聞の主筆は北晗吉、編集局の上層部は様々な新聞社を渡り歩いてきたベテランぞろいだが、八田のようなズブの素人も数人いた。校正係を含めて約一五人、紙面は日刊で四頁だ。四面の四段が学芸部の担当で、原則として八田が演劇、もう一人が美術を担当した。日本新聞の紙はピンク色で妙に目を引いた。

社のすぐ隣には、徳富蘇峰が創立した國民新聞社が軒を並べていた。政府の御用新聞と言われ、日比谷焼き討ち事件（明治三八年）の時には暴徒化した市民の襲撃を受けたこともあった。小さな新聞社があちこちに乱立した時代ではあるが、國民新聞社とのその距離感に、八田には少し嫌な予感がした。

実は、日本新聞社の出資者は、政友会の小川平吉だった。〝国粋大臣〟の異名をとり、四年後に鉄道疑獄で逮捕される政治家だ。小川がこの日本新聞を使って、台頭する左翼勢力に対抗して国粋主義を広めようと考えていたなどという裏事情は、学生の八田が知る由もない。

大正デモクラシーを経た学生たちの軌跡は、ヒューマニズムからアナーキズムへ、そしてコミュニズムというのが定番だ。当時の帝大生といえばマルクスは必読書で、アナ（アナーキズム）かボル（ボルシェビズム）に傾倒しており、八田はアナを自任していた。そんな学生が、国粋主義の新聞社に身を置いてトラブルが起きないはずはなく、やはりその記者生活は一年足らずで終わるのだが、それでも新聞社での体験は刺激的で、かつ彼の演劇人生を大きく左右する幾つかの重要な出会いをもたらした。

顔パスの特権

芸能記者になってからの一番の特典は、築地小劇場の芝居をタダで観られるようになったことだ。すでに八田の顔は常連客としてすっかり認知されていた。劇団の経営部長に「日本新聞学芸部」と印刷された名刺を持って挨拶に行ったら、はじめは「えっ？」と怪訝な顔をされたが、すぐに劇場パスを発行してくれた。これでもう回数券は買わなくていい。

以来、最初の一、二ヵ月はパスを見せて入り、それ以後は顔パスになった。楽屋にも俳優部屋（といっても二部屋しかなかったが）にも、取材を口実に挨拶ひとつで出入りできる。

築地の俳優たちは、演目が変わるたび際立ってうまくなっていった。専用の劇場を持っているため落ち着いて稽古ができるということもあるし、小山内薫、土方与志、そして青山杉作と、全く個性の異なる三人の演出家に、入れ替わり立ち替わり鍛えられることもあるだろうと八田は思った。

この頃、俳優の千田是也は表現派の見本のような安定した演技で存在感を示した。山本安英は「築地の聖処女」などと呼ばれ男子学生の憧れの的だし、田村秋子は普通にしゃべっているような自然な芝居でプロの底力を感じさせた。

そんな俳優陣の中でも際立って見えたのが、丸山定夫だった。丸山は、他の小器用な俳優たちとは異なる何かを感じさせた。とりわけ台詞がうまいわけでもないのに、観客をその世界に引きずり込む不思議な魅力があった。役柄なりの間合い、呼吸、しぐさに独特のものを見せる。役柄を深く分析していて、かなりの研究熱心であろうことは学生芸能記者の目にも確かに映った。

ところがその丸山は、舞台を下りると別人になった。大部屋に訪ねて行ってインタビューをしようにも、むっつり黙り込んで会話にならない。廊下ですれ違っても挨拶すらしない。嫌われているのか、警戒されているのか。暫くしてかなりの人見知りらしいと聞いた時にはホッとしたものだ。この頃の八田には、自分の生い立ちに屈折した思いを抱く丸山の気持ちなど、とうてい理解できなかっただろう。八田と丸山が、全く異なる互いの長所を認め合い、ともに舞台に火と燃えるのはまだまだ先の話だ。

無遠慮な八田の筆は、彼にとって最も興味のある分野となっていた「演出」にも向けられた。小山内薫や土方与志には特に丹念に取材し、記事の上で恐れ多くも頭ごなしに叱りつけたり冷やかしたりもした。そんな記事を書いた翌日は、少し後ろめたい気持ちで劇場に重い足を運ぶのだが、二人の大御所は八田と顔を合わせても文句ひとつ言わない。小山内薫など駆け出しの記者にわざわざ戯曲の読み方について、丁寧なアドバイスまでくれた。小山内が芝居について語り出すともうノンストップで、本当に芝居が好きで好きでたまらない様子が溢れ出した。敵も味方もなく、とにかくより良い芝居を生み出すことに人生の全てをかけている。その人柄に、八田はすっかり惚れ込んでしまった。

日本新聞社に勤め始めて数週間もすると、そこが八田が期待したような「東と西を繋ぐ」新聞でないことは分かってきた。まさに「日本」ど真ん中。日刊の一面はいつも政府擁護の御用記事ばかりで、酷い時には政府の発表文そのままを掲載した。

しかし、記者職の特権は魅力的だった。築地の顔パスだけではない。新潟の実家からの仕送りが月五〇円、それとは別に給料が四〇円（半年で五〇円に昇給した）、さらに劇場や作家を訪問する取材費として「車代」が一回あたり五円もらえた。実際の移動は無制限に支給される電車の回数券で済ませるわけで、車代は銀座の飲み代に化けた。社風が気に入らないからといって、こんな会社を辞める手はない。

八田が好き放題に書き散らす芸能欄は意外に評判がよく、社会部遊軍に応援に呼ばれることもあった。囲みの特集『舌は誘惑する』という食道楽の連載など二〇回も続く大型企画に化けた。この連載を、随筆家の宮川曼魚《まんぎょ》が高く評価してくれたことは思い出深い。食への目のつけどころや具体的な表現までも賛辞され、学生記者は鼻高々だった。一緒に深川「宮川」で杯を傾けながら、宮川は川鰻と養殖鰻の違い、味わい方、タレの作り方などを興味深く語ってくれた。

八田は戦後、この時に書いた食の連載のスクラップを見つけたらしく、「今なら小恥ずかしくてとてもかけそうもない文章を稚気マンマンでかいている。食べもののほうがふきだしていただろう」と振り返っている。

柳瀬正夢と丸山定夫

日本新聞社時代の収穫といえば、柳瀬正夢《まさむ》と友人になったことは外せない。柳瀬は、連載小説に挿絵を描く漫画記者として入社してきた。八田より三つ年上、中学時代に院展に入選したという実績からその世界では天才少年として知られていた。

初めて会った柳瀬は、とても小柄な男だった。頰をふっくらさせてニコニコ笑う童顔は噂に聞く〝やな坊〟という呼び名の通りの雰囲気だ。それにしても、あの柳瀬正夢がなぜ、よりにもよってこんな右傾新聞社に？　と八田がいぶかったのも無理はない。柳瀬は、体制とは真逆の場所でもその名をとどろかせていたからだ。

大正一〇年（一九二一）、八田がまだ高校三年生の頃のことである。東京ではプロレタリア文学運動が盛り上がり、いわゆる〝文士の左傾〟が新聞の見出しになる時代に入っていた。大正一一年には堺利彦らが日本共産党を結成している。フランスの作家、アンリ・バルビュスが、第一次世界大戦への従軍経験から提唱した平和活動「クラルテ運動」に賛同した日本の文化人らが、雑誌『種蒔く人』を創刊。当時、新潟にいた八田がわざわざ取り寄せた雑誌には、導火線に火がついた爆発寸前の「爆弾」が全面に強烈なタッチで描かれていた。これは暫くの間、学生たちの話題をさらった。爆弾は柳瀬が描いた。

院展にも太鼓判を押されるほど正統派としての技量を持ちながら、柳瀬は権威を嫌った。様々な労働運動の機関誌に挿絵、漫画に装丁、ポスターを描きまくり、この時期のいわゆる左翼系の雑誌で柳瀬のイラストが載らないものはないとまで言われた。雑誌が売れるのではなく、柳瀬の表紙だから売れるのだ、といった逸話までささやかれるほどだった。

付け加えれば、柳瀬は死後もプロレタリア画家として高い評価を受け、現在に至るまで各地で遺作の展覧会が開催されている。

実は柳瀬は前年まで、読売新聞社に勤めていた。議会漫画が担当で、国会で機関銃のように演説する犬養毅の顔などは得意ネタだったという。それが関東大震災の余波で社の経営が悪化し、リストラの一環で退社させられた。だが同情した社会部長が「お前の漫画はすてたもんじゃないから、新聞『日本』に行ってみな」と推してくれ、日本新聞社へ入社の運びとなった（井出孫六『ねじ釘の如く』参照）。

東京帝大で美術を学び、自身も好んで絵を描いた八田から見ても、柳瀬の筆運びは天才的だった。柳瀬はいつもスケッチブックを持ち歩き、座ったと思った途端、スラスラとデッサンを描き始める。そしていつの間にか作品を完成させている。力んだ風はチラとも見せない。

しかし国粋新聞社では、そのアイロニーに満ちたデザインが採用されることはあまりなかった。柳瀬自身、ボツにされても気にする風もなかった。

柳瀬は絵画のみならず芝居の舞台装置まで手掛けていて、演劇にも造詣が深かった。八田との距離はあっという間に縮まった。二人は、銀座の泉屋というおでん屋に入り浸った。店の天井には、柳瀬が白い日本紙いっぱいに墨で描いた絵が貼られていた。鼻息荒く猛然と襲いかかってくる牛の顔は正力松太郎（読売新聞社社主）で、その牛に脅されている丸っこいチビは、恐らく柳瀬自身だ。少し後の話になるが、その正力に柳瀬は救われることになるのだから人生は分からない。

泉屋で、柳瀬は酔いつぶれる八田の絵もよくスケッチブックに描いた。「酔態百姿」などというタイトルを付けていたことを覚えている。

この頃、柳瀬はすでにアナからボルに転じていて、確固たる政治的信念を持っていた。八田にもよく「君ももっと勉強しろよ」と言ったものだ。

八田にとっては既存の権威に抗う立場は同じでも、非暴力の立場でゆるやかに繋がりあうアナに対して、革命職業家が率いるボルはどこか中央集権的で過激すぎるように思えて、そこだけはどうしても共感できなかった。


「ねえ八田君、今夜、野外劇を観に行かないか」

ある日、柳瀬が会社帰りに誘ってきた。築地小劇場が初めて、日比谷の野外音楽堂で公演をするのだという。演目はロオラン作『狼』。八田は「築地の連中、野外でどこまで声が通るかみてやろう」と記者根性丸出しで柳瀬について行った。

会場は雨模様にもかかわらず八〇〇〇人近い観客が詰めかけていた。八田は柳瀬とふたり、後方の席に座った。『狼』は何度も観ている戯曲なので話の筋は分かったが、俳優の台詞は聞こえたり聞こえなかったりした。万単位の観客を野外劇場で感動させたという古代ギリシャの役者たちは、やはり素晴らしい発声だったのだなあと、そんな思いで眺めた。

この日、柳瀬が八田を誘ったのには理由があった。実は柳瀬は丸山定夫と同郷で、互いに上京する前から旧知の仲だった。八田から丸山に取材が出来ないという愚痴を聞いていた柳瀬は、八田のために一肌脱いでくれた。舞台の後の出来事を、八田はこう書いている。

はねたので帰ろうとしたら、「ちょっとお待ちよ」と柳瀬が言う。人気のなくなった野天の客席にたたずんでいたら、間もなく顔（舞台メイク）を落とした丸山が小走りに柳瀬の方にやって来た。築地の俳優の中には、もう常連になった私には目線で挨拶する人も多かったが、丸山はどうも人見知りするらしく、私と顔はあってもそれまで挨拶を交わしたことはなかった。……すでに一七《ママ》才で院展、日本美術院展に入選している柳瀬は、丸山にとって畏友であったらしい。柳瀬は「サーちゃん、サーちゃん」と丸山を呼んでいた。

その日は私が二人をひっぱって飲みに出かけた。丸山は口数は多くなかった。彼の酒好きを知っているだけにすすめたけれど、何か基本的な姿勢を崩さなかった。だが、だんだんほぐれていったように思う。

翌日、新聞社に出社すると「さっき丸山さんという人がこれを置いていきました」と給仕が封筒を手渡した。開けてみると、夕べの勘定の三分の一、つまり自分の分だけをきちんと届けていたのである。

この日の飲み代は、八田の「車代」から流用されたのだろう。だが、丸山はそれを朝一番で返しに来た。自分が他人より貧しいからといって、誰かに借りを作ることは何より嫌ったという丸山らしいエピソードである。

間もなくして、柳瀬が突然、日本新聞社を解雇された。

理由は、柳瀬が雑誌に描いた漫画だった。漫画は「ある新聞」について、「『ブルヂヨアには害を与へぬ毒汁』を垂ら」し、「弱き者を常食とする」と痛烈に批判していて、これが日本新聞社のことだという噂が流れたのが理由とされた（『柳瀬正夢　1900―1945』参照）。いずれにしても、柳瀬はその種の仕事を沢山手掛けていて、クビになる理由は山ほどありそうだった。

解雇された後、柳瀬は運悪く軽い腸チフスを患い、寝込んでしまった。馬橋（現・杉並区）にある柳瀬の下宿に見舞いに行った八田は、決して楽ではないその暮らしぶりを見て「コンチキショウ」と思った。その足で会社へ向かった。

〈一、金拾円也　八田元夫〉

そう書いた奉加帳を、編集局長にヌッと差しだした。

「柳瀬の見舞金を集めています」

唐突な言葉に、局長は眼鏡を外して八田を上目づかいにジロリと睨んだが、平社員の八田が「拾円」を出すのだから、「二拾円」と書かざるをえなかった。そのやり方で奉加帳を回していくと、面白いものでみなが次々と「自動的に」金額を書き込んでいき、瞬く間に二〇〇円近くが集まった。この新聞社では、カンパの際に奉加帳を会計に持っていけば、翌月の給料から天引きする形でその日のうちに現金を渡してくれた。

早速、柳瀬に持って行ってやった。カンパ、それも日本新聞社からのカンパだと言って差し出すと、彼は目を丸くしてこう言ったと八田の手記にある。

「君にこんな世話をかけることはないんだよ」

「いや、君をクビにした奴等を一寸おどかしただけのことさ」

「――そうか、じゃ、有難く頂戴するか。――でも、呼び水だけは返しとこうか」

柳瀬は十円抜こうとした。

「冗談じゃない、十円位、車代ですぐ浮いてくるよ」

柳瀬は下宿に籠り、模型を使って着実なデッサンの勉強を始めていた。役者に舞台があるように、画家にはキャンバスがある。どんな状況に置かれても、職人として技術を磨き続けようとする柳瀬の姿は尊いなと思った。

ただ、話はこれで終わらない。翌大正一五年初め、八田は酒をかっくらい、友人を引き連れて革命歌を歌いながら日本新聞社二階の編集局で暴れまくった。器物こそ損壊しなかったが、あちこち思う存分、蹴散らしてやった。部屋に積んであった資料を元の場所に戻すには、かなりの日数がかかっただろう。柳瀬の仇を取った。そしてクビになった。


八田が天真爛漫に記者時代を謳歌したこの時期、忘れてはならないことがひとつある。大正一四年、普通選挙法と同時に成立した「治安維持法」だ。

施行に向けて着々と準備が進められてきた法案を最終的に国会に提出したのは、日本新聞社のパトロンで、当時司法大臣だった小川平吉なのだから因縁である。小川は国会での法案説明で、この法律は共産主義を取り締まるためのもので、「無辜《むこ》の民にまで及ぼすということのないように十分研究考慮致しました」と述べている。

編集局への殴り込みにより、八田と日本新聞社の縁はきれいさっぱり切れた。だが、小川が成立させた治安維持法には、これからの八田ひいては演劇界の「無辜の民」らが、十数年の長きにわたって苦しめられることになる。

「大学は出たけれど」

八田は日本新聞社をクビになってから大学を卒業するまでの数ヵ月間、柳瀬正夢や俳優の佐々木孝丸らが主宰する「トランク劇場」の演出を手伝い、初めて当事者として芝居の現場に立っている。

「トランク劇場」はその名の通り、労働者のいる現場に、荷物を詰めたトランクひとつを抱えて出向いていって軽演劇を見せる身軽な劇団だ。築地小劇場の上品な客ばかりを見慣れた八田にとって、工場や農村のひなびた舞台で、手を叩き足を踏み鳴らして喜んでくれる労働者の反応は新鮮だった。演出という仕事の面白さに、すっかり虜《とりこ》になった。

大学を卒業しても、すぐに就職はしなかった。親父のコネなど使うつもりもないし、演劇以外の仕事に就くつもりもなかった。

たまたまアメリカの映画会社、ユニヴァーサル社の日本支社が脚本家を求めているという話を聞きつけ、話を聞きに行った。短い脚本を一本書いて提出するのが入社試験というので、それは面白いと興味本位で受験した。すると一発で採用された。

ところが配属されたのは、東京のユニヴァーサル社ではなく、京都に出来たばかりの阪東妻三郎の撮影所だった。無声映画の大スターとして人気がうなぎのぼりだった阪東妻三郎は大正一四年、京都に自らのプロダクションを立ち上げ、翌一五年に太秦に撮影所を完成させている。そこに出資したのがユニヴァーサル社だった。自社の脚本家を送り込み、映画化することで利益をあげるという目論見があった。

「なんだ、チャンバラの脚本か」

八田は落胆したが、数年のうちに無声映画がトーキー（音の出る映画）となって爆発的に広まると聞いていたこともあり、ひとまず阪妻プロでの修業を決め込んだ。

最初に書いた脚本は、「戦国時代の封建体制をニヒリスティックに否定したもの」（八田）で、ユニヴァーサル社は面白がったが、阪妻プロからは「撮影に金がかかる」と相手にされなかった。

八田の遺品の中に、この頃の八田について書かれた一枚の新聞記事が残されていた。新潟高校校長の八田三喜に同行して新潟から上京した記者が書いたもので、四段組みの囲み記事には、ぶすっとしてこちらを睨む、ちょび髭の八田の写真が掲載されている。記事の見出しは「代々伝わる髯《ひげ》」（新潟新聞夕刊・昭和二年五月三日付）。

ユ社（ユニヴァーサル社）のシナリオライターである八田さんの令息は名は文学

士ではあるがまだ二十五歳の弱冠なので威厳を保つためには是非髯を生やすことを必要とした、丁度阪東妻三郎が二十六でありながら三十だとへんな意味で誇称しなければならないように。

◇

校長会議に上京した八田新潟高等学校長は、これはカフェ団欒のために（京都から）上京中の劇作家元夫氏とその旅館で会った。

八田さんは元夫氏の髯を見て微笑んだ。彼が廿六の年佐渡中学校長に赴任した時髯を生やしたことを思い浮べながら――……

お茶をもって来た女中を顧みて八田さんはいったものである。

「どうだ、この男は俺に似ているかね」

「ようく似ていらっしゃいますわ」

「そうか。やっぱり他人が見ると似ているかね。実は俺の弟なんだが……」

「アラ、そうでいらっしゃいますか」

八田さんは得意であった。元夫さんは危く例のくせで蓬々と伸びた頭を掻くところであった。

◇

女中は帳場でおしゃべりをしていた。

「お客様は坊ちゃんでしょう」

「ええ、そうよ」

「ちょっと、あんな髯は滑稽ね」

老女が側でいった。

「八田さんもそれでおまえ達をだましたつもりでいらっしゃるところなんぞは坊ちゃんの髯そっくりだよ」

新潟時代、八田は父が校長を務める高校に通った。地元では「ガッコさぼればコウチョが怒る、怒るコウチョの子がさぼる、ヨーイ、ヨーイ、デカンショ」といった歌が流行るほど、「ノラ息子」として知れ渡っていた。

全国的に左翼運動が激しくなり、高校生たちも革命の真似事をして学校運営に抗議しては何かとストライキを打った。その時のアジトとしていつも使われていたのが、何と校長の家で、元夫の部屋だったというのだから開いた口が塞がらない（『八田三喜先生遺稿集』）。この記事には、「ノラ息子」は威厳をつけようと似合わぬ髭を生やしながら、いまだ芝居にうつつを抜かしているといった皮肉も込められているのだろうか。

小山内薫に救われて

京都での脚本家生活は、軌道に乗らなかった。東京では旧友たちが華々しく新劇を舞台に活躍している。それに引き換え、自分は映画化もされぬ脚本ばかりを書く毎日。くさった八田は、京都帝国大学に進んでいた高校の後輩たちを呼び出しては、夜の町を放歌高吟して憂さを晴らした。酒量は一気に増えた。わびしい酒を飲みながら、八田は一日も早く東京に戻って「銀座で泡をふきたい」と書いている（「泡」とは八田が最も好んだビールのこと）。

京都でくすぶっている八田に朗報が入ったのは夏のことだ。

少し前に書き上げていた脚本『新聞鳴動』が、なんと築地小劇場の小山内薫の目にとまり、小山内本人から思わぬ手紙が届いた。手紙には短くこう書かれていた。

「脚本を受け取った、直ぐ読んだ。いいと思う。力が、力が何よりも感ぜられた。頭も悪くない。九月号か遅くとも十月号へ出せると思う」

かねてから尊敬する小山内薫からの直々の言葉に、八田は舞い上がった。

八田の処女作『新聞鳴動』は、日本新聞社が舞台である。民衆の暴動をどう記事にするかを巡って対立が起き、記者はストライキに走り、残された重役が現場で途方に暮れるという一幕物だ。右翼新聞社を漫画でおちょくってクビにされた柳瀬正夢に負けじと、一晩で書き上げた。やはり阪妻プロには採用されることもなく、せっかくの短編はお蔵入りになろうとしていた。

それが小山内薫の目に留まったのは、八田が新聞記者時代に知り合った演劇雑誌の編集者、鴇田《ときた》英太郎のお陰だった。鴇田は、小山内薫が主宰する演劇雑誌『劇と評論』の編集を手掛けていて、八田の原稿を面白がり、「オサナイオヤジに読ませよう」と勝手に持って行ったのだった（『劇と評論』昭和四八年秋季号参照）。

小山内は八田への手紙に約束した通り、『劇と評論』九月号に、一流の劇作家たちと並べて八田の脚本を全二〇頁にわたって掲載した。そして巻末の「編輯者の詞」にこう紹介している。

今月も一人新進を紹介することが出来た。それは八田元夫君である。尤も八田君は全く無名の士ではない。帝大文学部新出身の闘士として知る人は既にその名を知っている。君の本当の力はこれから現れる筈だ。「新聞鳴動」は君の起床喇叭に過ぎない。

小山内薫の激励は、底冷えのする京都の町でやけ糞で酒を飲み進路を迷っていた八田に、とてつもない勇気を与えた。さらに小山内は、八田を『劇と評論』の同人に推薦し、定期的に寄稿する場まで与えてくれた。

八田が次に発表した『十三場』もまた好評で、読売新聞では村松正俊が、東京日日新聞では岸田國士が激賞。八田は自信を深めた。

ある時、小山内から電報が届いた。築地小劇場の休演日に、講演旅行で大阪を日帰りするという。八田は喜んで京都駅から同乗し、大阪での日程にかばん持ちで付き添った。その帰り、京都までの三〇分、急行の食堂車の中が二人きりの時間となった。

「わざわざ来てもらって話す時間が少なくてね」と、先生は日本酒をさして下さった。三十分間を惜しんで僕は、阪妻撮影所での不平を訴えた。「そうかね、そいつあひどい」「然し君、松竹研究所だって、君、ひどかったんだぜ」と、慈父が子供の訴えをきくように、或は友達のようにきき、話して下さった。

夜半の京都駅に立った時、「君、小松ちゃん（劇作家の北村小松）も、蒲田（松竹キネマ）じゃ三年余も辛抱したんだ。くさっちゃだめだよ。がんばって、一仕事して東京に帰ってくるんだね」——と言われたのが、何だかはげまされたような冷酷なような、而《しか》も暖かい感じになって残ろうとする間に、汽車はプラットフォームに僕一人を残して行ってしまった。ブリッヂにやや前こごみに立たれた先生を見た時、僕は風の如く先生の老を感じた。而もその年の若さに比べて、仕事が多すぎるのじゃないかしらと思えた。

小山内から諭され、八田はもうしばらく京都で踏ん張ることにした。それにしても久しぶりに再会した小山内の異様な疲弊ぶりは、暫く頭を離れなかった。それもそのはず、築地小劇場では身も心も休まる暇すらない騒動が勃発していた。

ズタズタにされた猿蟹合戦

昭和二年三月三〇日、開幕から四年目を迎えようとする深夜の築地小劇場には、悲愴な空気が漂っていた。真っ暗な客席を背に、舞台には三〇人近い劇団員が集まっている。俳優、丸山定夫もいる。みな憂鬱な面持ちで一言も発しようとしない。

初日は明後日、四月一日に迫っていた。当初の予定からは一週間近くずれ込んでいる。演目は、北村小松脚本『猿から貰った柿の種』。すでに通し稽古を済ませ、大道具も衣装も照明も音響も準備は全て整っていた。だが、肝心の「上げ本」が届かない。徹夜になることは間違いない。いや、徹夜でも間に合わないかもしれない。悲愴な覚悟ゆえの沈黙が、深夜の劇場を覆っていた。

「上げ本」とは、劇団が制作した台本に、当局による検閲が為され、上演許可の判が押されたものをいう。全ての台本は上演一〇日前に警視庁の検閲係に提出し、検閲を受けなくてはならなかった。この頃から検閲は厳しさを増し、初日の前日になって突然、上演禁止が下されるという非常事態も度々、起きるようになっていた。

二日前の三月二八日、実は『猿から貰った柿の種』も一旦、上演禁止を下されていた。戯曲は日本の寓話「猿蟹合戦」を元に創作されたもので、猿は蟹を騙し、柿の種と握り飯を交換させる。猿は握り飯を平らげた後で蟹に柿の種を撒かせ、八年間、育てさせ、ようやく実った柿まで取り上げる。怒った蟹は臼や栗、蜂と協力して猿をやっつけるという有名な話。当局はその寓話に「資本家と労働者、地主と小作の関係を意図的に重ねている」として上演の中止を言い渡した。

舞台に穴を開けるわけにはいかない。交渉の末、タイトルを『柿の種』と差し替えることを条件に上演禁止が解かれ、再度の検閲が行われていたのがこの日の夜のことである。改題に深い意味はない。一度決めた上演禁止を解く警察の面子《メンツ》を保つためだけのことだ。『猿から貰った柿の種』でも『柿の種』でも、大差はないのだから。

検閲の所管が警察から内務省に移り、さらに特別高等警察（以下特高）、警保局、憲兵隊も加わり、劇団員総出で提出用の台本を何部も書き写す修羅場が来るのはもう少し後のことだ。つまり『柿の種』を巡る騒動は、まだまだ序の口ということである。

時計の針が午前零時を回る頃、築地にようやく「上げ本」が届いた。脚本担当が警視庁から検閲済のハンコが押された台本を抱きかかえ、円タクに飛び乗って戻ってきた。

赤字の訂正、そして削除の付箋。想像以上のダメージだった。劇団員からは深いため息が漏れる。このまま上演すれば支離滅裂で意味が通らない。俳優の台詞はもちろん演出も照明も一からやり直し。落胆する間もなく、徹夜の改変が始まった。舞台には焦りの怒号が飛び交う。もはや芸術性を高めるどころではない。そこには、つじつま合わせのための虚しい作業があるだけだった。

東京・一ツ橋の共立女子大学には、築地小劇場の検閲済台本一二〇冊が所蔵されている。戦前、築地小劇場文芸部で翻訳や演出を担当した北村喜八が保管していたもので、昭和三六年に遺族から寄贈された。当時の検閲を生々しく知ることのできる、生の貴重な記録である。

その中に『柿の種』の上げ本もあった。元の台本は築地小劇場の印字がある原稿用紙に手書きで書かれていて、所々に赤字の書き込みや×マークが見える。

削除は、第一幕第二景の娘と蟹と栗の言葉が数ヵ所、第二幕第一景では栗と蟹の言葉、二景は約三分の二が丸ごとカット。三景は全部カット。四景は蟹の言葉、五景は全部カットだ。台詞の削除どころか、二幕七景の芝居が二幕五景に縮められている。これでは芝居として全く筋が通らない。

全削除とされたラストの第五景を見てみると、全二頁、シーンとしては短い。その全面には太く乱暴な墨字で×マークが記されていた（カッコ内は演出上のト書き）。

（夜あけである。暁の空の前に柿の木がシェルエットを作っている。そしてその柿の木の枝に、猿の着ていた着物がつるされている。／それを蟹だの栗だの蜂だのの群集がとりまいている。／一段と高い処に蟹が登る。）

蟹（咳払いをして）「前略……中略……後略……」

（すばらしい拍手、楽隊は勇壮活潑な行進曲をやりはじめる。群集はそれに足なみ合わせて退場する。夜が次第に明けて来る。と柿の木の上で鴉《からす》が一羽、「ガオ、ガ

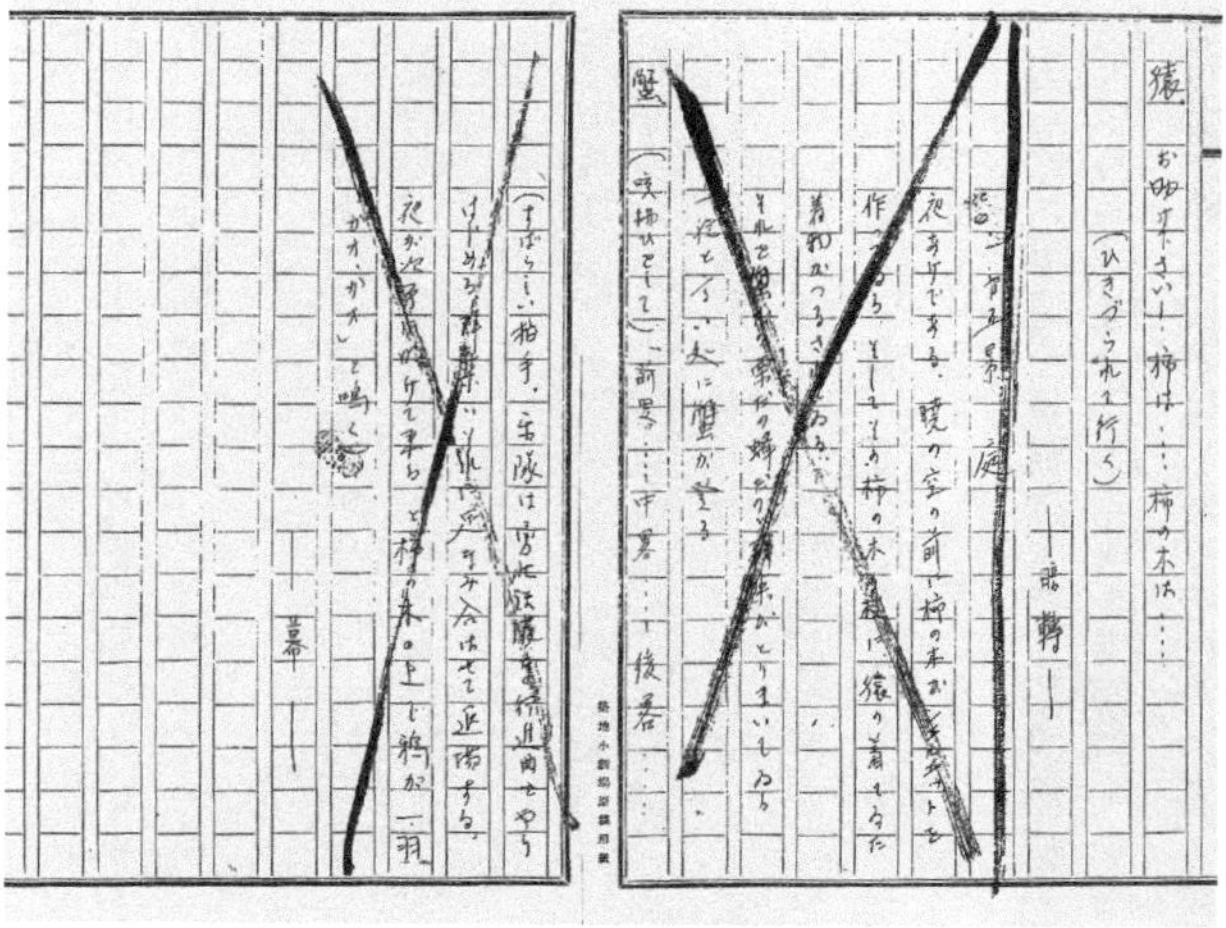

検閲された『柿の種』台本（『築地小劇場検閲上演台本集』第八巻より）

オ」と鳴く。）　――幕――

台詞は「前略……中略……後略」の一行だけ。この奇妙な台詞には理由がある。物語を象徴する蟹の勝利の言葉は、初期の検閲で削除された。どんな台詞を書いても削除されるため、端《はな》から全て「略す」と書いた。やけっぱちの検閲対策だが、台詞は役者の感情の込め方や抑揚次第で、現場で「色」を付けることができる。観客も奇妙な台詞に検閲の影を察し、逆に応援の意を込めて拍手喝采となる場面だ。このやり方が検閲官の癪にさわったのだろう、台詞どころか一景丸ごと却下を食らう羽目になった。

大切なラストシーンを検閲官にもぎ取られ、実際の芝居はどう始末をつけたのか。演出した小山内薫はこう書き残している。

北村小松君の「猿から貰った柿の種」を築地でやった場合もそうだ。初日間際になって、支離滅裂とも何とも言いようのない削除訂正を要求されて、実に僕等は当惑した。併しもう準備はすっかり出来ていたし、初日は迫っているというので、どうにもしようがなかった。とうとうやってはしまったが、あんな筋の通らないわけの分からない芝居をやったのは生れて始めてだ。作者に対しても、見物に対しても、僕等は実に申訳のないことをしたと思っている。しかも、警視庁では、兎に角やらせたのはこっちの好意だと言ってるそうだ。何が好意なものか。

こんな例を挙げていたら切りがない（『小山内薫全集』第六巻）。

あらゆる準備を無駄にした、満身創痍の芝居。舞台監督の水品春樹は「折角の社会批判を示す科白は全部官憲に掠奪されて終って、残ったものは単なる動く活人画にすぎなかった。役者はやけくそになって、舞台ではね返った」と憤っている（『築地小劇場史』)。

役者たちは削除された台詞を、パントマイムの格好で口パクで大袈裟に演じてみせたり、カットされた脚本をそのまま劇場の廊下に張り付けたりして、せめてもの抵抗を示した。

二つの危機

この時期、築地小劇場には二つの危機がしのびよっていた。

一つは、経営悪化である。年間二五本前後の戯曲を上演し、これに再演や地方巡業が加わる。一本あたりの稽古日数は十数日の計算だ。役者は常に複数の劇の台詞を頭に叩き込み、演目が変わるたび大道具も衣装も一新する。不眠不休の戦場のような日々に検閲の騒動が加われば、どれほどの負担が生じるか想像するまでもない。

検閲で上演禁止を食らい、制作準備に費やした膨大な出費が回収不能になりだすと、最初から当たり障りのないテーマを選ぼうという声が上がるようになる。当局との摩擦を避けるため、社会を批判する戯曲は止め、穏やかな芸術作品に特化しようというのだ。

あくまで芸術重視の小山内薫と、思想重視の土方与志。二人は常に話し合い、行く先を模索しあった。しかし当人たちの関係をよそに、団員が方針を異にする二派に分かれて対立し始めた。小山内派は、検閲官に目をつけられて混乱を招く土方派の方針をよしとしなかった。

土方が築地小劇場創設の初期費用として一〇万円という莫大な金を投資したことはすでに書いたが、その後も赤字の補塡は続き、わずか三年でさらに一〇万円以上をつぎ込んでいる。さすがにまとまった現金は底を突き、明治天皇恩賜の品を売却した時には、ここぞとばかり新聞に叩かれた。土方の財力に陰りが見えてきて、土方批判は遠慮ないものになっていった。金の切れ目は縁の切れ目ということか。

この年の三月、築地最後の研究生として杉村春子が広島から上京、入団した。杉村は、先輩の岸輝子（後に千田是也と結婚）から「あんたせっかく来たけれども、土方先生お金がなくなって貧乏になってきたのよ。いつできなくなるかわかんないよ」と言われて驚いている（『土方梅子自伝』）。

そのうち上演禁止を回避するための「内閲」が横行し始める。企画の段階から警視庁に粗い脚本を見せて伺いを立てる苦渋の策だ。そうして完成した台本は、たとえ削除が少なくとも、すでに骨抜きにされている。権力による締め付けが、経済的事情からやがて本丸の表現内容へと浸潤していく様、そして衝突を避けるための自己規制という構図は、いつの世も似ている。

もう一つの危機は、政治の世界、それも左翼陣営からの攻撃だった。

これまで、築地小劇場のよきファンであり支援者であった帝大系の学生グループが、激しい築地批判を始めたのだ。プロレタリア文学運動の旗手として最前線にいた中野重治は、今の築地の芝居は小ブルジョワ演劇で、単なる「コスチウム・プレイ」である、現実社会に向きあって支配階級と闘う革命的な「プロレタリア演劇」を目指すべきだと再三にわたって攻撃した。

官憲からは検閲による弾圧を受け、急進的な左翼グループからは生ぬるいと鞭打たれる。芸術の世界で静かに人間の営みを見つめようとすることは、もはや許されない時代になりつつあった。

プロレタリア演劇運動の先頭を走っていた劇団「左翼劇場」は、築地の劇団員を引き抜くためフラクション活動を始めた。日本プロレタリア芸術聯盟（プロ芸）の幹部だった宅昌一《たくしょういち》はこの策動について、「プロ芸演劇部のメンバーは、築地小劇場の連中に近ずい《ママ》て、彼らに左翼的影響をあたえるという組織活動が指示されていた」として、自身も築地の俳優たちに交流する機会をつかまえて接近していったと書いている

（『回想のプロレタリア演劇』）。

この時、京都にいた八田元夫は、築地小劇場を取り巻く動向を察知し、『劇と評論』に重ねて築地批判への再批判を寄稿している。その書きぶりと掲載時期から推察して、築地批判を繰り広げる中野重治ら東京帝大文学部の後輩たちに当てたものだろう。八田は、政治が芸術の世界に介入しすぎて舞台の本質を変えてしまうことに強い警戒心を抱いている。

技術だ、技術だ、技術だ。技術とは、訴える力だ。燃えたぎる闘争意識も、表現の力をもたなければ、玩具屋の看板に過ぎないいじゃないいか。理論闘争、結構。この国の文学青年は今迄、余りに何もしらなかったんだ。仮面をかぶった小市民根性、爪をといだ支配階級、思う存分やっつけろ。テーゼ、ヤア、現段階、ヤア——だが、部分社会としての芸術社会に於て、技術的革命なしに何が出来るんだ。それよりも前の問題がある。芸術に於る理論は、その行動の裏書なんだぜ。何等の訴える力のない作品がピョコピョコと飛出して、それで左翼芸術家とはよく出来た。子供達よ。御前達は全体の中で何をしているんだい。プロレタリアを名目にしてのオナニズムはやめて貰いたいね。……旗をぶらさげて、闘争意識を感じ、ホリゾントに字を書いて満足を覚えるなら、芝居なんてやめてしまえ

（『劇と評論』昭和二年二月号）。

八田が批判する「ホリゾントに字」とは、当時流行り始めていたプロレタリア演劇の手法のひとつだ。芝居の最中に、政党や労働組合のプロパガンダを、照明を使ってホリゾントにでかでかと映し出すやり方である。

また別の雑誌に八田が掲載した長文の寄稿は、欧米の演劇では変革の後に必ずリアリズムに向かっていると指摘し、プロパガンダではなく、労働者や庶民の苦しみ、生き様をもっと素朴に写実的に描くべきだとも提唱している。八田は戦後もずっと、この主張を変えることはなかった。

そんな八田の原稿を、何度も頷きながら読んでいたのが丸山定夫だった。師匠である小山内薫の『劇と評論』は丸山の愛読書だった。プロレタリア運動が最盛期を迎えようとする時代にあって、八田のような主張を堂々と書く者はほとんどいなかった。いつだったか親友の柳瀬正夢に頼まれ、仕方なく一度だけ酒席に付き合った八田元夫。その時はどこか軽薄に思えた芸能記者の真を突く書きぶりに、丸山は意外な印象

を受けた。

かつて坪内逍遥や小山内薫が歌舞伎や能の世界を否定して、翻訳劇を中心に知識階級に新しい娯楽を定着させたように、新たな潮流が新劇界を動かし始めていた。大正から昭和にかけて、世界は革命や大戦を経験した。その影響を色濃く受けた日本でも資本主義を否定し、労働者のための「プロレタリア演劇」の時代が到来する。

新劇の舞台には、凄まじいイデオロギーの嵐が吹き荒れることになる。

第三章　イデオロギーの嵐

師匠の死

昭和三年（一九二八）春、八田元夫は京都から東京へ引き揚げる列車の中にいた。大学を出て約二年、京都で過ごした。最後頃は、もう阪妻プロに顔も出さなくなっていた。会社に脚本が取り上げられず、地元の絵専《かいせん》（現・京都市立芸術大学）の卒業生たちが作った「美術劇場」に参加して演出の仕事に入れ込んでいた。

そんな課外活動に励む最中、撮影所の出資者であるユニヴァーサル社と阪妻プロの間で経営を巡って紛争が勃発。ユニヴァーサル社から派遣されていた八田は所長室に呼び出され、「めでたく」解雇の運びとなった。

二年ぶりの東京は我が家に帰ってきたような気がした。京都では何ひとつやり遂げられず挫折感だけが残ったが、やはり東京こそ自分の居場所だと思った。

当面の仕事は、京都時代に続いて映画界に見つかった。運よく日活の森岩雄（後に東宝取締役）が主宰する「金曜会」に入ることができたのだ。「金曜会」は日活向けの映画の企画や脚本を練る企画部門で、後に大監督と呼ばれる溝口健二や山本嘉次郎《かじろう》ら優秀な制作者がそろっていた。その末席に加わることができたのは、前年に新聞に批評が載るような脚本を書いていた実績も幸いしただろうが、何よりも師匠、小山内薫との繋がりが影響しているだろうと八田は心の中で感謝した。

金曜会での仕事は週に一度、その名の通り毎週金曜日に必ず出社すること。事前に与えられたテーマを調べて報告書にまとめたり、作家の長編作品を映画の企画用に書き直したり、特に課題が与えられていない時には自ら脚本を書いて日活に提案することもできた。企画の採用不採用にかかわらず相当のギャラが支払われ、ここだけの仕事で十分、生活費を得ることができた。

この時期、例えば八田はこんな筋書きの脚本を書いている。

——日清戦争で日本軍兵士の混血児として朝鮮に生み落とされた子どもが、日本の炭鉱に働きに出て来て、関東大震災に遭遇、朝鮮人虐殺の惨禍を生き延びて、上海に渡って新たな人生を送る……。

八田の問題意識は明確に見ることができるが、日活の映画にはちょっと馴染みそうもない。実際のところ八田にとって金曜会での仕事は当座の生活費のためで、目線はいつも演劇界へと向いていた。新しい公演が行われる度、演出を研究しようと観劇して回った。しかし、その演劇界に飛び込めずにいたのには理由があった。

昭和三年という年は、大正天皇の喪が明けて昭和天皇の即位式が行われ、事実上、昭和という時代が一気に動き出す年である。

二月、日本で初めての普通選挙が行われ、日本労農党や社会民衆党といった無産政党が八議席を獲得。政府は正式な選挙を経て誕生したこれらの組織を合法と認めた。その一方で翌三月、治安維持法を適用して共産党関係者一六〇〇人を一斉に検挙する、いわゆる「三・一五事件」が起きている。後に詳しくふれるが、治安維持法はこの事件を機に、当局によってさらに都合がよいように改正がなされている。

演劇界では、「労働者のための演劇」という新しいスローガンを掲げた日本プロレタリア芸術聯盟が捜索を受けた。中野重治らが連行されるも、この時は嫌疑不十分ですぐに釈放されている。この頃まで、芸術家に対する弾圧はまきぞえ程度のことに過ぎなかった。

八田は「三・一五事件」の新聞報道を怒りを持って読んだ。弾圧を露わにしてきた体制には強く反発し、デモがあればすぐにその列に加わった。演劇仲間のほとんどはプロ芸に参加した。労働組合という大組織をバックにした舞台は観客動員も派手で、とにかく盛り上がった。その最先端を走る「左翼劇場」では、俳優が舞台の上で労働者を鼓舞するシュプレヒコールを叫び労働歌を歌い出すと、観客も揃って足を踏み鳴らし、劇場は割れんばかりの大合唱に包まれた。八田は観客席に居ながら、演劇がこんな浅くて荒っぽい内容でいいのか、いやこれこそが演劇の力かもしれぬ、そんな自問自答を繰り返すばかりで時代の波に乗れないでいた。

プロ芸は微妙な思想の違いや人間関係の軋轢によって仲間内で激しい内部抗争が頻発し、脱退、除名、追放そして新組織の結成と離合集散が続いていた。八田は単発で演出の仕事を頼まれれば引き受けはしたが、プロ芸には敢えて所属しなかった。「整理しきれないアナーキズムに悩みながら戯曲を書」き、「ヘーゲルに迄さかのぼって勉強をやりなおし」たが、どこに落ち着くかは数年の間、悩みの種であり続けた。

八田が迷いを深めた背景には、恩師、小山内薫の存在もあった。小山内が率いる築地小劇場は、プロ芸から「ブルジョワ演劇」と激しく突き上げられていた。自分がもしプロ芸に入れば、築地小劇場つまり小山内を裏切ることになる。

東京に戻って数ヵ月が経った頃のことだ。築地小劇場に芝居を観に行った帰り道、仕事を終えて自宅に戻ろうとしている小山内の車を見つけた。駆けつけて窓を叩いて同乗し、そのまま自宅まで付き添った。自分の内の葛藤を聞いて欲しかった。

「君もとうとうマルキストになるのかねえ。僕ももう一〇年若かったらなあ。しかし、この身体じゃ駄目だ……」

小山内は寂しそうに嘆声を漏らした。官憲の検閲には舌鋒鋭く抗議文を書き連ねていた小山内だったが、政治との距離を縮めることには常に慎重だった。小山内にとって演劇とは「生きるため」であり、「労働運動のため」ではなかった。

小山内は心労の重なりもあってか心臓発作で何度か倒れていて、体調をひどく崩していた。ハンドルを握る運転手は、小山内の身体に障らぬよう時速二〇キロにも満たない速度でのろのろと走る。小山内の語気にも、かつての勢いはない。俯《うつむ》いた横顔は、その年齢にはひどく不相応な老いの影を感じさせた。もしかすると自分は小山内をひどく失望させてしまったのではないか、そんな不安に襲われたのは帰路についてからのことだった。

それから半年後の一二月二五日、小山内薫、急死の知らせが入る。

築地小劇場の俳優たちと慰労会を行っている最中に心臓麻痺で倒れたという。まだ四七歳という若さだった。

その二日前、八田は築地小劇場で『当世立志伝』を観劇している。かつては胸を躍らせて足を運んだ築地の芝居だったが、「左翼劇場」の勢いに比べると、どこか気が抜けたように感じられてならなかった。「修道院」とも揶揄される静かな劇場、そこに品よく座る上流階級のお客たち。築地は明らかに、時代に乗り遅れているように思えた。

帰り際、劇場の暗い楽屋の廊下を、杖をついてゆっくりと歩く小山内の後ろ姿を見た。小さな背中は疲れ切っていて、八田は声をかけることができなかった。それが恩師の最後の姿となった。

大恩のある小山内と袂を分かたねばならない時が近づいている、その現実に胸を痛める最中に聞いた訃報だった。何の解決も報告も恩返しもできぬまま、小山内は逝った。

小山内への追悼を認めた八田の文章は、珍しく感傷が剝き出しである。初めて自分の仕事を認めてくれた恩師の死は、自分を「ペシャンコにした」と八田は書いている。

先生を失った今、僕に何を書けと云うのだ。和英でもひいて美辞麗句で先生をほめたたえ、この感慨を人絹で刺繍しろというのか。いやだ。僕にはよそ行きの顔さえするのが嫌だ。……結局、「俺達は先生にほれたんだ」と云うことだ。その大好きな先生がいなくなってしまったんだ。……異境（京都）で不平にふんぞり返っている時、光明のように現れて下さった小山内先生だった。力をつけ、はげまして下さった先生だった。筆にすれば感慨が、涙が、散文になる。先生、なぜ死んで了ったんです。僕に言えるのはこれだけのことだ。

壮大な劇場葬が行われた。弔問者は築地の電車通りまで溢れ返った。八田は築地小劇場の団員たちに交じって焼き場で棺を見送った。鉄の扉が閉まる重い音に、身体の奥の方まで貫かれたような気がした。

新劇の、ひとつの時代が終わった。

イデオロギーの暴風雨

小山内薫という精神的な支柱を失った築地小劇場は、にわかに揺れ始める。

小山内の死の翌昭和四年（一九二九）三月、団員総出の追悼公演が行われた。その最中にも、劇団の内紛を伝える記事があちこちの新聞に掲載される始末で、団員たちが見つめる先はすでにバラバラだった。

翌月、劇団は三つに分裂する。

水面下で進んでいたフラクション活動に影響された若い俳優たちは、築地を脱退して「左翼劇場」へと合流。芸術路線を重視する青山杉作には友田恭助と田村秋子夫妻といったベテラン勢がついて「劇団築地小劇場」を立ち上げ、プロレタリア演劇路線寄りの土方与志の下には丸山定夫、山本安英、薄田《すすきだ》研二らが結集して「新築地劇団」(新築地)を創設する。

この丸山らの新築地に、八田は三年後に飛び込むことになるのだが、そこに至るまでの劇団の歩みは激しく、そして酷い痛みを伴うものになる。

この年の四月、前年の「三・一五事件」に続き、いわゆる「四・一六事件」が起きる。前年の一斉検挙で共産党関係者の名簿や関連資料を手に入れた当局が、さらなる一斉検挙に踏み切り、この年だけで五〇〇〇人近い逮捕者を出した。

この頃、世間はおおむねプロレタリア文化全般に対して好意的だった。業界を代表する総合雑誌『中央公論』や『改造』でも、プロレタリア文学が掲載されない号はてきめんに売り上げが減ると言われた時代である。翌五月のメーデーには、労働者が掲げる赤旗が芝公園から上野公園まで断続的に連なり、あちこちで警察と小競り合いを繰り広げた。街頭には労働歌がこだまし、弾圧と抵抗はこれまでにない緊張の時を迎えていた。

そんな最中に、新築地の旗揚げ公演は行われた。

上演場所こそ、これまでと同じ築地小劇場だが、その看板を外して果たして客は集まるのか。団員の不安をよそに、蓋を開ければ大入りとなった。それも、これまでの知識階級とは全く異なる労働者層がどっと詰めかけた。

演目は『生ける人形』(片岡鉄兵原作・高田保脚色)、演出は土方与志。原作は、朝日新聞の夕刊に連載された現代小説だ。

丸山が演じる主人公は、田舎から野望を抱いて上京した男。興信所に勤めながら、政界や経済界の醜聞をネタに権力者から金をまきあげるのが仕事だ。一時は成功し、派手な女性関係で一世を風靡する。それも最後は仲間に裏切られ、ゴミの様にうち捨てられていくという筋書き。新鮮な現代劇、それも主役が悪事に手を染めて転落していく〝小市民〟という設定は、かつての築地小劇場では決して観ることのできないものので、あっという間に評判が広がった。

丸山の演技は各紙で絶賛される。公演は、いきなりの日延べ続演となった。劇場内は、かつての築地小劇場とは全く異なる雰囲気に包まれた。

「また来るぞ！」

「新しい前進だ！」

「ガンバレヨーッ！」

そんな怒号に近い声援が、割れんばかりの拍手の中に飛び交ったと、新築地の若手俳優、浮田左武郎《さぶろう》は書いている（『プロレタリア演劇の青春像』以下同）。その盛況ぶりを伝え聞いた松竹の社長までが「うちも新築地のようにワイワイわかんと見栄えがせん」と、左翼劇場の若手を日雇いでサクラに仕立てた。そして松竹の劇場の客席から声を張り上げさせたものの、逆に場が白けてしまったという逸話も残っている。

新築地は、左翼劇場のようなプロパガンダ色の強い劇団とは一線を画しながらも、斬新な現代劇を通して「ブルジョワ色」を脱して「演劇を大衆のものに」という時代の流れには添っていこうとした。左翼劇場と似たような方向を目指しながらも、しかし共同歩調は取らない。その背景には、自分たちは築地の小山内薫に育てられたというプライドがあった。

そんな新築地の姿勢は、「小ブルジョワ・インテリゲンチャとしての立場のままで社会の進展に尖端的に順応して行こうとする中間派」（勝本清一郎『前衛の文学』）と皮肉られてもいる。いずれにしても、急進的すぎる左翼劇場には共感しないが、芸術路線の劇団築地小劇場では物足りないといった中間層が新築地になだれを打った。

世間の耳目を集める新築地の動向を虎視眈々と見定めていたのが、旧プロ芸の関係者らが再結集した新組織、日本プロレタリア劇場同盟（プロット）だった。プロット委員長で後に八田の終生の友となる俳優の佐々木孝丸によると「プロットとしては、何とかしてこの劇団を、直接、自己の組織下に引き入れようとして、その『わたり』をつけるチャンスを本腰で狙」っており、「手に唾して、陰に陽にあらゆる策動を試みた」（『風雪新劇志』以下同）という。

最初の小競り合いの場となったのは、新築地が旗揚げして二ヵ月後の公演だ。観客の熱い支持を得た新築地はもう一歩、資本主義批判へと踏み込む。この年に発表されたばかりの小林多喜二『蟹工船』を取りあげることにしたのだ。

多喜二はすでに文芸誌『戦旗』に、前年の「三・一五事件」を題材にした小説を発表し、その中で特高の拷問を詳細に描いたことで当局から目をつけられていた（『戦旗』の表紙は柳瀬正夢が描いた）。その小林の作品を新築地が舞台化するというだけで大変な話題になった。ただ、『蟹工船』そのままで検閲は通らないことは目に見えている。新築地の制作部は、北海道で働いていた多喜二を訪ねて許諾を得たうえで、小説の内容をやわらかくデフォルメした。それを『北緯五十度以北』と改題して検閲をクリアし、慎重に上演に臨んだ。

ところが初日、幕がいよいよ上がる間際になって、佐々木らプロットのメンバーが劇場に乗り込んできた。

「小林多喜二は、新築地に上演を許可する条件として『プロットへの事前相談』を課したのに、それが履行されていない！　このまま上演は許さない！」

幕を上げたければプロットの「条件」を飲めと詰めよった。条件とは、プロットを新築地の運営に参画させることだった。

「担当者が北海道まで行って、小林多喜二さんの許可は得ています！」

丸山が唾を飛ばして反論する。だが、客を人質に取られたも同然の状態ではあまりに分が悪い。

「おーい、一体どうなってるんだ！」

長く待たされている客からヤジが飛び始めた。止む無く、新築地はプロットの条件をそのまま飲まざるを得なくなった。こうしてプロット側から数人の劇団員が新築地に送り込まれ、その運営に参画するようになる。

この時、八田元夫は、噂の『蟹工船』新築地版がどのようなものになるか、興味津々で初日の客席にいた。確かにその日、幕が開いたのは定刻から一時間ほど過ぎてからだった。遅延の理由は分からなかったが、後に事情を伝え聞いて「しこりを残すやり方だな」と思った。行く先を決めかねていた八田には、どこに籍を置いても面倒な事態に見舞われることは自明の理のように思え、ますます腰は引けた。とりあえず金曜会で働いていれば食うには困らない。

新築地に乗り込んだ側の佐々木は戦後、この時の自分たちのやり方について、「相手のちょっとした落度につけこんで、無理難題を吹っかける歌舞伎芝居の悪役」で、「『プロレタリアートの組織』という金看板を背にして大きなツラをしていた点では、いずれ劣らぬ、虎の威を借る狐のたぐいであった」と反省の弁を書いている。その佐々木もやがてプロットのやり方に疑問を抱いて袂を分かち、正式に新築地の一員になる。

新築地の帰趨を巡る衝突は形を変えて続く。だが、これらの出来事は単なる劇団同士のいさかいに留まらない。その背後に「政治」が関わりを深めてきて、劇団はのっぴきならぬ状況に置かれることになるからである。

共産党の非合法活動

昭和五年（一九三〇）から七年の日本は、戦争に向かって確実に一段一段と階段を上っていく。昭和五年には軍縮に舵を切ろうとした浜口雄幸《おさち》首相が右翼の凶弾に撃たれ、昭和六年には関東軍が一五年戦争の出発点ともなる満州事変を起こし、日本は国際的な孤立を深める。国内の不況は一層深刻化し、労働争議が勃発しては弾圧が繰り返された。

そんな時代にあって、プロレタリア演劇は短い夏を謳歌する。すでに書いたように、新築地の公演も最初の一、二年は労働者で埋め尽くされ大入りが続いた。

中でも昭和六年九月に土方の演出で上演した、ロシアの作家グレーボフ原作『飛行艇ラフ一号』は新築地の先見性を示す公演となった。主人公は、原子力を動力にした飛行艇の開発に成功した博士だ。彼が発見した核分裂の公式を巡って、帝国主義者や共産党のスパイ、アメリカの資本家が争奪戦を繰り広げる。博士はアメリカの資本家に厳重な条件を付けて権利を手渡すが、それも戦争が迫ると約束は踏みにじられていくという物語。戯曲には「原子力」というキーワードが登場し、核開発競争の行く末を懐疑的に見ている。この時から一四年後、人類最初の核爆発の犠牲者となる丸山定夫が、核開発の秘密を手にするアメリカの資本家を演じているのは皮肉である。

一方で劇団が勢いづけばづくほど、官憲による弾圧も厳しさを増していった。かつて築地小劇場時代に起きたような『柿の種』どころの話ではない。

労働者の苦境を描いた『蜂起』や『太陽のない街』は、例のごとく初日の直前に上げ本が戻ってきた。山本安英によると「検閲台本は、各頁赤線と削除の紙で埋まり、重要な場面六場の削除、その他二十個所の大量的なカット、上演時間にして約三分の一の量で、筋の通らないまでに、切られ、えぐられて」いた（『素顔』）。

演出の土方が何とか場面を繋ぎ合わせて辻褄を合わせたが、新聞各紙は「筋も通らぬ大カット」と書き立て、逆に舞台の貧弱さを批判した。新劇の応援団だったメディアの変わり身は早かった。

他にも検閲に提出された脚本の多くが全面的な「上演禁止」を食らってお蔵入りし、にわか仕立ての再演でお茶を濁すような上演が増えていく。検閲で削除された部分を、俳優が無言のパントマイムで演じ始めると、客席で監視している特高が立ち上がり「上演中止！」と一喝、強制的に幕を下ろされた。最終的な台本に書かれていない演技は、たとえ咳《しわぶき》ひとつであっても許されなくなった。検閲は俳優の台詞だけでなく演出や効果にまで及び、火事の場面を演出するための「赤」色の照明まで禁止された。

「あの個所の言い方が感情が籠り過ぎているだとか、あそこはつまずく筈のところをころんだとか、その他メイク・アップの仕方や、衣裳の色、照明の強さにまで及び……今日ではほとんど考えられないような事情にあったのでした」と山本安英は書いている(『歩いてきた道』)。

弾圧は、舞台の上だけに留まらなかった。上演前、劇場の入り口周辺には特高に指示を受けた制服姿の警察官がずらりと並んだ。その威圧的な空気に、思わず引き返す客が増えていく。劇場内だけでなく「電車通の角から劇場までの横町も危い」といった噂も飛び交った(『悲劇喜劇』昭和四六年一一月号)。勇気を振り絞って入場しても、中では念入りな身体検査や所持品検査が行われ、少しでも不審と疑われると即、拘束されて警察署送りになる。こうなると芝居を観るのも命がけだ。

また当時は、労働者に限って入場料が三分の一になる「労働者券」があった。労働者券には職業と氏名、住所を書かねばならない。劇場を我が物顔で出入りする特高は労働者券を血眼になって探し、観客の自宅を特定。身元調査をして些細なことで検挙した。労働者の足が劇場から自然と遠のいていくのに、そう時間はかからなかった。

徹夜で準備してきた芝居が中止になったり、上演しても客が入らなかったりで、劇団員は困窮にあえぐようになる。丸山定夫のメモによると、新築地の俳優への配当金は一年目が最高九〇円、二年目が平均五〇円、三年目にはその半分以下、四年目以降はほとんどゼロになっている（『丸山定夫・役者の一生』）。

さらに事態を悪化させたのが「芸術運動を政治に隷属させる傾向」（佐々木孝丸）だ。相次ぐ一斉検挙で共産党が表立った活動を封じられると、党関係者は「地下」にもぐり、非合法な形で組織を再建させようと動き始めた。そのために利用されたのが「劇団」だった。

佐々木によると、「地下指導部」から「地上」の合法組織つまり各劇団に対して、しばしば途方もない「無理難題」が指令された。百パーセントの合法性を持たなければ仕事が出来ない演劇団体の機関誌に対して、例えば「資本家・地主の天皇制打破」といったスローガンを掲げよと命令が下りる。

また、劇団の事務所が党関連のビラや配布物を刷るための印刷工場のように使われたり、党から劇団員に「都心を離れて労働者のいる町に移り住め」といった指令が出されたり、劇団員が地方の工場や農村の「オルグ」に派遣されたりすることも増えていった。

都会の坊ちゃん育ちだった浮田など「革命的貧農との結合に学べ」という「教育的な指導」を受けて、数人の「突撃隊」を組まされて北関東の農村に送り込まれた。そこで警察の目を盗んではゲリラ的な芝居を打った。指示に従わなければ「階級的裏切り」として夜通し糾弾された。

俳優の松本克平《かつぺい》は一時期、プロットの東京支部の組織部長まで務めた経験を持つが、当時、各劇団が置かれた状況についてこう吐露している。

革命のための演劇運動であるから、すべてが無給であり、労働奉仕であった。そのためにプロットの活動に積極的に参加すればするほどそのプロット員は経済的に困難に陥り、肉体的に疲労困憊して健康をそこなう結果になった。それでも五年間、プロットが公演活動を強行出来たのは、俳優には出演料を払わず、表方裏方には人件費を払わなかったからであった。その結果、間もなく、肺結核、栄養失調、脚気、皮膚病の病人が続出、ために公演活動は急速に低下していった。資金がないから舞台装置、衣裳その他は粗末になり、俳優は次々に脱落していった（『悲劇喜劇』昭和六二年五月号）。

演劇界出身で共産党の「地下組織」の財政部長にまで上りつめた宅昌一は戦後、自伝の中で、地下組織への強制的な献金が劇団の経営を圧迫した裏事情についてふれている。折からの経営悪化で党への献金が滞り、左翼劇場などは二重帳簿まで作成するなど財務は完全に破綻していた。宅によると指導部は理論闘争に明け暮れていて、「演劇部の実状は内部的には全く行き届いていな」かったという（『回想のプロレタリア演劇』）。

この時期に書かれた丸山定夫の手記を読むと、本来あるべき姿とかけ離れていく演劇界に対して疑問を深めていることがよく分かる。団員の生活が窮乏していく中で反比例して上がっていくのが「階級的演劇活動としての仕事の能率だ」と皮肉りながらこう続けている。

或る時、何の理由でか劇場内での講習会が解散の命を受け、講師と会の責任者と他の数人が所轄署に検束された。僕は始めてあの特殊な箱の中の味を知る事が出来た。夏だった。貴重な勉強をした。そして冬には神戸で、その後又東京で其の経験を繰返した。何よりも驚いた事は何処の箱にも必ず何人かの××達が黙々と無言の勉強をして居る事であった。今夜の飯が食えない、帰りの電車賃がない、それは重大問題ではないというのか——そんな風な事ばかり気になったのだ。
「がんさんは技術者としては吾々の陣営内の優秀者だが何故もっと階級人としての熱心さで、仕事に没頭しないのだ」とそうしばしば難詰されたりした。
「君は今朝何を食って、昼何を食うか」と僕は反射的に突っ掛った。

前出の浮田は、先輩である丸山の「階級的不熱心さ」を批判する側によく立った。新築地で行われた「総会」では、丸山がよく「階級的情熱で米は手に入らない。階級的情熱で電車には乗れない‼」とプロット指導部の説教に憤然色をなして噛みついていたと書いている。

なぜここまで、演劇は政治と不可分な関係に陥ったのか。それを明確に検証した資料は見当たらない。具体的な「地下組織」が誰を通して指示を出し、誰が窓口になって献金の授受をしていたかといった話も表には出てこない。戦後ずいぶん経ってから、これまで紹介したような幾人かの関係者がその一端にふれているだけで、全体像は不透明なままだ。

丸山定夫と山椒魚

丸山定夫に関する資料には、ある作家の名が頻繁に現れる。井伏鱒二（一八九八〜一九九三）である。

後に丸山の家を訪れた芸能記者は、部屋の本箱に井伏の本ばかり並んでいたと驚いているし（『スタア』昭和八年八月号）、ある俳優は井伏の著書を丸山に贈ると、たいそう喜ばれたと書いている（愛媛新聞・昭和四一年九月二八日付）。丸山は流行りのプロレタリア文学より、純文学を好んで読んだ。

時を少し進めて戦争末期、一般的な人付き合いが苦手だった丸山が、井伏の弟子である太宰治とは交流を持ち、何度も酒席を共にしている。気鋭の作家として台頭していた太宰だが、まだその名に戦後ほどの重量は伴っていない。その太宰もまた『山椒魚』に惚れ込み、井伏に弟子入りしたという経緯がある。

丸山も読んだであろう『山椒魚』は、井伏が早稲田大学在学中に書いた短編だ。同人雑誌『文芸都市』に改作して発表され、広く世に知られ始めたのは昭和四年。ちょうど丸山が土方与志について新築地劇団を立ち上げた年だ。

――山椒魚は悲しんだ。

こんな印象的な一文で物語は始まる。山椒魚は、住処である川底の岩屋に幽閉されている。身体が大きくなりすぎて、岩屋から出られなくなった。狭い岩屋で虚勢を張ったり悲嘆に暮れたり、岩屋の出口に突進しては脱出を図るが埒《らち》が明かない。外の世界に出ることを諦めた山椒魚は、ひとりぼっちになったとすすり泣く。そして腹いせに、岩屋に迷い込んできた蛙を閉じ込めてしまう。二年後、山椒魚が蛙を外に出そうと決めた時に、蛙はもう動けなくなっていた。川底で絶望と孤独に苛まれる山椒魚。ある意味では悲惨な物語を、井伏は温かくユーモラスな筆致で描いた。

井伏が戦後に著した『荻窪風土記』によると、彼は昭和二年（一九二七）、郷里・広島の兄に普請の費用を無心する際、こんな手紙を添えている。

当今、最新の文壇的傾向として、東京の文学青年の間では、不況と左翼運動とで犇《ひしめ》き合う混乱の世界に敢《あえ》て突入するものと、美しい星空の下、空気の美味《うま》い東京郊外に家を建て静かに詩作に耽《ふけ》るものと、この二者一を選ぶ決心をつけることが流行《はや》っている。人間は食べることも大事だが、安心して眠る場を持つことも必要だ。自分は郊外に家を建て、詩作に耽りたい。明窓浄机《めいそうじょうき》の境地を念じたいのである。

当時、井伏は同人雑誌『戦闘文学』の準備会に参加していた。しかし、会の作家たちが一斉に左翼活動に走る中、ただ一人脱退している。「刑事やお巡りに付け廻されるのを自負するほどの気概がない限り、左翼作家を標榜しても意味ないような気持がする」と、あっさり書いた。

文中の「文学青年」は「演劇青年」にも置き換えられるだろう。演劇界にあって、戻る家庭のある者は早々に劇団を去った。弾圧を恐れ、病気や経済苦を理由に姿を消す者が続出した。丸山はじめ残された俳優たちは日雇いの仕事で日銭を稼ぎながら、細い糸にしがみついた。ポケットには片道の電車賃すらなく、特高の尾行を気にしながら都内をどこまでも歩く日々。深夜ようやく稽古が始まる頃には、身も心も疲れ切っていた。

「もっと芝居をちゃんとやらなければ……」

丸山がそうつぶやく様子を、新築地の若手俳優、本庄克二（東野英治郎・テレビ版初代水戸黄門役）は何度も聞いている。

『山椒魚』の原題は『幽閉』である。丸山にとって、岩屋とは何だったか。先の見えぬ新築地劇団か、寒風に晒される新劇界か、それとも閉塞感漂う時代そのものか。彼が容易に身動きならぬ身の上を山椒魚に重ね共感したと想像することは、そう乱暴でもないだろう。

丸山の足跡をたどる時、ひとつの疑問が浮かぶ。丸山は本来、権力との対峙を信念に持つ土方与志の路線に続くべき俳優ではなかったのではないか。築地が三分裂した中でも、芸術路線を目指した「劇団築地小劇場」の方が、はるかに丸山の嗜好に近いように思える。

だが土方は、浅草出身で何の後ろ盾もない丸山を新劇という世界に受け入れてくれた唯一無二の恩人だった。その土方を裏切ることは、丸山の性分からできるはずもない。それは八田元夫が、自分を拾い上げてくれた小山内薫の影響からなかなか逃れられない姿とも重なって見える。

その時々に必要な相手と手を結び、器用に無難に時代を渡り歩く者もいる。一方で、人間は感情の生き物だ。人は多くの矛盾を引きずりながら生きている。主義や主張より、時に人間関係が優先してその人の運命すら変えてしまうことは珍しくない。

丸山は、本当は井伏の様に生きたかったのかもしれない。世俗を離れ、趣味に没頭し、それすらも仕事の肥やしにする。そうして嵐が吹き荒れる間は身を潜め、平和な時代へと生き延びることができたのは、しかし井伏のような才能とある程度の収入、そして運に恵まれたごく限られた者たちに過ぎない。

作家は、ペンさえあれば仕事ができる。しかし、芝居はひとりでは出来ない。演劇には同志がいる。役者には舞台が必要だ。

暗い川底で、山椒魚は出口を探して苦しんでいた。

季節外れの蜂起

昭和七年（一九三二）三月、日本は満州国を建国、五月には、その承認を拒否した犬養毅が暗殺される「五・一五事件」が起きる。犬養の死によって政党政治は終わりを告げ、時代は軍部の独裁に取って代わる。じりじりと追い詰められていた演劇界にもついに、劇団員が思想犯として一斉に検挙される時がやってきた。

当局は日本プロレタリア文化連盟（コップ）の活動全般を治安維持法に抵触すると見なし、その活発な下部組織で演劇部門を担当するプロットの壊滅を図った。

劇団はそれぞれが小さな単位で、稽古のためには必ず決められた場所に一堂に集まらねばならない。そこを急襲すれば、関係者を一網打尽に出来る。その時、誰をどんな容疑で検挙するかは事前に詳細に調べ、証拠を固めておく必要がある。

そのお膳立てをしたのが、共産党の弾圧で活躍した有名な「スパイM」こと「松村某」だったという裏事情が、松本克平の著作にある。

「松村某は自ら積極的に乗出してきて左翼劇場文芸部員生江健次を先ず入党させ、生江を通じてプロット所属の左翼劇場・新築地劇団、メザマシ隊内に党フラクションをつくらせ、続いて党細胞を確立させ」、つまり生江を使って共産党の活動に協力的な面々を割り出し、リストを作り、生江が任務を完了したと報告したとたん松村某は姿をくらませ、「細胞の全メンバーを警視庁特高課に通報、四月四日の明け方から一せい検挙を開始した」という（『八月に乾杯』）。

中野重治や村山知義《ともよし》、小沢栄太郎、沢村貞子ら、プロットで活躍する作家や演出家、俳優たちが次々と検挙されていった。これ以降、演劇人の逮捕は日常的に行われるようになり、舞台に立つ最中に遠慮なく連行される者まで出てきた。

事態は、劇団員の身柄拘束という異次元の段階へと移った。俳優が手錠をかけられ、腰縄を引かれ、中には拷問される者まで出るなどということは、ほんの少し前には想像すら出来なかった事態である。ほんの七年前、「無辜の民は標的にしない」と国会で堂々と答弁した小川平吉の治安維持法は、あらゆる場面で牙を剝いた。

プロレタリア演劇が全盛期を迎えてから、わずか三年余。新築地も左翼劇場も大勢の劇団員を失い、単独で公演を持つことが難しくなった。横断的に俳優を融通し合ったり、同じ戯曲を合同で上演したりすることが増えていく。舞台を成立させるためには、残された者同士が確執を越えて団結していくしかなくなった。

新築地は五月、ついにプロットの傘下に入ることを決める。具体的には、左翼劇場その他劇団との連携強化である。これまで何度も誘われながら踏み留まって来たプロットへの参加は、当局による容赦ない弾圧に対して、劇団が生き延びていくためのぎりぎりの選択だった。

この時、長く放浪を続けていた八田元夫が、ようやく表舞台に出て来る。新築地がプロットへの加盟を決めた五月、八田は正式に新築地の演出部に参加することを決めた。プロットは当局に厳しくマークされている。そこに所属する劇団に加入すれば、日活の金曜会からは「契約を延長できない」と内々に止められていた。

それでも、次々に劇団員を獄中に持っていかれ、酷い弾圧の攻撃に晒されながらも芝居を続けていこうとする新築地の舞台を観ていると、もう観客席で様子見を決め込んではいられなくなった。演出家として、それなりに経験も積んできた。今なら戦力になれる。八田はこの時の心情について、「もう私は街頭的な分子ではいられなくなってきた」と短く書いているだけで、多くは語っていない。

振り返れば、長い放浪だった。プロレタリア演劇が労働者の喝采を受け、輝きを放った最高の季節に、八田はそれに加わらず悩んでばかりいた。「こんなところにも小山内の私に与えた影響が出ていた」と後に彼自身が書いているように、恩師、小山内薫への思いが、プロレタリア演劇の世界に身を投じることを長く躊躇させた。

この間の八田の足跡は、幾つもの劇団を演出家として渡り歩く演劇履歴となって現れている。

例えば昭和四年五月九日、新宿の映画館、武蔵野館が初めてトーキーを上演した日のことは、八田が平素の鬱屈を舞台に大爆発させた逸話として関係者の間で語り草になった。当日は、アメリカ映画『進軍』と『南海の唄』の二本が上映された。八田は金曜会の森岩雄から、上映前の前座として何か短い舞台を用意するよう演出全般を任された。

武蔵野館は、築地小劇場と違って官憲による厳しい取り締まりはほとんどない。八田はここぞとばかり、自分で脚本を書いた。資本家が労働者をこき使って生産した人造人間が反乱を起こし、最後には資本家を死滅させて労働者が生き残るという荒唐無稽な物語。筋書きは、昔どこかで観たドイツ映画を参考にした。

労働者に扮した男の俳優たちに、片足だけ真っ赤に染めたオーバーオールをはかせた。劇の最後には、彼らに肩を組ませてずらり横並びでレヴューをさせ、怪しげなステップを踏ませながら革命歌を大音量で流して幕を切るという奇抜な演出をやり切った。

観客は一瞬あっけにとられた後、大沸きに沸いた。恐らく戦前の演劇史上、最初で最後の「左翼レヴュー」だ。武蔵野館専属の弁士、徳川夢声など楽屋にまで駆けつけて来て、「八田君、君の演出はなかなかイイネ！」と激賞したと八田は自画自賛している。

武蔵野館の舞台が評判となって、商業演劇から次々に演出の依頼がきた。一作あたりの演出のギャラも法外に高い。八田の目の前にエンターテインメントの世界へ繋がる広い一本道がどんと拓けた。しかしここでも、戯曲を通して真剣に人間の生き様を描こうとした小山内薫の顔が浮かんでは消えた。

この放浪の時期について、八田はあまり積極的に書き残していない。メモ魔であるにもかかわらず、彼が記録を残していない時期は、その人生の中に大きく三つある。八田にとって、あまり振り返りたくない時代なのかもしれない。

だが、最初の空白を埋める資料が見つかった。八田の友人で、新築地劇団で脚本兼演出を担当していた久保栄（劇作家）が演劇雑誌に寄稿したもので、タイトルは『八田元夫は忘れられかけた』とある。その中には、武蔵野館での「左翼レヴュー」のことも書かれているが、すこぶる評判が悪い。

親愛なる八田元夫は劇壇から忘れられかけた。僕個人の友情を抜きにして言えば、或は完全に忘れられてしまったと言う方が正しいかも知れない。……八田元夫は、僕の親友だ。僕は、彼のチョビ髭を愛する如く、彼の戯曲を愛している。だから彼を有名にした「十三場」「社会葬」「新聞鳴動」「交響終焉調」「首都自由市植民地」「菜っ葉服のドンファン」等の作品のほかに、白樺派の影響を受けた学生時代の「王舎城」「窓」「La viviparite du serpent」「漸堕」などと言う誰も知らない習作を知っている。……

八田は文壇的に実に不運な男だった。同じ「劇と評論」の若手でも、小松ちゃんや上田文子女史などの多幸な文壇進出振りに較べると、八田は気の毒なほど不遇だった。彼の「交響終焉調」が新劇協会のリパアトリに予定されたかと思ったら、驚くべし、(主演の)伊沢蘭奢が急死してしまった。彼の第一戯曲集が、「猿から貰った柿の種」や「人魂黄表紙」と同じシリイズで出版されそうになったかと思ったら、驚くべし、加藤彰一君の原始社が潰れてしまった。「菜っ葉服のドンファン」を自作自演出で上演しかけたと思ったら、驚くべし、彼の主宰する第一劇場が崩解してしまった。こうして八田元夫は、半分自暴《やけ》も手伝ったんだろう、今では劇作から遠のいてしまった。が、左翼的レヴュウ劇団——あれだけは、僕は八田の友人としていくら贔屓眼に見ても賛成する事は出来ない。
僕は、八田元夫に、もう一度捲土重来して貰いたい。……中間派的なイデオロギイを揚棄して左翼演劇の第一線に立って貰いたい。……とにかく、例の左翼レヴュウ劇団だけは――諄《くど》いようだが――絶体《ママ》に不賛成だ。たとえパンのためでも何んでも。

小山内の死後、八田が運にも恵まれず、行く先が定まらぬまま放浪していた様子は友人たちからも同情されていたようだ。

しかし、いよいよ新劇が存続の危機に立たされた時、八田は三年半の放浪にピリオドを打った。脱落者が引きも切らず、明日には逮捕されてしまっているかもしれぬ試練の場へ、今更ながら乗り込んだ。季節外れの蜂起である。自分が納得しなければ梃《てこ》でも動かない八田の頑固な一面をよく表す話だが、時代の趨勢とは完全な逆コースだ。世渡りの上手下手だけでいえば、明らかに後者だろう。だが、どのような形であれ新劇の灯を守るためという大義は、小山内に恥じぬ行動であったに違いない。

客としては馴染みの築地小劇場、そこを拠点とする新築地劇団に、八田は初めて当事者として足を踏み入れた。

劇団の置かれた悲惨な状態は想像を超えていた。何とか現場に踏みとどまっていた丸山定夫ら劇団員の生活は、舞台上の雄姿とは遠くかけ離れていた。検閲でバラバラにされた戯曲を一晩で作り直して形にするという無茶な公演が続き、分配金は皆無となり、そしていつ特高に踏み込まれるか分からないという弾圧への恐怖感で、みな心身ともに疲弊しきっていた。

せめて一食でも腹いっぱい食べられるものをと、八田は近くの魚河岸消費組合と交渉し、芝居のある日は炊き出しをしてもらうことにした。丼に山盛りのひじきと魚の煮付けたもので一食一〇銭、それさえも帽子を回して代金を催促し、何とか掻き集めるという始末。

劇場にある三畳の畳の部屋には、家賃が払えなくなって下宿から追い出された若者たちが一〇人ばかりも泊まりこんでいる。彼らの朝飯といえば、近所のパン屋からサンドイッチの耳を切り落とした屑パンを二銭で新聞紙山盛りにもらって来て、みなで分け合って食べる。あとは水をがぶがぶ飲んで腹を膨らませ、夜の一〇銭の丼まで何とかこらえるという有り様だ。

最低限の食費を得るために、男たちは稽古の合間を縫っては銀座に露店を出してみたり、行商をしたりで、丸山などは一時期、焼き芋を売っていた。女優たちは「仕事クラブ」を組織して百貨店でマネキンの内職に励んだ。だが、稽古の合間を縫っての収入など所詮、知れている。

八田自身も、日活の金曜会に契約を打ち切られ、収入が完全に途絶えた。もともと線が細く、身体は強い方ではなかった。和田勝一ら友人知人の下宿を泊まり歩きながら、何度かぶっ倒れた。それでも脚本の執筆を再開し、『アサヒグラフ』に長編の小説を書いたり、大学の美術講座に講師の職を得たりしながら何とか凌いだ。

逆にこれまでのように、安易にデモに参加することはしなくなった。新築地に入ったことで、恐らく当局からはマークされている。演出家が逮捕されてしまえば、芝居は上演できない。メーデーなどここぞという時だけは、トレードマークになっていた髭を剃り落とし変装して出かけた。ただ、デモの待ち合わせの場所には必ず私服の警察が張り込んでいて、それと気付かず引っ張られる者が続出した。どういうわけか劇団内部の情報はすっかり筒抜けになっていた。

演目は、内容によっては即逮捕の口実にされかねない。劇団員が不足しているところに数人まとめて逮捕されれば、もう公演を打つことは不可能だ。一旦逮捕されれば、長ければ数年にわたって勾留されることもある。この頃には裏方を総動員して舞台に立たせても、人数が足りぬ事態もしばしば起きた。「余程慎重にしなければ、もうどうにもならぬ所まで追いこまれて」おり、演目は無難な歴史物を選んだり、かつての築地小劇場時代の脚本までひっぱり出したりもした。たまの原稿料が入れば、一銭も貯め込むことなく、みなで安酒を飲んだ。冬は寒風が吹きこみ、夏はやぶ蚊の猛攻撃を受ける埃まみれの楽屋。みなグタグタになりながら、明日の舞台を語り合った。あそこの演出はどうだとか、いやいや演技はどうだいと、その場だけは誰にも気兼ねなく気勢を上げた。

夜が明ければ、明日は来るだろう、だがそれから先の未来は、何も見えない。プロレタリア演劇の栄光から遥かに後退したところで、それでも舞台にしがみつく者たちがいた。

「ただ芝居ができればいい」

「演劇に対する情熱はふつふつと沸きたぎっている」

八田は、この頃の気持ちをそう綴っている。

第四章　拷問、放浪、亡命

柳瀬正夢の拷問

画家の柳瀬正夢が逮捕された、しかも酷い拷問を受けているらしい。

そんな衝撃的な報せが八田元夫の元に入ったのは、彼が新築地劇団に参加して半年が経った昭和七年（一九三二）秋頃のことだ。八田は誰よりも先に、その話を丸山定夫に伝えた。

八田と丸山を初めて引き合わせてくれたのは〝やな坊〟だった。三人で銀座のおでん屋に陣取り、酒を酌み交わしながら演劇談議に花を咲かせたのは七年前。以後、それぞれが自分の道を歩んでいた。度重なる弾圧によって、八田と丸山が演劇の世界でじりじりと後退を余儀なくされる一方で、柳瀬は頑なにその信念を曲げず、さらに険しい闘争の現場に立ち続けていた。

左翼的な画家として最古参のひとりになっていた柳瀬は、内部闘争で次々とかたちを変える組織に何らかの形で関わり続け、昭和六年には極秘に入党もした。『無産者新聞』など党関連の機関紙には、表紙や挿絵に激烈な諷刺画を寄せ続けた。さすがにこの頃になると「夏川八朗」というペンネームを使ってはいたが、いくら名前を変えようとも、その独特でユーモラスな力強いタッチは他の画家に真似をすることのできぬ無二のものだ。

右翼新聞の日本新聞社をクビになってから、柳瀬は読売新聞の漫画部に復職して売れっ子になっていた。それをカモフラージュにしながら、党の連絡係として何らかの任務を負っていたことは、後に松本清張が収集した特高関連の資料に記されている。

昭和六年二月下旬、コミンテルン上海極東局の使者として支那人秦貞一が渡来し、読売新聞漫画家柳瀬正六（柳瀬の本名）を通じて日共中央部と連絡し、中央委員松村コト某に対して「党代表を上海に送れ」との指示の趣旨を伝え、その旅費百円と党資金千円を渡して、同人は三月九日ごろ退去した（松本清張「スパイ〝M〟の謀略」『昭和史発掘』3）。

一一月、柳瀬の自宅を二〇人以上の特高が大挙して急襲した。家の中をすみずみまで調べあげた後、世田谷署に連行。数ヵ月にわたって拷問を続けた。その時の様子を、柳瀬から一部屋あけた留置場にいた歌人の渡辺順三が、詳細に書き残している。

しばらくすると、ピシリ、ピシリという竹刀の音がかすかにきこえてくる。（同房の）秀島は「あ、またやられている」といって私の膝をついて二階をゆび指してみせる。私はハッと息をつめて、二階の物音に耳をすますのである。やがて監房の前の廊下にポタポタと水滴が落ちてくる。秀島は「気絶したので水をぶっかけているんだよ」と教えてくれる。特高の調べ室は留置場のちょうど真上だったのである。

それからしばらくして、ぐったりとなっている柳瀬を、二人の特高が肩にかつぐようにして連れてきて、監房のなかにほおり込む。柳瀬はウンウン呻き声をあげている。そして二三日は便所にゆくにも、同房の人にかつがれるようにしてゆく。しかし四五日もするとどうにか監房の格子につかまって、やっと一人で便所にゆけるようになる。するとまた調べ室につれていって気絶させる。……「ヤナセ、ガンバレ」と看守にきこえないような小さな声で声援をおくる。すると彼はちょっと私たちの方を振りかえってニッコリと笑って見せるのであった。そして出てゆくと、間もなく半死の状態で帰ってくるのである（『民主文学』昭和四二年八月号）。

また別の証言者によると、特高は小柄な柳瀬を麻縄で縛りあげ、二階の階段からマリのように蹴落とす、下まで落ちたら縄で上まで引きずり上げて、再び蹴落とす、気絶すれば水をかけ再び、という所業を何時間も繰り返していたという（「没後四十五年『ねじ釘の画家』――柳瀬正夢展」参照）。

柳瀬への拷問が始まると、署内が静まり返った。それは、断続的に翌年の春まで続いた。この頃になると思想犯への拷問は日常茶飯事にはなっていたが、その執拗さは明らかに異様だった。柳瀬は決して仲間の名前を言わず、とうとう警察の側があきらめた。〝自白〟は一言も得ることができず、結局、五ヵ月も勾留しながら判決には執行猶予がついた。

密告が横行し、仲間を売ることが半ば当然の疑心暗鬼の時代にあって、柳瀬の尋常ならざる踏ん張りは左右双方の関係者の間で畏敬をもって受け止められたという。ただ柳瀬が勾留されている間、病気だった妻は心労が重なり、子を残して死んでいる（井出孫六『ねじ釘の如く』参照）。

釈放された柳瀬は髪が抜け落ち、残るものも真っ白になっていた。それでも、再び読売新聞に漫画記者として復職を許された。思想犯として検挙された者にはありえないほどの厚遇だ。その理由は、この時の社主が正力松太郎であったからだ。正力は、柳瀬の漫画を高く評価していた。言い換えれば、柳瀬の漫画は部数を伸ばした。少し後のことになるが、正力は柳瀬の展示会にやってきては高額な作品から買っていったという。

かつて銀座のおでん屋、泉屋の天井に貼り付けられた〝猛牛〟の正力松太郎。元警視庁警務部長（虎ノ門事件で引責辞任）という彼の肩書が、柳瀬の異例の復職には少なからず作用したはずだ。

弾圧に晒されながらも、柳瀬はこの後も様々な機会に作品を発表し、一度として絵筆を離そうとはしなかった。拷問事件のほとぼりが冷めた頃、八田と丸山はそれぞれ、柳瀬のアトリエ兼自宅を何度か訪れている。そんな時、やな坊はいつもひとり静かにデッサンに向きあっているのだった。

少年劇団で「ブタバコ」送り

新築地で演出を手掛けるようになった八田もまた、警察の留置場と無縁ではいられなくなった。それまで演出の屋台骨を背負ってきた土方与志が体調を崩したうえ、特高の目を避けて劇団から遠のくことが増え、自ずと八田が表舞台に立つ機会が増えていた。

八田が初めて「ブタバコ」送りにされたのは、柳瀬が世田谷署で激しい拷問を受けていた時期と重なる。

ことは前年の昭和七年秋から始まった。辛うじて政治的な機能を維持していたプロットが子どもたちを組織して「少年劇団」を作ろうとした。演目まで決まっていたが、そんなチビッコ劇団もプロットが背景にいるという理由で当局から上演禁止を食らい、あえなく解散させられた。

八田は、せっかく稽古を重ねていたのにと落胆している子どもたちを見て、ひと肌脱ぐことにした。八田自身、幼い頃から母の話に聞いた芝居の世界に憧れて、ここまでやってきた。子どもたちの舞台への思いを、せめて一度だけでも成就させてやりたかった。当局に何度も足を運び、プロットとは無関係に新築地劇団が単独で面倒をみることを説明して許可を得て、「東京少年劇団」を立ち上げた。

子どもたちは、半分以上が劇団員の子だった。彼らは大人の稽古が始まると、築地小劇場の表廊下の隅にあった喫茶店「きつね」に集まって学校の宿題をする。当時、プロットの研究生だった江津萩枝《えづはぎえ》は「きつね」に集まる子どもたちによく勉強を教えてやった。東京少年劇団が結成されてからは、稽古の時間になると黒いベレー帽をかぶった髭の八田が、「さあみんな、おいで、稽古だよ」と呼びに来たことを覚えていると自著に書いている（『桜隊全滅』）。

子どもたちにとって、劇場の中は勝手知ったる遊び場だ。稽古中もホリゾントの裏階段を駆け上ったり、奈落の切り穴に隠れたりして、それは大変な騒ぎになった。

子ども劇団は、久しぶりに劇場に活気を呼び戻したようだった。劇場の薄暗い廊下に、子どもたちの澄み切った合唱の声が流れる。噂を聞きつけて、他の劇団からも協力者が集まってくる。舞台の裏方は原泉子《せんこ》（後の原泉）や三好久子ら女優たちが担当し、子どもたちの演技を見ては「かわいいねえ、かわいいねえ」とささやきあった。

年末には第一回公演を開いた。『サンタクロースの贈り物』など短い戯曲を二本と、「あいうえお歌」を遊戯にして合唱した。八田は、これで収益を上げることなど想定もしていなかったが、政治とは無縁の無邪気な催しは意外に好評を博した。

次の公演は年明けの一月二一日と決まった。この公演から、一三歳と六歳になった土方与志の二人の息子も参加することになった。特に兄の敬太は芝居こそ下手だったが頭がよくて俊敏なので、八田の演出助手兼子ども隊長を務めさせた。

一月の公演では、八田が自ら書き下ろした戯曲『キャラメル芸術』を上演することになった。「負傷兵士を労わりましょう」という合い言葉で、キャラメル会社が学童にキャラメルの押し売りをしていたのが、子どもたちの活躍によって暴露されるという二場の芝居である。

ところが、子どもの芝居にも検閲があった。もちろん検閲を想定して控えめに書かれた『キャラメル芸術』だったが、稽古の途中で何の理由もなく、いきなり「上演不可」とされてしまう。稽古は進んでいたが、仕方なく別の戯曲に差し替えた。

その公演初日に事件は起きた。敬太は、父である与志の言動をよく観察していて、劇団が当局から弾圧を受けていることを十分に理解していた。みなが稽古にかかっていた八田の脚本が一方的に却下されるのをそばで見て、子どもなりに憤りを感じていたのだろう。八田は事の次第をこう書いている。

昼の部は、無事におわり、見に来た托児所の子供達と一緒に記念撮影をすまして夜の部に入った時だった。幕前の挨拶に出る土方敬太が、客席をのぞいて居たが「八田さん、特高の奴帰っちゃったから、アレ言いましょうね」ときいたので、「いけないよ」と云っておいたが、少年闘士の敬太、挨拶の中で「僕達は、今日もう一本、八田の小父さんのかいたキャラメル芸術ってのをやることになって居たのですが、検閲で禁止されたのでやれなくなりました。残念です。しかし、僕等は弾圧なんかはねとばして、モリモリやります」とやってのけて了った（『児童劇場』昭和二三年五月号）。

敬太の勇ましい挨拶を聞きながら、八田は「しまった！」と思った。こういう時は現場から「ずらかる」のが一番だが、舞台裏の仕事に追われて身動きができなかった。案の定、暫くして築地署の署員が背後に立った。

「おい八田、主任がちょっと来てくれと言っている」

来たな、と思った。警察が八田を連行しに来たことに気づいた子どもたちは、警察官の前に立ちふさがった。

「八田の小父さん連れていく？　いやだい、やるもんか！」

「劇場にだって留置場があるんだぞ！」

そう口々に叫んで、警察官を全員で楽屋に押し込み、外から鍵を閉めてしまった。まずいことになったと八田は頭を抱え込んだ。幽閉された警官を「釈放」し、芝居がはけてから、ひとりで築地署に出頭した。子どものしたことだから、そう大したことにはならないだろうと高を括っていた。

ところが刑事部屋に入るや、居丈高な特高主任がカンカンになって怒鳴りつけてきた。

「あの挨拶は、お前が子どもにやらせたんだろう！」

八田は、とても話にならぬと黙って突っ立っていた。すぐ殴ることで悪評高い特高主任だが、この日は珍しく一度も手をあげなかった。八田が突然やってきたので、それ用の部屋も道具も用意されておらず、さらには司法主任がそばに座っていたこともあったたろう。

八田がだんまりを決めこんでいると、主任は「じゃあ、しばらく泊まっていけ！」と腕をガシッと摑んで八田を部屋から放り出した。

「うわあ、二九日（勾留）か……」

思わず長いため息が漏れた。いつ引っ張られてもいいようにと常に持ち歩いていた一泊分の着替えは、この時はさすがに持ってこなかった。まさかこの程度のことで、と思っていた自分の甘さをたっぷり悔いた。

真冬の冷え切った留置場に放り込まれて一時間ほどすると、急に署内がガタガタし始めた。耳を澄ますと、子どもたちの甲高い声がきこえてきた。

「八田の小父さんを返せ！　返せ！」

少年劇団がシュプレヒコールをあげて八田を取り戻しにやって来たのだ。八田を捜して署内のあちこちをバタバタと飛び回って大騒動になったと後で聞いた。この時ばかりは、さすがに涙が出そうになったと八田は書いている。

東京少年劇団は、この後も数年間、続いた。演出は常に八田が担当した。ちびっこ隊員の中には、新築地劇団のベテラン俳優、薄田研二の長男、象三もいた。この時から約一〇年後、八田や丸山とともに広島へと向かうことになる象三――。彼の幼い日のあどけない少年劇団での雄姿を、八田は後に特別な感慨をもって振り返ることになる。

八田が築地署から釈放されたのは、二月一八日のことだ。二日後の二月二〇日、八田の釈放と入れ替わるようにして連行されて来たのが、作家の小林多喜二だった。そして夜通し、あの特高主任らに命を奪われるまでの激烈な拷問を受けるのである。

わずか一晩のうちに獄中死した小林多喜二について、築地署は「心臓麻痺で急死」と発表した。しかし、遺体は痣だらけで異様に膨れ上がり、特高の所業を無言で訴えていた。どの病院も、遺族が頼み込んでも司法解剖を引き受けようとはしなかった。

『蟹工船』を改題した『北緯五十度以北』で何度も打ち合わせを重ね、世話になった作家の非業の死は、新築地劇団の団員にも深い衝撃を与えた。誰も傷つけず、筆だけで生きている作家が警察に虐殺される。時代はもうそんなところまで来ていた。もし自分が出頭した時、たまたま司法主任が同席していなければどうなっていたか――。八田は振り返る度に背筋が寒くなった。

丸山の浅草放浪

「丸山定夫が、エノケンの芝居に出ているらしい」

そんな噂が飛び交うようになったのは、八田が「ブタバコ」を出て半年が経つ頃のことだ。

確かに、それまで俳優陣の筆頭として常に劇団のどこかに構えていた丸山定夫の姿が、ぷっつり見えなくなることが増えていた。八田は驚かなかった。むしろ「ついに来たか」と思った。何といっても、ここでは食えないのだ。

土方与志という、劇団の支柱であった演出家が最近ほとんど劇団に姿を現さなくなったことも、丸山の〝エノケン〟行きを後押ししたのかもしれなかった。演出家としては新米の八田に、まだ丸山を制止するだけの力もなかった。

度重なる弾圧で衰退の一途にある新劇界とは対照的に、エロ・グロ・ナンセンスやレヴューで売る浅草は連日、大賑わいを見せていた。その筆頭で活躍していた大スターがエノケンだった。

丸山は、青い鳥歌劇団の大津賀八郎について広島から東京にやってきた頃、浅草でエノケンと出会っている。二人が、まだ無名のコーラスボーイとして労苦を共にしたことはすでに書いた。その後、丸山が新劇に走る一方で、エノケンは浅草に残り、やがて一座を率いる喜劇界のスターになった。旧友から窮状を打ち明けられたエノケンは、その場で前払いの一〇〇円をポンと手渡した。

浅草の芝居はいつも満席だった。

丸山が久々に見た浅草は、「楽屋は汗と埃としゃぼんの匂い、おせんべ、支那そば、大福、寿司に精進揚げ、パウダアとぱっちり（固型おしろい）の匂いの交錯渦巻き混合の世界」という猥雑な世界。警察の取り締まりの目が光る間はアチャラカ喜劇で客を沸かせ、夜が更けてくると、発禁になったはずの歌謡『ねえ興奮しちゃいやよ』とか『浅草エロ小唄』といったバックミュージックを流しながら、怪しげな照明に照らされたズロース姿の女たちのレヴューが始まるのである。

そんな舞台に丸山定夫が立ったのは三二歳の頃だ。チェーホフにゴーリキーと数々の新劇の舞台に輝き、プロレタリア演劇のスターとして知られた丸山が、「馬鹿げたギャグで人を笑わせている芝居」に出演する。さすがに本名を名乗るのは躊躇《ためら》われ、偽名の「福田良介」を名乗ったが、団員からは「あ、アカの役者さんね」と軽くあしらわれた。

希代の新劇俳優は、浅草のお客を笑わせることができたのか。丸山の浅草での様子をこっそり見に行った後輩の浮田左武郎《うきたさぶろう》は、戦後、新聞記者に宛てた手紙の中で、「金竜館の笑いどよめく満員の客を、一瞬ハッタとそれこそ針の落ちる音さえ伝えるほどの静寂に誘った」(愛媛新聞・昭和四一年一〇月一九日付)と書いている。

新劇俳優の渾身の演技に観客は虚を衝かれたのか。それとも喜劇には場違いな力んだ演技が浮いてしまったのか。この一文だけでは判断できない。ただ丸山自身は、「落ちぶれてしまった、浅草に来てはいけない」と知人に宛てて書いている。

さかのぼること五年、丸山は同じ新築地の女優、細川ちか子と付き合い始めた。丸山は楽屋暮らしを止めて、四谷箪笥町《たんすまち》の一角に小さな部屋を借りて細川と同棲した。だが二人の生活は新劇の苦難の軌跡と重なっていく。生活苦に追い込まれ、授かった子も諦めた。細川は、法律上は関係が解消されていない前の夫ともトラブルを抱えていて、果てに体調を崩して寝込んでしまった。細川を見舞った同僚たちは、そのあまりに痩せこけた姿に「もう長くないな」とつぶやきあうほどだったという。

昭和八年一月、エノケンに出演中の丸山定夫の手記が『婦人公論』に掲載された。

〈おちかはねている　そして　丸山定夫は自殺した〉

そんな衝撃的な見出しがつけられた。丸山は、細川の治療費を捻出するため浅草に「身売り」をせざるをえなかった、新劇俳優の丸山定夫は自殺し、新たに福田良介という喜劇俳優が生まれたと書いている。

> もう一銭の金もない、何を食わせるのだ。本も古雑誌も売って了った。あらゆる知人友だちからも借り尽して了った。今朝は辛じて卵が有った。だが晩にはもう米がない。……／たった一つ売る物が残っている、それは僕の身体だ、……がんさんは自殺をした。そして福田良介なる男が生れた。僕は福田を連れて旧友であるエノケンを訪づ《ママ》れた。彼は解りの好い男だ、一介の無名俳優福田の身柄を現金で買い取った。

病床の愛妻を助けるための、身売り。美談である。

しかし、ひとつの事実も裏と表、異なる顔を持つことがある。細川ちか子は戦後、たった一度だけ、丸山に関する証言を残している。演劇雑誌の対談で「封印を破る」として収録された内容は、これまで世に伝えられてきた愛妻のための身売りという美談に「ちょっと待った」をかけるものだ。

細川によると、丸山が浅草に出て行った一番の理由は、党の隷属状態に置かれた演劇界から逃げ出すためだったという。苦労人の丸山は、築地で月給を貰えるようになって初めて、服の一着も買えるようになった。それが新築地に移ってまたドカンとひっくり返った。一度贅沢を経験した身に、再びの貧乏はより堪える。「プロレタリア芸術の運動とかなんとかいうことよりも、なんとかしてのがれたい、のがれたいというのが本音」で、浅草へ行ったのも「あたしが病気になったのをこれ幸い」の行動だったと激しく吐き出している（『悲劇喜劇』昭和四九年五月号、以下同）。

はっきり言えば、渡りに舟だったの、美名にかくれてね。それから先はたちまちそこの踊り子さんとできて、あたしは四谷の六畳と四畳半の家で寝たっきりなんですよ。胸の病気だから絶対安静、あの人は、帰ってくると、五十銭玉を一つポイとおいて出て行っちゃうんですよ。いくらエノケンの劇団で月給もらったかしりませんけど、相当もらってたでしょう、あの時分のエノケン一座ですもの。

この時の細川を本当に支えてくれたのは、土方与志と梅子夫妻だったという。夫妻は、四谷の借家に見舞いにやってきては、二〇円をそっと枕の下に入れてくれた。そのおかげで細川は医者にかかれたのだと語っている。

このままでは二人の関係は駄目になってしまうと、細川は丸山の浮気相手のところまで押しかけ、その女の夫まで呼び出して別れさせたりもした。

ところが、丸山はまた別の女と「年がら年中くっついて」しまい、細川はついに愛想をつかした。「家を出るまでは、そりゃもう、あびるほど涙を流したわ」と一気呵成に語っている。この辺りの事情は、新築地の八田元夫や浮田左武郎、さらには戦後になって丸山の自伝を編纂した担当者もみんな知っているはずなのに、丸山のことを「神様みたいに」「きれいごとばかりにする」と細川は憤っている。

名優と言われる俳優に、必ずしも人格高潔で品行方正であるという条件は必須ではないだろう。むしろ逆であることも少なくない。人一倍、寂しがり屋だったという丸山には、確かに「多情」な面が多々あったようで、そんな性質はこれからも折にふれ現れる。

かつて芸者の愛人を大切にしたという小山内薫は、女遊びをまったく知らない土方与志に対して「芸者の衣裳一つ選べないで演出者になれると思うのか」と叱咤したらしい。お陰でこれ以後、与志は「発奮して」芸者遊びを始めたのだと、妻の梅子は嘆き節だ（『土方梅子自伝』）。

芸の肥やしと言ってしまえばそれまでだが、実生活で接する細川は幾度となく忍耐を強いられたようだ。もちろん男女の間のことだから、一方的な言い分だけでは真実は分からない。

「封印」を破った細川の証言で、人間・丸山定夫のさんざんな話はまだまだ続くのだが、対談者の尾崎宏次《ひろつぐ》が最後に「しかし優れた役者でしたね、丸山定夫は」と振ると、これには一言、「うまかったわ」と答えている。これだけは不動の事実だったようだ。

丸三年、弾圧の下で霞を食うような生活から賑やかな浅草に解き放たれ、丸山は久しぶりに自由を謳歌したのだろう。それなりのギャラを手にし、美味いものを食い、女とも遊んだ。満身創痍で体制と戦っている新劇界から、「弾圧に屈した」と非難されても当然だ。

しかし丸山は「エノケン」の舞台に立ちながら、新築地の公演にも脇役ながら穴を開けずに出演している。劇団に無届けの勝手な行動は、これまでならプロットにすぐ報告があがり、糾弾され、追放されるところだ。しかしプロットもすっかり影響力を失いつつあり、みながが何となく丸山の無断の不在をかばいあった。当時、新築地に出入りしていた脚本家の阿木翁助《あぎおうすけ》（戦後は日本テレビ放送網常務）は、この時の事情について こう書いている。

福田良介（丸山定夫）は『助六』の意休《いきゅう》役で初出演、続いて『金色夜叉』の荒尾譲介をやったというが、私たちは見に行かなかった。丸山の行動は劇団には無断だったそうで、除名説さえ出たが、丸山の苦境は了解出来る事なので、なるべく早く復帰する約束で黙認されたという（『悲劇喜劇』昭和六二年五月号）。

丸山が浅草に身を置いた約一年の間には、新築地で小山内薫の追悼五周年を記念してゴーリキー作『どん底』の公演も行われている。丸山は、はまり役と言われたルカを連日、熱演した。昼は新築地、夜はエノケンという二足の草鞋《わらじ》を履く丸山を、八田は黙って見守った。

土方与志の亡命

昭和八年三月、土方与志がいよいよ日本を離れる日が来た。

妻子を連れて日本を発ち、外国での亡命生活に身を投じることになった。不逮捕特権を持つ華族の土方だったが、爵位を剝奪したうえで拘束するという話がいよいよ現実味を帯びていて、これ以上、日本にいれば身の安全の保証はなかった。あわせて、先の特高による小林多喜二虐殺という出来事を、ソビエト連邦作家同盟の第一回大会に参加して世界に訴えるというプロットの極秘任務も帯びていた。

土方が間もなく東京を出発するとの報を丸山に知らせたのは、新築地の後輩、浮田左武郎だ。浮田は、新築地で開かれた総会でそのことを知り、誰よりも土方を慕っていた浅草の「福田良介」に知らせねばと公衆電話に飛び込んだ。

何よりも忘れられないのは、総会の席をはずしてエノケン一座の福田良介を電話口に呼出し、土方先生が日本を去ると告げた時の、その驚愕した丸山定夫の声音である。

……もしもし、もしもし、もしもし……

話の途中でいきなり手応えのなくなった相手に、私は幾度も呼び続けた。

浮田から知らせを受けた丸山は、途中で記憶が飛んで何も覚えていない。気が付けば受話器を放り出し、取るものも取りあえず、奇抜な舞台化粧を落としもせずに東京駅へと向かっていた。

駅のホームは、その時間にしては不自然にごったがえしていた。ホームから階段口まであふれる人垣の多くが、土方を見送る関係者だった。築地小劇場時代からの役者や裏方、プロットの幹部たちはみな、あちこちで監視の目を光らせる特高にそれと気づかれぬよう他人を装いあっている。同じ場所にいるだけで無許可で集会をしたと見なされる恐れがあり、そうなると即、現行犯逮捕されかねない。

土方家の親戚筋と思われる、こぎれいな洋装に身を包んだ華族の一行だけが、列車に乗り込んだ土方に近寄り、堂々と別れの握手を交わしていた。

そんな中を、丸山は必死の形相で、人波をかき分けながら駆けてきた。誰よりも早く丸山の姿を見つけ出した土方は、列車の窓から半身を乗り出し、丸山の手を強く握って言った。

「あとを頼みますよ！　あとは……ガンさん、あなたに頼むしかないんですからね！」

すでに「自殺」を宣言し、浅草に「身売り」した丸山だった。そのことが土方の耳に入っていないわけがない。不甲斐なさに返す言葉が見つからない。

列車が動き始めると、ホームのどこからともなく一斉に「インターナショナル」の大合唱が湧いた。誰が用意したのか、列車から見えるようにと大きな赤旗が大胆にも何度も空を切った。

滂沱《ぼうだ》の涙に、喜劇役者の目張りは流れ落ちた。丸山はドロドロになった顔を拭こうともせず、立ち尽くした。やがて警察が踏み込んできた時には、列車は遠く彼方に小さくなり、ホームの人波も引いて、いつもの風景が戻っていた。

土方一家が日本を発った後、築地小劇場は大規模な改築を行っている。関東大震災後の特例措置で劇場がバラック建てだったことはすでに書いたが、その際、昭和八年八月までに改築を行うという条件が付けられていた。この時の改築には、当時の金額で二万四九四八円八十銭がかかっているが、これも全額、日本に残った土方与志の母親が捻出した（『土方梅子自伝』）。戦前の新劇はどこまでも土方家頼みであった。

トーキーの波に乗った新劇役者

恩師土方が日本を去った同じ年、丸山には次なる転機が訪れている。エノケンから思わぬ誘いを受けたのである。

「トーキーは俳優が足りなくて困っている、一緒に出ないか」

トーキーへの出演料は、経済的に恵まれたエノケン一座よりも遥かに高く、それだけで丸山を驚かせた。

それまでの映画といえば、無声映画だ。劇場のスクリーンに音のない映像だけを流し、それに映画館のオーケストラが音楽を付け、弁士が独特の語り口で台詞や解説をする。弁士の腕次第で、映画の出来映えまで左右された。一方で「トーキー」は、音声の付いた現在の映画のかたちである。

トーキーの試みは、国内では大正時代に始まっている。日本で初のトーキー作品が作られたのは昭和二年、実は築地小劇場が舞台だった。小山内薫が監督し、山田耕筰が音楽を担当した『黎明』。丸山定夫も出演した新劇の舞台をそのまま撮影したもので、三〇分の短編と伝えられている。ただ公開はされておらず、フィルムの存在も確認されていない。

トーキーが本格的に始動するのは昭和七年になってからだ。東宝の前身、P.C.L.（写真化学研究所）が、世田谷区砧《きぬた》の一万坪の敷地に巨大なスタジオを建設し、トーキーの制作体制を整えた。この時、後にソニー創業者となる井深大《まさる》、世界のクロサワと呼ばれる黒澤明、映画『ゴジラ』の監督となる本多猪四郎《いしろう》らが入社している。最新の機材と優秀なスタッフは揃ったが、新興の映画会社で問題になったのが「俳優」の調達だった。当時、名の知れたスター俳優はそれぞれ決まった映画会社に専属するのが常で、後発のP．C．L．には手持ちの駒がなかった。

さらに、音の出る映画だから「喋り」が出来る俳優でなければならない。そこでP．C．L．は、新劇や新派、喜劇、落語など、語りや喋りを得意とする芸人を次々と映画界にスカウトしていく。浅草のエノケンやロッパ（古川緑波）はその先鋒となり、浅草から一躍、日本のスターにまで駆け上がった。

丸山はP．C．L．の初作品『河向ふの青春』（昭和八年・木村荘十二《そとじ》監督）に出演、続いて同年の音楽喜劇『ほろよひ人生』（木村荘十二監督）で、身軽なルンペン役でスクリーンを走り回った。お堅い新劇俳優が、浅草では道化を演じ、映画では身軽な脇役を難なくこなす。いずれも丸山にとっては本意ではなかったが、逆に〝使える俳優〟であることが関係者に広く認知される結果となった。

丸山は昭和八年末にはP．C．L．と専属契約を結んでいる。細川と五年間ともに暮らした四谷の借家を引き払い、P．C．L．のスタジオがポツンと建つ砧の田んぼの中に、建て売りの小さな家を見つけて引っ越した。

浅草を離れた丸山は、今度は新劇と映画という二足のわらじを履くことになる。置かれた環境は変われども、舞台さえあれば彼はどこでも輝いた。

「腐っても新劇」

辛うじて存続していた新築地劇団を揺るがす事件が持ち上がるのは、年が明けた翌昭和九年（一九三四）。ことの経緯は八田元夫の回顧に詳しい。

それによると劇団の経営が逼迫《ひっぱく》する中、何とか仕事を得ようと経営部長が必死に走り回った。苦労の甲斐あって、ようやく映画会社から大仕事を引っ張ってきた。映画会社は小さな劇団とは桁違いの予算を持っている。一本仕事を受ければ、暫くの間は凌ぐことが出来る。だが、その仕事の内容が問題だった。

交渉の窓口こそ映画会社だったが、背後には海軍省が控えていた。劇団員全員を南方に派遣し、本物の軍艦の上で戦争映画のロケーション（撮影）を行うという仕事だったのだ。担当者はすでに莫大な内金を受け取って帰り、それを全額、積もりに積もった劇団の小屋代や製作費の借金返済に充ててしまっていた。

戦争映画に協力するのか、しないのか。新築地は全団員を招集して諮ることにした。意見は真二つに割れた。

「どうせ転向劇団だ、毒を食らわば皿までだ！」

最近は歴史物など当たり障りのない演目ばかりになっている、この仕事だって大差はない、出演料は破格だ、劇団を再興するためにも企画に乗ってしまおうという者が賛成の声を上げた。

「腐っても新劇だ！　戦争協力のインチキ企画には絶対に乗れない！」

珍しく大きな声をあげたのが、八田元夫だった。すると丸山が、この時ばかりは旗《き》幟《し》鮮明に八田についた。丸山は映画とかけもちではあったが、劇団の危機には必ず戻って来た。平素は穏やかな二人がそろって反対の陣を張った。しかし、事はそう簡単ではない。

「そりゃできるなら断りたい。しかし内金はどうすんだ」

それが最大の問題だった。内金はもう使い切っている。海軍省を敵に回せば、今後どんな報復を受けるか分からない。

結局、「徹夜四八時間の議論」の末、事態は丸山が収めることになった。つまり丸山の翌年（昭和一〇年）の一年分の映画の契約金を、P.C.L.から全額前借りして映画会社に内金を返し、契約を御破算にすることにしたのだ。

八田と丸山はその足でP．C．L．に飛び込み、事情を話して大金を即金で受け取った。かなり乱暴な話がすんなり通ったのは、八田がかつて日活の金曜会でさんざん世話になった森岩雄が、日活からP．C．L．の取締役に就任していたからだ。森は八田の頼みをすぐに聞き入れた。P．C．L．にとっても、翌年は丸山定夫を確実に自社の映画に出演させることができるのだから、損な話ではなかったはずだ。

丸山は、今後一年間、映画でただ働きをしなくてはならなくなった。申し訳ないことになったと八田が丸山の顔色を窺うと、当の本人はどこか晴れ晴れとしている。丸山にとってはどんな代償を払おうとも、恩師、土方与志の新築地を海軍省の道具にすることだけはできなかった。

その日の夜のことは、八田の人生の中でも忘れられぬ一コマとなる。八田は丸山を誘って飲みに出かけた。二人きりで祝杯をあげたかった。丸山も珍しく「ウン」とだけ答えてついてきた。

丸山定夫と八田元夫。生い立ちも性格も全く異なる二人だが、「誰とも真正面からは喧嘩をしない」という点では共通するものがあった。ある意味どこか臆病で用心深く、本音はなかなか見せようとしない。自分の思いを本気でぶつけることができるのは舞台の上だけ。そんな二人が初めて、劇団を守るために意気投合して戦った。

八田は、丸山と柳瀬と三人で初めて飲んだ日のことを思い出していた。あの翌日、丸山は自分の飲み代だけ、わざわざ新聞社に返しに来た。大学出の上流階級の子息ばかりの演劇界で、小学校卒業の丸山は歯を食いしばって生きてきた。金持ちの奴らに後ろ指などさされてたまるものか、誰にも借りは作らせないぞと突っ張って生きてきた丸山が、この夜初めて、素直に八田に酒を奢らせた。

少し前、こんなことがあった。新築地の稽古で丸山が主演するモリエール作『タルチュフ』（昭和九年九月～一〇月）を演出していた時のことだ。休憩時間になってふと見ると、丸山が珍しく台本を置きっぱなしにして出て行った。ひょっとその台本をパラパラはぐってみると、こんな走り書きが目にとまった。

〈土方という名博労がいたらなあ〉

ハッと思った。稽古では一言の文句も言わない丸山に、「お前の演出などまだまだだ」と突きつけられた気がした。土方与志の、ピシリッ、ピシリッと乾いたムチの音が聞こえてくるような、シーンをひとつひとつ決めていく鋭い演出を思い出した。恩師小山内薫と並んで、あの土方与志の演出が築地から大勢の名馬を生んだのだ。果たして自分はどうか。技量はまだまだであることは自覚している。しかし、自分も退路を断ってここにいる。もう逃げ帰る場所もない。八田はこの台本の走り書きを見た時、「いつか丸山を納得させる演出をしてみせるぞ」と胸に誓った。

その丸山が今は、自分の隣で嬉しそうに杯を傾けている。多くは語らず、ただ気持ちよさそうに大好きなウィスキーを噛むように味わっている。今夜は祝いの酒だ。二人の間に流れる沈黙すら心地よかった。演出家八田元夫にとって、俳優丸山定夫は良き戦友になりつつあった。

映画界に居場所を得て

新築地劇団を救うため、翌年の年収をそっくり差し出した丸山の行動は、皮肉にも彼を映画界へと縛り付け、馬車馬のように働かせ、その活躍の場をさらに広げさせることになる。

昭和一〇年、『妻よ薔薇のやうに』（成瀬巳喜男《みきお》監督）では、主人公の父親役を好演した。妻を捨てて元芸者の愛人と暮らす父親は、多くは語らぬも複雑な思いを胸に秘めた男である。常に物語の伏線に現れ、陰の主役といっていい存在感だ。細川ちか子も丸山の義姉役で出演している。成瀬監督の戦前の代表作とも言われるこの作品はキネマ旬報の第一位を飾り、さらにはニューヨークでも一般公開され、海外輸出された日本初の映画となった。

同じく昭和一〇年の『坊っちゃん』(夏目漱石原作・山本嘉次郎監督)では、主人公の相方、山嵐を演じた。さらに翌年、丸山は同じ山本監督で夏目漱石原作の『吾輩は猫である』でついに主役を張る。ひたすら不機嫌で神経質な珍野苦沙弥の芝居で、新劇俳優ならではの演技の奥深さを見せ、映画界に丸山ありという存在感を確固たるものにした。

丸山の出演本数は、昭和一一年と一二年は年五本、一三年は七本、一四年は五本、一五年は一一本。複数の現場を綱渡りで掛け持ちした。P.C.L.は多忙な丸山の撮影スケジュールに合わせて、他の映画のロケ日程を調整したほどである。

片道七銭の都電の運賃にすら窮した時代があった。P.C.L.では、丸山のような「専属俳優」の出演料が、会社創設初期の昭和八年で一本一〇〇円前後という記録がある(コロンビア大学東アジア図書館所蔵「牧野コレクション」等参照)。それが年ごとに倍々に増えていく。どん底の生活は一変した。欲しかった本を片っ端から買い漁った。井伏鱒二の本は一冊残らず揃えた。発売されたばかりのダットサンも手に入れた。新車の自家用車など破格の贅沢である(この車は後に自損事故で廃車になる)。砧の家には後輩俳優、永田靖らが食客となった。家の壁や天井にはいつも次の映画の台詞がべたべたと貼り付けてあったという。

昭和一二年（一九三七）一〇月、新劇界に冷や水を浴びせる「事件」が起きる。七月に盧溝橋《ろこうきょう》事件が勃発、日本と中国が全面戦争に突入したその矢先、ついに俳優から戦死者が出た。

築地小劇場時代、丸山の先輩として活躍した友田恭助。築地が分裂した後、友田は同じ俳優で妻の田村秋子らと「劇団築地小劇場」そして「築地座」を立ち上げ、政治とは無縁の場所で芝居を続けていた。

その頃、岸田國士《くにお》、久保田万太郎、岩田豊雄という三人の文学界の重鎮が中心となって、イデオロギーとは明確に一線を画した、芸術作品のみを上演する新劇団を立ち上げようとしていた。その中心に、演技に定評があり、政治との関わりには消極的だった友田夫婦が据えられることになった。劇団の名前は「文学座」。後に杉村春子が率いる、現在まで続く劇団文学座の始まりである。

友田に赤紙が来たのは、文学座がまさに旗揚げのための結成式を行おうとした矢先のことだった。計ったようなタイミングである。しかも友田は、丸山よりも二歳年上の三七歳。戦争末期ならいざ知らず、その当時の召集年齢としてはかなり高齢だ。さらに友田はすでに一度、兵役も務めていた。二度目の思わぬ召集に友田自身、「なぜ僕が」「どうしてこんな年になってまで」と訝《いぶか》しんだという。

しかし、召集令を断ることなどできるはずもない。文学座の設立を祝うはずの会は、友田を戦地に送る会となってしまった。

友田の戦死を巡る記録を読むと、不自然な印象は年齢だけに留まらない。老兵だから掃除や配食係といった後方部隊だろうという周囲の希望的観測をよそに、友田は即、「工兵決死隊」と呼ばれる最前線に送られ、出征から約二週間後には銃撃戦で戦死している。

上海近郊の呉淞《ウースン》クリーク（小運河）は、日中両軍の壮絶な死闘が繰り広げられ、山と積まれた日本兵の死体が数ヵ月も放置された戦場だ。そんな現場で報道班は友田の姿を集中的に撮影して進軍の様子を伝え、友田が戦死する数日前の笑顔まで収めた。その写真は友田の死後、紙面を飾った。

さらに本人が死ぬ間際、「天皇の御楯となりて我は喜んで死地に赴く」と書いたとされる電報が新聞社経由で秋子の元に届けられた。本人の筆跡ではないうえに、自分の本名「伴田」の漢字すら間違えたまがいものだった。

一晩にして、新劇俳優は軍神に祭り上げられた。家には、これまで会ったこともないような人たちが次々と弔問に訪れた。秋子は手洗いに立つ暇も食事をする暇もない。全国各地から何百という手紙が届く。人々はみな、どこか一様に興奮していた。コツコツと一生懸命、舞台に立っている時は認めてくれなかったのに、戦争で死んだ途端、名優にされた。友田の芝居など一度も観たことのない人たちが「名誉の戦死」をした「伝説の俳優」とあがめ称えた。秋子は憤る。

一体、あの時分のマスコミですね。それまで片隅の小さな所でやってる役者だったのが、戦死したっていうことのために天下の名優に一躍なり上がったわけですよ。……あたしはうちに来た新聞社の人に「友田は役者なんですから、舞台で死ぬなら名誉だと思うし、本望だと思うが、全然商売違いのところで、あんな年取った者があんな殺され方をして、何が名誉なんでしょう」と言ったんですよ（『一人の女優の歩んだ道』）。

秋子の家には特高が姿を見せて、発言を慎むよう無言の圧力をかけた。岸田國士は秋子の身を心配して、「この時代に、あまり過激なことを言わないほうがいいよ」とたしなめた。新劇俳優の戦死は、もはや国民の誰もがお国のために殉じる時がきたという号令でもあったのだろうか。

新築地では、丸山が先輩友田の写真を黒い額に収め、暗い廊下の突きあたりに飾っておいた。それすらも、いつの間にか特高によって取り外されてしまった。

年が明けても日中戦争は出口すら見えず、戦況は泥沼化していく。

第五章　新劇壊滅

三好十郎という男

日本が太平洋戦争に突入する前年、昭和一五年（一九四〇）。この年は、八田元夫と丸山定夫の二人にとって、演劇人として最高の舞台を作り上げることが出来た思い出深い年である。同時に、これまで細々と繋がって来た新劇が完全に壊滅させられ、奈落の底へと叩き落とされる年ともなった。

八田元夫は、新築地劇団の演出家としてすっかり根を下ろしていた。

弾圧もひとまず静まって客足も戻り、食えない状態は少しずつ改善されつつあった。東野英治郎ら若手の俳優が成長し、新しい世代が頭角を現してきた。一方で丸山は映画の仕事にひっぱりだこで、新築地の舞台には年に一、二本しか出演しなくなっていた。

そんな八田と丸山の二人が、満を持して戯曲『浮標《ぶい》』に挑むことになるのは、この年の三月のことだ。

『浮標』を書いたのが、作家の三好十郎（一九〇二〜一九五八）である。三好、丸山、八田――。つまり作家、俳優、演出家の三人は、それぞれの人生の最後まで互いに深くかかわりあう不思議な三つ巴の関係を展開していく。

戦後、八田は三好の功績を残そうと『三好十郎覚え書』を上梓している。これから辿る回想は、主にその著作と八田の遺品等に依るものである。

八田が初めて三好の家を訪ねたのは、八田が新築地に入った翌年のことだから、昭和八年ということになる。

八田は、丸山との初仕事にふさわしい戯曲を探していた。三好の『斬られの仙太』は、まさにうってつけだと思った。新築地で上演させてもらう許可を得るために、八田は三好の家に向かった。後の『浮標』に描かれる舞台そのままの、西千葉の海沿いにある小さく質素な借家だった。すでにプロレタリア演劇の戯曲を数多く書いている三好のことを「同志意識」で訪ねた八田は、いきなり手痛い出迎えを受けた。

「何しに来たのかね」

木彫りの羅漢のような、いがぐり頭の小柄な男が不機嫌そうに玄関から顔を出した。

「君の『斬られの仙太』をもらいに来たんだが」

「何？　もらいに来た？　誰がやるといった」

とりあえず遠路を来たからということで居間へ通されると、海を望む庭先には病気の妻が長椅子に力なく横たわっていた。美しくどこか物悲しい風景を背に、どしりと座った羅漢が切り出した。

「君たちは一体何をしているのかね」

さっそく始まったのは、その頃すっかり「左翼的逸脱」が露わになったプロット批判だった。三好は、そのプロットに愛想を尽かし、後ろ足で砂をかけるようにして脱退したばかりだった。片や新築地劇団は、弾圧の末にプロットに加盟していた。三好にとって面白いはずがない。

八田が頭を下げて上演許可を頼んでも、三好は「今の自分はもう組織とは無関係の人間だから」と、とりつく島もない。八田は必死に食い下がった。

「君のいう通りだ。たしかに、運動全体手のつけられないようなかたより方をしている。しかし僕は、あくまで組織（新築地）の内部に残って、そんな間違いをただして行くつもりだ」

「ふん、やれるならやってごらん。無駄骨だ。政治ごっこか何かしらんが、芸術を忘れた、いや、芸術など少しも持ち合わせていない奴等に何が出来るのだ。そんな中でやるなら、やってみるがよかろう。大やけどするから、気をつけるんだな」

三好との初対面の印象について、八田は「何かむしょうに肚が立ったけれど、しかもおこることも出来ない――『驚いた野郎だナ』と、帰りの電車の中まで、私は眼をまるくしていた」と書いている。

三好十郎は明治三五年、佐賀の生まれだ。年齢では八田より一つ上、丸山より一つ下で、三人は同世代だ。

三好の祖母は鍋島家の武士の末裔で、両親は中流の農家だったが、幼い頃から家庭には恵まれなかった。父は早くに亡くなり、母は三好を置いて出奔。十郎は祖母に厳しく育てられた。その祖母が死んだ後、三好は行く当てもなく放浪し、新聞沙汰になるような自殺未遂まで起こしている。

その後、親戚の家で使用人と一緒に土方仕事をしながら、県内の秀才が集まる県立中学に合格。世話をしてくれた伯父は、「これから先は人間、ガクがなくては出世できん」と、ひときわ優秀な甥の背を叩いた。伯父の腰は長年の重労働で弓のように曲がり、働いても働いても貧しさから抜け出せないでいた。そんな伯父の姿は、作家三好十郎の創作の原点となった（大武正人『小説・私の三好十郎伝』参照）。

中学では、教科書すら満足に揃えていない三好を同級生らが嘲笑した。三好は自著の中で、「私がそれ以来つねに、そして今でも、理智的にと言うよりは本能的に『金持ち』又は金持の子弟をきらいなのは、思うに、幼年時代から少年時代の自分の生活と気分に根ざしているようである」と書いている（「少年時代から」『三好十郎の仕事』所収）。

三好は学内で同人誌を作って活発に詩や俳句を発表し、絵画では特別に優秀な生徒として教師から目をかけられ、卒業時には校友会から表彰まで受けている。だが、ただの優等生ではない。柔道や剣道はめっぽう強く「鬼三好」と呼ばれ、破れかけの制服をわざと着てみせたりして、ワルからも一目おかれる存在だった。

大正九年（一九二〇）に早稲田大学高等予科文科に入学、同文学部英文科に進む。詩作の発表の場を『早稲田文学』に見つけ、そこからプロレタリア文学そしてプロットへという軌跡は、当時の大方の文学青年たちと同じ潮流にある。

左翼芸術同盟で三好と活動した壺井繁治《しげじ》は、「彼は詩人であるから詩はむろんのこと、絵も音楽も非常に好きであり、自身で絵も書き、作曲もするというほどの器用人で、同盟の歌は彼自身が作詞・作曲したのである。……彼のマンドリン伴奏で、みんなが同盟歌を合唱したものだ。そのときの彼は実に愉快で得意そうに見えた。高見順などもこの同盟員の一人で、三好の指揮で歌をうたわされた」（文化座編『三好十郎追悼特集』）と書いている。

三好はやがて演劇の戯曲で、一気に才能を開花させる。八田が入れ込んだ三好の初期の代表作『斬られの仙太』は、幕末の水戸天狗党が舞台だ。「百姓のため」蜂起した天狗党が、やがて立身出世や派閥争いで理念を失ってゆき、内紛のために大衆の生活を利用する。その矛盾に怒りを持って立ち上がる仙太も、最後は手負いになり狂ったように絶叫しながら滅多切りにされて死んでいく。チャンバラあり、濡れ場あり、歌あり踊りありの斬新な戯曲は、社会における「革命運動」の矛盾を炙りだし、多方面で絶賛された。作家の川端康成も新聞に三好への賛辞を度々書いた。

三好は当初、プロットの活動に進んで参加した。「労働組合運動にもいくらか参加し、三年間ばかり各地の労働争議の応援などに駆けまわった」という。だが三好もまた「斬られの仙太」のように、「イデオロギーの嵐」の矛盾にぶつかる。

例えば俳優、佐々木孝丸の回顧にはこうある。

ある総会の席上で、執行委員会のとった或る処置を不当なりとして、当時のはやり言葉でいえば、「執拗果敢」に執行委員会に喰いさがり、あくまでもその非を鳴らして一歩もあとへ退かず、委員のあるものがもちかける妥協案に応ぜず、到頭執行委員長を詫らせてしまった坊主頭の平聯盟員がいた。／「いやに土性骨の据ったきもの太い奴がいたものだ」と、その男の印象が強く私に灼きつけられた。その男が三好十郎であり、それが三好への私の第一印象であった（文化座編『三好十郎追悼特集』）。

三好は、政治が芸術を宣伝機関のように支配するやり方がどうしても許せなかった。プロットを牛耳る党幹部と何かにつけて衝突し、やがて左翼思想を「苦闘の末に、積極的に投げ捨てた」。八田が千葉の家に三好を訪ねたのは、その頃のことだった。

作家、演出家、俳優

その後、三好は八田と何度か会ううちに、どこか相通じるものを感じたのだろう、八田に対して自分から進んで関わり合いを持つようになる。懇請された『斬られの仙太』は意地を張って結局やらせなかったが、その後、新築地で八田が自分の戯曲を演出する時にはよく稽古に顔を出した。

三好はいつも、ダメを出したくなる自分を抑えてジッと我慢している。それでも役者があまりに下手くそだと、思わず立ち上がって声を出してしまう。

「ここんところは、こう！」

自分で演技をやってみせ、八田の方を振りかえり、「そうだなあ、八田！」と念を押す。八田が仕方なしに「うん、まあ、そうだ」と答えると、満足そうに自分の席に戻るのである。

三好十郎

例の八田の「ブタバコ」送りのきっかけとなる「東京少年劇団」上演の時には、三好は裏方までかって出た。戯曲『イソップ物語』の伴奏をしてくれたのだ。

三好は愛器をたずさえて、タクシーをおごり（タクシー代を自腹で払いの意）、劇場にかけつけて来た。そして埃だらけの舞台の袖で、まるで禅坊主が船来琵琶を抱えたような恰好でこわれかけた椅子に腰をおろし、私のキッカケを見ながらボロンボロンとギターをかきならしていた姿は、今でも、極めて印象的なものとしてうかびあがってくる（『三好十郎覚え書』）。

三好は妻を亡くした後、千葉から新宿に越していた。八田は本郷に下宿していたので、「お茶をつきあえ」とちょくちょく呼び出された。二幸《にこう》（現在の新宿アルタ）の裏あたりにある喫茶店を一軒一軒はしごしながら、延々と演劇談議をして歩いた。三好は自分の戯曲が完成するたびに八田に批評を求め、その出来栄えまで諮《はか》るようになった。八田の演出については〝卵の漫画〟を描いた、こんな手紙を送ってきている。

八田元夫なんて演出力なんて六十五位しか持っていないが、感受力は九十五位持っているからな。それは僕が保証する。君の演出なんて言うものは、どんなによく出来た場合でも、この卵の黄味が、白味のところまで拡がろうとして七転八倒する事業みたいなものだからな。そこいらが八田演出家と他の演出家と違うところだよ。

六五点の演出家を、しかし作家は離さない。東宝劇団が三好の戯曲『妻恋行』を上演する時には、三好は作家肝いりの演出家として八田を無理やりねじ込んだ。公演の出来を三好はたいそう気に入り、「この勝負、演出者の勝」という葉書までよこしている。

プロットを飛び出した三好を一時期、映画の脚本の世界へと誘ったのが、P.C.L.で活躍していた丸山定夫だった。

丸山もまた三好に深い共感を抱いていた。厳しい幼少時代を歩んできた三好の戯曲にはいつも、自身の体験に裏打ちされた人間の奥深い姿が描かれている。流行りのプロパガンダ演劇とはまるで深みが違った。丸山は、三好の戯曲にだけは矛盾を感じることなく芯から没頭することができた。

作家にとって信頼できる演出家が必要なように、俳優にとって、自分が打ち込める作品を生み出す作家を持てることの意味は極めて大きい。人付き合いの苦手な丸山が、三好にだけは感情をむき出しに付いていくことを厭わなかった様子が、彼が残した文章からもうかがえる。

彼の手法がどの様に洗練されようと、彼の表現がどの様に円熟しようと、所詮は彼の魂は田舎者である。彼にはおべんちゃらがいえない。虚飾や当込みで人を釣る事が出来ない。美しい言葉の綾で、作品を引き立たせる術を知らない。／それこそ彼の不滅の強味ではなかろうか。……

私が彼と友達になったのは大変遅くである。そして私達はもっと早くそうなる可きで有った。つまり私に取っては彼は、現在数少ない我が交友中の最も愛する人間なのである。だが彼にとって、私はまだそれ程に値しないに違いない。それでは口惜しいから私は一生懸命値する様に追付く積りである。／（ああどうやらこれは彼、三好十郎への恋文みた様なものになってしもうた様である）一九三五、一二、二四

丸山は用事がなくても、三好の家にしゅっちゅう入り浸った。公私ともに仲は深まり、三好が再婚して長女が生まれると、丸山はその名付け親にもなっている。

丸山の仲介でP.C.L.と専属契約を結んだ三好は、映画界でも大成功する。三好が書いた『彦六大いに笑ふ』は木村荘十二《そとじ》監督、『新編　丹下左膳』は前編を渡

辺邦男、後編を山本薩夫《さつお》が監督、『戦国群盗伝第二部・暁の前進』は脚色を山中貞夫、監督は滝沢英輔《えいすけ》が手掛け、丸山も俳優として参加。いずれも観客の入りがよく、映画ランキングでも上位に入った。

三好は時の人となった。「(三好を)商業演劇も捨てて置かない。前進座とか井上一座とかいうインテリ層を狙った劇団で彼を引っ張り凧にするし、映画界でも捨てて置かないし……俄然三好十郎時代の観を呈するようになった」(『日本映画』昭和一三年二月号)などと絶賛された。映画の原作・脚本料は高額で、三好は馬車馬のように書きまくり、物心ともに満たされていたはずだった。

ところが昭和一四年(一九三九)になって、三好は突然、P．C．L．との契約を一方的に打ち切ってしまう。映画界で多忙を極める自分に、こう問うた。

楽なくらしが続いたが、深夜ひとり眠るとき、自分にむかって問わずにはいられなくなった、「三好十郎よ、お前は、幸福か……?」と。かえってくるのは、つねに、「ノオ!」という答えであった。自分は、不幸ではありたくない。幸福でありたい。それには、先ず映画の仕事をやめるべきだ、と結論が出る。……それで、やめた。もと通りのビンボーになった。すると、いろいろ言って金を借りに来た連中が来なくなった。ビンボーにはなったが、身辺は静かになり、したい仕事ができるようになり、自分は幸福をとり戻した（『三好十郎の手帳』）。

かつてイデオロギーの世界から脱し、戯曲の上で真摯に人間に向き合おうと考えた。それなのに、戯曲を大量生産して莫大な脚本料を手にする快楽のうちに、自分が何をすべきかを見失っていた。三好は退路を断って原点に立ち戻ることにした。そうしてじっくり腰を据えて、これまであたためてきた大切な企画に取り掛かった。

間もなく、上演時間にして四時間という大作が生まれる。二〇一七年の現代においても、いまだ演劇界で繰り返し上演されている名作『浮標』だ。三好の頭の中で、舞台化される時の姿はすでに見えていた。これを演じるのは丸山定夫。演出は八田元夫しかいない、と。

名作『浮標』に火と燃える

三好十郎は、戯曲『浮標』を書くにあたり、逐一、八田に進行具合を知らせている。八田の遺品の中に残されていた古い信書のほとんどは三好からのものだ。昭和一四年九月の手紙。

「この間話していた『焰』(『浮標』のこと)と言うのを書きだす。これは良いぞ。力をいれて書く。かなり暗いけど、しばらくぶりのイッヒドラマ(三好の造語で私戯曲の意)だ。……とにかく、これが出来上がったらお目にかけるから、ひとつ本気に冷厳な批評をしておくれ。今から頼んでおくよ。戯曲という仕事に対して、ホントに謙虚になってかかると言う気持ちが、だんだんわかって来たようだよ」

二ヵ月後、戯曲を書き上げたとの葉書が届く。

「新作は二三日前にやっと書き上げた。蜿々《えんえん》として二百枚余。インサン極まるイッヒドラマなり。手を入れ終ったら読んで貰うかな」

さらに一ヵ月後の昭和一四年一二月の暮れ、今度は速達だ。

「お元気? この間書きあげた長篇を聞いてもらう会を今夜(三〇日)、七時からやりたいので、都合よろしくば恐縮だけど御足労願いたし。集まるものは佐々木(孝丸)その他二三人ならん。頼む」

八田はこの日、新春公演の舞台準備で徹夜していた。元旦の初日をあけてから三好宅を訪ねたが、留守だった。追いかけるように電話がきた。

「原稿は、丸山定夫が読むんだと言って持って行っちまった」

八田はすぐに、丸山がいそうな東京の関係先を捜して歩いた。だが、丸山はすでに映画の撮影で宝塚に出かけた後だと分かった。八田も、翌日から京都に向かわなくてはならなかった。後に詳しく書くが、京都を拠点とする新派劇団から公演の演出を頼まれていたからだ。

京都での稽古がひと段落したある夜、八田が業界関係者のよく集まる河原町の飲み屋で一杯ひっかけている時のこと。そこに思いがけなく丸山定夫が、寒そうに背中を丸めて飛び込んできた。小脇に新聞包みを抱えている。

「それ、三好の原稿だろ!?」

挨拶もそこそこに尋ねると、丸山は「これは俺んだ！」と包みを抱え込んだ。丸山はどうやら毎日、原稿の束を持ち歩き、ひとり読み込んでいたようだった。八田はそれをひったくるようにして奪った。宿に戻って、三〇〇枚の大作を一気に読んだ（『金錦芸術』昭和一五年三月号参照）。

戯曲の舞台は、八田が初めて三好を訪ねた、あの西千葉の海沿いのさびれた借家だった。主人公の久我五郎は左翼グループと決別した画家で、重病の妻を抱えている。人生の袋小路に追い詰められた五郎は、三好自身の投影だ。三好は、自身の左翼活動を総括して、ある登場人物にこう言わせている。

「君が一頃左翼的な団体に近寄って行った事だって、今から考えると、理智的に思索した結果と言うよりも、感情的になんとなく弱い者の味方をしたいと言った風な、要は一種のセンチメンタリズムだった」

画壇は、五郎を勢力争いに利用しようと頻繁に誘ってくる。だが五郎は、かつてのように絵を描く気力を失っている。唯一無二の親友だった幼馴染みは、身ごもったばかりの妻を置いて二度と帰らぬ戦地へと出征。自分の妻は日に日に弱っていく。生き甲斐を見失いかけた男の周りには、死があちらこちらから忍び寄ってくる。それでも男は、生への執着を手放さない。

困難な時代、世間の波間に浮き沈みする浮標に、三好は自分自身を重ねた。いよいよ迫りくる戦争に対して日常の身近なところで生と死のドラマを展開し、人間がただ生きることのとてつもない重みを淡々と描いた。八田は「作者の血の出るような自身の生活にメスを入れた」戯曲だと思った。

八田が京都から急いで感想を送ると、すぐに返事が来た。

「京都はおつかれさん。風邪をひいたって？　四条辺で水っぽい酒（八田が好んだビールのこと）ばかり飲みすぎたんだろ。『浮標』読んでくれたってね。ありがとう。気に入って、ありがたい。君から褒められりゃ、少しは自信を持っていいな」

昭和一五年二月末、新築地劇団に丸山定夫が戻ってきた。

団員総出で『浮標』の稽古が始まった。主演の丸山は映画の撮影日程が立て込んでいて、稽古には正味三週間しか割けない。平素は誰にも稽古をつけず「俺の演技から盗め」と言うだけの丸山が、この時ばかりは若い相手役にこまごまと注文を付け、演出家の八田そこのけで稽古の現場を引っ張りだした。丸山は本気だった。それを皆が意気に感じ、必死に応えようと挑んだ。八田も負けじと乗り出した。

若かったとはいえ、この大作を、この日数（二〇日間）でよくぞこなしたと思う。稽古場は、神田明神裏の湯島新花町（そこは私の出生地でもあるのだが）にあった貸席、丸山定夫以下全員、朝八時の稽古開始に一人の遅刻者もなかった。火の出るような、あるいは火花の散るような稽古などとよくいわれるが、おそらく二百をこえる私の演出の中で、こんな短期決戦で充実した稽古はなかったと思う。夕方六時過までは、昼飯の時間もおしんで、私など演出卓にすわったまま、稽古の進行を睨んでの、腹をふくらませるだけの弁当のかきこみ、夜は、比較的弱い配役陣の抜稽古で十時、十一時まで――若い女優さんなど一度は唇を紫色にしてぶったおれるまでの駄目おし……（『三好十郎覚え書』）。

この頃は稽古であれ研修会であれ、劇団員が集まる時は必ず事前に警察署に届けを出し、刑事の立ち合いが必要になっていた。怠れば「無届け集会」として即検挙される。だがこの時ばかりは、朝から深夜まで延々と繰り返される「火の出るような」稽古に、刑事も愛想を尽かして出て行き、やがてのぞきにすら来なくなった。

そうして三月二三日、初日を迎える。

特急で進んだ上演に営業面はまったく立ち遅れ、ビラもポスターも一枚もできていなかった。築地小劇場の前に置くはずの立て看板すら間に合っていない。だが客は、パラパラだが来てはいる。みな悲壮な覚悟で開幕の銅鑼を聞いた。

初日の幕があいた。四百六十の定員の築地小劇場に、何と五六十名の観客。しかし、監事室からみていると、舞台は、予想通りの進行、気魄のこもった幕あきであった。丸山がすべてを賭けて演技している。薄田（研二）の演技も脇ながらぴしりとおさまっている。日高（ゆりゑ）もわるくない。四幕、黒い水着の田所（千鶴子）と丸山のからみ、さらに診療所の医者に扮した石黒（達也）と五郎の対決、そして、大詰の死に行く妻にむかって、万葉の歌を狂気に読みきかせる久我五郎の姿に、関原編曲のショパン風のピアノトリオがクレッセンドに高まって幕がおりた。──しかし、客席はしーんと静まりかえっている。ア、やっぱり駄目だったのかと思った途端、ずっしり幕がおりきって、一瞬、二瞬、三瞬、沈黙しきっていた百名足らずの観客が、一時に爆発したように拍手──それがなりやまない。私が、監事室を飛びだしても、まだなりやまない。まっしぐらに楽屋に飛込んで行った。丸山が眼に涙を浮べながら、両手で私の右手を骨がおれるばかりぎゅうっと握りしめた。

丸山が初めて、八田を演出家として認めた瞬間だった。

八田はいつも初日の舞台の様子で、その時々の公演の入りを当てた。どんな宣伝をして満員御礼になっても、客の反応が悪ければ中日あたりからグングン客足は落ち、残りの日程を打ち切ることもあった。

「『浮標』は尻上がりだぞ！」

八田にしては珍しく強気な読みだった。その通り客はどんどん増えてゆき、中日には満員に。それ以後、最終日までの一〇日間は連日、定員の倍近い八〇〇名を詰めに詰め込んだ。四時間五幕の大作を、観客は立ちっぱなしで観続けた。八田が生涯、大切に集めていた「大入り袋」は、この公演で一気に増えたに違いない。
当時、女優として歩み始めた中村美代子（後に俳優座）は、『浮標』を観た時の印象をこう語っている。

この時の丸山定夫の「久我五郎」は本当に迫力がありましたね。二回も三回も観ちゃったの。観客はもう息を殺して観ているっていう感じで。……今でも目に浮かぶんですけど、妻の病状が悪化してきて久我五郎が妻の耳元で大声で万葉集をきかせるところ……ありゃ凄かったなあ。観客もね、もう観客じゃなくなって久我五郎の心に共鳴しているんじゃないかと思うような、もの凄い演技を観た、という感じがありましたね（桜隊原爆忌の会・二〇〇一年会報）。

東宝の雑誌にも珍しく新劇の劇評が出た。

これはなかなかに面白かった。近頃新劇での正に収穫といってもいい。この辺の収穫が目立つほど、不作続きだったので喜び方も少し大きすぎた嫌いはあるにしても、小劇場のあの椅子が気にならなかったほど、舞台についていくことができた。

……『浮標』をみて、彼（丸山）の演技が新劇一筋に生活しないことは、演劇のために寔《まこと》に不幸なことだということだった。素質ばかりでなく、彼はいま実に俳優になりきっている（『東宝』昭和一五年五月号）。

『浮標』という舞台は、弾圧の日々をくぐりぬけ、八田元夫が丸山定夫とともに舞台の上でようやくたどり着いた一つの到達点だった。八田は戦後、「おそらく、久我五郎の形象は、丸山の演技の最高峰を示すものであろう。ホレぬいた戯曲に、ぶちこんで、火と燃える演技者の創造は、演出者冥利につきるみごとさであった」と書いている。

昭和一〇年代に入り、地下活動を続けていた左翼勢力は、度重なる当局の検挙により壊滅した。そのため演劇界への弾圧も少なからずやわらぎ、表面上は久しぶりに穏やかな時間が流れていた。『浮標』は満州事変以降、一五年に及ぶ戦争の時代のわずかな間隙に生まれた、奇跡のような舞台でもあった。

各方面からの絶賛に励まされた新築地劇団には、『浮標』を持って大阪公演を行う話が持ち上がる。再び丸山を主軸に据えて、新築地を本当の意味で再興できるのではないか、八田はじめ団員たちにそんな期待がよぎったのも無理はない。

だがわずか五ヵ月後、舞台は突然、暗転する。

新劇人の一斉逮捕

昭和一五年八月一九日の早朝は、全てが突然始まった。

八田は下宿で寝ていた。そこに特高が数人、いきなり木戸を破って踏み込んできた。狭い部屋の中を乱暴に掻きまわし、縄をかけられた。一体これは何なのか、思い当たる節は全くなかった。

「よく分からんが、何にせよ二九日で出られるだろう」

そう思って腹を決め、下着を用意した。

近所の本富士警察署（現在の文京区本郷）に引かれていく車の中で、八田はふと思い出した。そういえば一ヵ月前、奇妙なことがあった。八田は、日本大学で美術の講師を務めていた。それが突然、演劇科長の飯塚友一郎《ともいちろう》教授に呼び出され、「辞表を出してほしい」と頼まれた。なぜか尋ねると「あなたはそうでないだろうけど、どうもあなた方の中にアカがいるんだそうだ」と説明にならない説明をした。すでに新築地と党関係者との関係が切れてから何年も経っていた。それ以後、非合法活動との接触も一切ない。心当たりもないのに辞表など出せないと、ケツをまくって大学を出た。

あれは、この前触れだったのか。

八田が連行されたのと同じ頃、新築地で八田らと演出を手掛けていた佐々木孝丸の周辺にも異変が起きていた。佐々木の手記にはこうある。

十九日の早朝、私は、警視庁と杉並署の特高数人に寝込みを襲われた。／これは私にとって、正真正銘、寝耳に水の愕《おどろ》きであった。プロットやナップの仕事をジャンジャンやっていたときなら、いつ何時引っ張られるか分らんというような、一種の「覚悟」が出来ていたので、たとえ寝込みを踏み込まれようと、「来たな」というぐらいなものであったが、今は違う、……

「一体何だね？……　今頃持って行かれるなんて、さっぱり心当りがないが……」

「こちらにはウンと心当りがあるんだ。ちょっと長引くからな、その用意をして行ってもらおう」（『風雪新劇志』）。

新築地の俳優陣の中心となって活躍していた薄田研二もこの日、奇妙な事態に見舞われていた。その経緯を薄田の自伝『暗転――わが演劇自伝』に辿ると、事の全体像が見えてくる。

薄田は、後輩の俳優たちを数人引き連れて、木曾の御嶽山にいた。南旺映画（後に東宝に吸収）から新築地劇団に役者を数人出してほしいとの依頼があり、三日間の予定で撮影を行っていた。木曾の盆踊りのかたちを覚えようと練習していると、二、三人の男が自分をつけているのが分かった。

「何で今ごろ、こんなのがくっついてくるんだ？」

不思議に思いながら宿に帰った。すると妻から「新築地がみなやられた！」という電話が入った。当時、新築地の事務所は築地にあった。確かに春先頃から、用もないのに憲兵が覗きにくる回数が増えていた。築地署の特高ならもはや慣れた感もあったが、さすがに憲兵がウロウロするのは気味が悪いなとささやきあったものだった。

薄田は、撮影が終わるやいなや東京に飛んで帰った。家の周辺にはすでに憲兵が張り込んでいて、家の門をくぐる前に警視庁の特高課に連行された。

「自発的に、新築地劇団を解散してほしい」

いきなりの要請だった。うんと言えるわけがない。

「劇団には総会というものがあって、皆の意見で決定することなんだ」

「君の一存でもできるだろう」

「解散するかしないか総会が決定するんだから、確約はできない」

「その総会というのは何日頃持つか」

「総会の通知を出さなけりゃならないし、住所録などあんたがたがガサ（家宅捜索）で持ってっちゃったから、総会が持てるかどうか分からない」

薄田はせめてもの抵抗を試みた。特高はその場で住所録を薄田に突っ返し、すぐに総会を開けと詰め寄った。みなに連絡を取ったが、すでに中堅以上はみな逮捕されてしまっているし、残る者は怖がって出てもこない。結局、憲兵や警察に取り囲まれる中、わずか数人で総会らしきものを開かされた。

総会は次のような「声明書」をまとめた。


私達は今やこの非常時局に当面し、過去の誤謬を清算し、新しき立場に立つ演劇報国の情熱に燃えて居ります。然し祖国日本が今日の東亜新秩序確立の大目的貫徹のため、新しき発展の関頭に立つ際、私達が全員一致より一層の御奉公を惟《おも》うのは日本国民として当然のことであります。そのために私達は新築地劇団の旧き殻を脱し、今日祖国日本の向いつつある大道正しき強力なる体制の中に自らをおき、真の国民的演劇樹立に微力を捧げつくすべきであると確信いたします。

私達は以上の理由によりこの理想と情熱とをもって当局の御明示に沿うことは勿

論、その目的達成のため茲《ここ》に新築地劇団を解散いたすものであります。

薄田はうだるような暑さの中、この声明文を持って新聞各社を回らされ、「自発的解散」のインタビューと写真撮影を次々に受けた。どこに行ってもフラッシュの嵐で、ことの大きさを実感した。「自発的解散」のための全ての作業が終わると、薄田もそのまま牛込警察署に連行され、逮捕された。

薄田は、昭和四年（一九二九）に新築地劇団が創設されて以来ずっと土方与志の下に歩んできた古参の一人だ。劇団はいつも右から左から様々な弾圧と圧力に晒され、楽などひとつもない苦労の連続だった。丸山定夫が浅草のエノケン芝居に走った後も、土方与志が亡命した後も、その都度、八田元夫ら新たな力を借りながら、何とか劇団を霧散させることなく持ちこたえさせてきた。その劇団に、自らの手で幕を引くことになった。一二年の歴史の結晶が、たった一日で叩き潰された——。そう思うと、独房で涙があふれて止まらなかった。

この日、逮捕されたのは新築地の団員だけではなかった。

全国各地で新劇の舞台に関わっていた関係者が、全て同じ目に遇っていた。検挙された者の数は正式には発表されていないが、東京の主要な二大劇団と言われた新築地と新協劇団が集中的に狙われ、ここだけで逮捕者は一〇〇人に達した。新協劇団も同じように「自発的解散」をさせられている。これにより新劇界には、文芸路線を歩んでいた文学座など、小規模な劇団がわずかに残るだけとなった。

この一斉検挙について、新聞やラジオはどう報じたか。

当時、都新聞の文化部長だった土方正巳《まさみ》は戦後、この時の裏事情について演劇雑誌に書いている（『悲劇喜劇』昭和四七年五月号参照）。

八月一九日、土方が午前一〇時過ぎに出社すると、すでに警視庁詰めの記者から一斉検挙の一報が入っていた。ところが整理部のデスクには、内務省から「記事差し止め命令」が届いていた。えらいことが起きているなと直感した。土方は、すぐには記事を出せないにしても、やがて解禁される時のために取材を始めた。八月二二日深夜には、収監される直前の薄田研二の家を訪問し、ことの全貌を聞いている。

翌八月二三日正午、ようやく掲載禁止が解除された。記事は警視庁当局談として、あくまで「自発的解散」という筋書きを垂れ流すにとどまった。当時の紙面には、過去に例を見ない新劇人の一斉逮捕に関する詳細はどこにも残されていない。

それにしても、これだけ大規模な演劇人の検挙は、一体どのような容疑で行われたのか。

治安維持法には「目的遂行罪」という項目がある。昭和三年の法改正で新たに追加されたものだ。特定の結社や非合法な党に加入していなくても、「国体変革等を目指す結社の目的に寄与する行動」を罰することを定めている。たとえば「共謀罪」や「扇動罪」では複数の人間が集まって謀議することが必要だ。だが「目的遂行罪」では、党の信条や教義に協力的であるというだけで、個人を検挙することができた。それを判断するのは当局である。

さらに、「当人の活動が結社の目的に合致すると客観的に判断できれば（主観的な意図がなくとも）目的遂行罪は成立する」とした大審院判決（昭和六年五月二〇日付）が適用範囲を一気に拡大させた。例えば、党の宣伝ビラや関連著作を所持しているだけで「目的遂行罪」が適用できるようになり、党や結社とは直接関係のない外郭団体を摘発する際に積極的に使われるようになった。治安維持法を「育てた」のは、ある意味で司法だったとも言える。

劇団員の場合は、舞台で演じる「演目」の傾向がターゲットにされた。

例えば、八田の演出仲間である村山知義《ともよし》が演出したアメリカのノーベル賞文学者、ユージン・オニール原作の劇曲『初恋』。これについて当局は、日本で親子の情というものは天皇と臣民の関係である、それなのに舞台では親子がまるで親友のごとく会話をし、恋愛問題についてまで話し合っている、これは日本の家族制度さらには国体を破壊するものだとした。

さらに、長田秀雄作『大仏開眼』。台詞には「奴隷」という言葉は使われていないが、奴隷的な存在が大仏を建造するために使役されている。日本では、天皇の御稜威によって奴隷というものは存在しない。これは事実の歪曲である等々。演出を担当した村山はこんな容疑で二年半も勾留されたのである（『悲劇喜劇』昭和四七年四月号参照）。

真夏の演劇人の一斉検挙の政治的な背景が明らかになるのは、秋風が吹き始めた二ヵ月後のことだ。

一〇月、大政翼賛会が結成される。太平洋戦争を前にして国家総動員体制を築くために、保守政党から無産政党まで全ての政党が「自発的に」解散し、大政翼賛会に合流した。演劇人の一斉検挙は、その動きを前にした下準備だった。

有力なメンバーを一掃して、演劇界を骨抜きにする。そして残った演劇関係者を、大政翼賛会の下部組織「日本移動演劇連盟」の傘下にまとめあげる計画が進んでいた。もはや演劇は芸術の一分野ではなく、国家のために役立つものでなくてはならない。「国民演劇」という名の下に、国がその活動をすべて管理下に置くための体制を構築しようとしていた。

土方与志と小山内薫の下に発足し、長く新劇の拠点となってきた築地小劇場は、この年の一一月、「国民新劇場」と名称を変えさせられている。

太平洋戦争開戦まで、あと一年。大戦前夜という時代の谷間に、新築地劇団は完全に息の根を止められた。

八田元夫の容疑は〝転向〟

八田元夫の容疑は、新築地の演目に関するものではなかった。自由奔放に劇曲を選んだ村山とは対照的に、八田は演出家として当時のラインナップには慎重を期しており、特高もそこに容疑を見出すことができなかったのだろう。八田の場合は昭和一二年（一九三七）に出版した著作『演出論』が材料とされた。しかし、本は一度、正式な検閲をパスして世に出されたもので、技術論しか書かれていない。

取り調べを担当した警部は、「これには裏（のメッセージ）があるはずだ、それを書いておけ」と白い紙を差し出した。つまり、「容疑」を自分で作れということだった。八田は無言の抵抗を試みた。本文を一言一句そっくりそのまま、写経のように書き写した。それを読んで警部は激怒した。紙を目の前で破り捨て叫んだ。

「もう一ヵ月、じっくり考えておけ！」

八田はそのまま留置場に突き返された。「留置場にひと月」というのは八田にとって二度目の経験だが、真夏のそれは言葉以上の仕打ちであったことは改めて説明しておく必要がある。明かりはほとんどなく、蒸し暑さの中でノミとシラミ、南京虫が大発生している牢屋。檻の外を歩くことができるのは、薄暗く腐ったような便所を往復する時だけ。むしろ特高室と呼ばれる取調室の方が、たとえ一発二発、頬に食らおうともはるかに快適だった。

亡命した土方与志が、ソビエト連邦作家同盟の世界大会に参加して小林多喜二の虐殺を報告したため、日本の特高は国際的な非難を浴びていた。それ以後、死なせるほどの拷問はやらなくなっていた。一方で体調が悪くなった者を敢えて留置場に放置し、亡くなる直前に釈放するといったような陰惨な手口が増えていた。

一ヵ月が経って、八田は再び特高室に引き出された。おぼつかぬ足取りでよたよたと廊下を歩いていると、ガラス越しに太陽の光が差し込んできた。あ、外はいいな、美しいな、このまま出たいなと思った。どこか気弱になっている自分がいた。

粗末な椅子に座らされ、複数の調書が目の前に並べられた。特高は「○○はこう書いた」「△△はこう書いた」と、仲間たちの「自白」と「転向」の証を突きつけてきた。これまでさんざんアナとボルの間で苦しんだ八田には、イデオロギーに関する理論武装ができていたが、若い役者たちは基礎文献など読んでもおらず、抵抗する術を持たなかった。厳しい取り調べに言われるがまま、早々と白旗を上げていた。

「お前も同じように書け！」

特高の命令を無言で拒否すると、そのまま五時間ぶっ通しで恫喝された。それが終わると、また見張りを付けて座らされ、「手記」を書くよう促された。留置場には戻りたくなかったのでなるべく時間を稼いでやれと、小難しい理論を展開して堂々巡りの論文を書き続けた。

一週間くらいすると担当警部がやって来て、ここを直せ、あそこを直せと言う。しかし八田は用心して、起訴に持ち込ませるような材料だけは与えなかった。後に知ったことだが、こうやって最後まで抵抗していたのが八田ともう一人、俳優の千田是也の二人だったという。

取り調べの途中、一度は拒否した日本大学の「退職願」に捺印するよう書類を突きつけられた。日付は教授に呼び出された七月のままで、すでに八田以外のサインは為されていた。絶対に押すものかと拒否したが、無理やり手を摑まれ、捺印させられた。これで八田は劇団も大学も、全ての食い扶持を失うことになった。

日々、取調室で「転向の手記」を迫られながら、八田は自分の辿ってきた道を振り返った。やがて、ある苦い思いがよぎるようになる。

すでに自分は、権力に屈していたのではないか――。

特高があれこれと持ち出す話とは全く別の出来事、調書に載ることもない出来事が、胸に浮かんできた。それは丸山と『浮標』に取り掛かる前年、昭和一四年のことだった。

その年の一一月、花柳章太郎（戦後は人間国宝）らが「新生新派」という劇団を立ち上げた時、八田に、第一回公演の演出の依頼が舞い込んだ。名誉なことだったが、演目を知って「いささかどぎまぎ」した。阿木翁助が手がけた脚本のタイトルは『村と兵隊』。

八田は、兵隊が出る芝居は演出しないと決めていた。複雑な心境で脚本を開いた。物語の舞台は「演習場」で、幸い「戦地」ではなかった。大学出のインテリ兵士が地主と貧農の対立の間に立ち、いろいろと立ち回りながら活躍するリリカルな短編で、「これくらいなら、いいだろう」と思えた。

結果としてかなり細かな演出の行き届いた、満足のいく仕事になった。お堅い新劇の演出家なんかに新派の演出ができるのかと懐疑的だった関係者も多いと聞いていたが、彼らからも次々と演出の依頼が舞い込むようになった。

次の公演は、翌昭和一五年一月、つまり京都で丸山から『浮標』の脚本を奪って読んだ時のことだ。八田は「市川猿之助一座」の演出の仕事を引き受けた。演目は、やはり阿木翁助の『五人の斥候兵《せつこうへい》』。いよいよ、紛れもない戦争劇だった。

この脚本に目を通した時は、八田もさすがに立ち止まって考えた。脚本は、同名の映画を舞台化したものだというので、映画を観に行った。すると、確かに舞台は戦争の最前線だが、積極的に戦争を鼓舞したものではなく、前線兵士の友情を描きだす部分に物語の重点が置かれていた。しかも映画は概ね評判が良かった。

八田は一晩、寝ずに考えた末、仕事を引き受けた。これも幸か不幸か好評で、いざやってしまえば後味は悪くなかった。八田は新築地の仕事の合間をぬっては、一斉検挙の日まで「新生新派」と「猿之助」を交互に引き受ける大車輪の活躍を見せた。当時の演出家の中では一番の稼ぎ頭になっていた。この時のことを、八田は後にこう書いている。

一度兵隊ものの戦争ものを手掛けた事から来る良心の麻痺ほどおそろしいものはない。半年余り私は商業演劇演出屋の中では最も稼ぎ頭で前記二団体のほか、新国劇、本流新派と、月によっては三本のかけもちをし、今思い出しても背筋を冷汗の走る様な仕事さえしている。……検挙以前敵に屈服した仕事をした事は我が生涯の汚点とも云うべきであろう。


本富士警察署での取り調べで、八田の調書は膨大になったが、重要な点では詰めさせなかった。最終日になって、検事は調書の最後にこんな一文を書き加えてきた。

「以上私が縷々述べましたことは、私が日本共産党の目的遂行を意図しなかったものではありません」

八田はもう抗わなかった。調書に黙って拇印を押した。戦争演劇にズブズブと入り込んで稼いでいたあの時に、自分はもう負けていたのだ、そんなあきらめに似た気持ちがどこかにあった。

その後、八田元夫は正式に起訴され、翌昭和一六年三月一九日、巣鴨の東京拘置所へと送られた。その夏、獄中で吐血して倒れ、そのまま病棟へ運び込まれた。もともと細身の八田が、さらに酷く痩せこけていた。八田はこの時の獄中でのことについて一切書き残していない。これが彼の人生の記録における、二つ目の空白である。獄中で一つ年を重ね、三八歳になった。その間ほんの一年ではあったが、八田が勾留されている間に社会は驚くほど変わっていた。

昭和一六年九月一九日、釈放された。身体は自由になった。だが、八田の居場所はもうどこにもなかった。

第六章　「苦楽座」結成

腰縄いまだ取れず

八田元夫を東京拘置所から釈放する決定が、他の仲間たちよりも比較的早く出されたのには理由があった。

持病の悪化もさることながら、社会的に極めて信用の高い身元引受人がいたからである。八田の「治安維持法」違反を裁く公判が始まるのは翌昭和一七年（一九四二）秋とまだ先だったが、そこに預けておけば逃亡の恐れはないと判断された。

身元引受人とは、教育界の名士として知られた父、八田三喜だ。三喜は新潟高等学校校長を退職し、国の調停委員を務めた後、東京・駒込の自宅で隠遁生活をしていた。現職時は吉野作造らと意気投合して活発に活動し、女性の社会進出も支援し、大正デモクラシーの風を一身に浴びて教育界を牽引した三喜だったが、この頃は息をひそめるように自宅でひとり、幕末から明治にかけての近世教育の研究を続けていた。

不惑の年にも届こうとする息子が、監獄から親父に引き取られることになった。せがれが逮捕されたというだけで、元教育者である父にどれほど迷惑をかけていたか、八田が想像するまでもなかった。だが父は黙って息子を迎え入れた。

かつての父は教育現場で自由と親愛をモットーに、教育勅語の唱和を拒否したりして「赤い校長」と呼ばれたことがあった。中学生だった八田は、「親父、ちょっと格好いいじゃないか」と思った。父が外遊からこっそり持って帰ったマルクスの『共産党宣言』の原書を、書斎からこっそり持ち出しては読んだこともあった。

だが大正という時代には、その程度のことは知識人の多くが経験した、クビになることもなく最後まで校長を勤めあげた父は所詮、体制の中に生きた人間だ、というのが高校卒業時に八田が下した結論だった。

「アカどころか、せいぜいピンクか橙《だいだい》だ!」とか「親父はしょせん天皇制リベラリストだ」と、息子はことあるごとに父を攻撃した。

父子の口論は日常茶飯事になり、顔を合わせれば激論を繰り返した。昭和初期にマルキシズムが全盛となった頃は、父はラッセルやデューイを引用してコテンパンにやっつけてきた。八田はマルクスを守ろうと懸命に応戦したが、勉学の量からしていつも分は悪かった。

しかし八田と新劇との出会いは、その父と母がもたらしてくれたものだった。寝床で毎夜のように舞台の様子を語ってくれた母は五年前、病気で亡くなった。生まれて初めて芝居を観に連れていってくれたのは父だ。有楽座の子供デー、あの日に受けた感動が、後の八田の演劇人生へと繋がった。

父は、八田の芝居の仕事には一度も反対したことがなかった。弾圧に晒されている新築地劇団に入り、なかばルンペンのような生活をしている時も、薄々そうと知りながら口を出さなかった。ようやく演出家としてひとり立ちしたと思った矢先、ついにその父の庇護を受けねば立ち行かぬ事態に追い込まれた。

実家に戻っても、八田は父に詫びも礼の言葉もうまく言えなかった。戦後、父が八八歳で亡くなる最後までそばで世話をしたことで、少しは恩を返したのかもしれないが。

当局からは身柄を釈放する条件として、裁判が終わるまで駒込の家を出て自由に行動することはまかりならぬとされた。最低一年間は事実上の幽閉生活だ。実際のところ、外出よりもまず弱り切った身体を回復させなくてはならなかった。特高への怒り、劇団を失った喪失感、それ以上に自分自身への嫌悪感で、休息が必要なのは心の方かもしれなかった。

八田が帰ってきたらしいとの情報が仲間うちに広まり、山本安英や新派の連中たちがそっと人目をはばかりながら会いに来てくれた。

しかし、三好十郎だけが来ない。

保釈になる時、予審判事から「君たちは、うっかり喫茶店で落ち合っても、特高は証拠インメッツの相談ととるから注意するように」ときつく注意を受けていた。だから、以前のように新宿で茶を飲むこともままならなくなった。

作家系の仲間を見渡したとき、「無事」だったのは三好ひとりだ。八田が特高に取り調べられる最中に、何度か三好のことをひっかけるような調子で詰問されたことがあった。それを知らせておかなくてはと、言葉を選んで短い手紙を書いた。

暫くして返事があった。一〇月二七日付の葉書。郵便検閲で当局には筒抜けのはずの内容である。

お手紙ありがとう。でもよかった。あと身体大事にしてくれ。行動もどうか慎重にね。お互にこれから勉強しようなあ。早く会いたいけれど、当分つつしんでいるべきだろう。(以下八字抹殺) 僕はボツボツ書いてるけど発表はしない。油絵を描いている。……

三好も、周囲を警戒し、息をひそめて暮らしているようだった。

三好は便りの最後に、いつも必ず「御両親に孝行しろ」と書いてきた (家には父の後妻が同居していた)。妙に優等生のようなことを書きやがると思ったが、戦後になって三好の生い立ちを知って納得した。三好は幼少時に父を失い、母に産み捨てられ、その母とは一生、会おうともしなかったという。牢屋から釈放された息子を引き取ってくれる親のいるありがたさについて、人一倍思うところがあったのだろう。実際のところ八田も、父が居なければどうなっていたか分からない。

暫くして、三好は『寒駅』という戯曲を書いている。駒込の家に送られてきた脚本に目を通すと、いきなり出征兵隊を「バンザイ」で見送るシーンから始まっていた。一年以上、世間から隔絶されていた八田にとって「何ともとっつけない感じ」がして、三好の意識的な後退を見た気がした。八田は、感想を送らなかった。

その後、手紙のやりとりは続いたが、三好は「芝居の好きな君が、それをやれないつらさ、わかる。しかしそんなこと抜きでお互いに勉強しよう」とか「スッカリ済むまでは謹慎していなければなるまい」というような説教調に終始した。

結局、翌年の秋に八田の執行猶予付き判決が確定するまで、三好は一度も顔を見せなかった。どこまでも用心深い男だった。

元伯爵の逮捕

八田が釈放される二ヵ月前、新劇関係者の間には、前年の一斉検挙に続く大きな衝撃が走った。八年にわたって亡命生活に身を投じていた土方与志が日本に戻り、ついに逮捕されたのだ。

亡命先のモスクワで小林多喜二の虐殺を世界に向けて発表した時、日本政府は土方の爵位を剝奪した。つまり逮捕への障壁はすでに取り除かれていた。

ソビエト頼みの土方家の亡命生活も、時代の波に翻弄された。一九三七年夏、スターリンによる大粛清の嵐が吹き荒れる中、一家はスパイ容疑をかけられて国外追放された。パリへ移った二年後には第二次世界大戦が勃発、一家はアルプス山麓の町に避難する。

フランスがドイツに降伏すると、土方家が資産を預けていたアメリカの銀行口座が凍結され、生活は一気に窮乏した。にわか百姓で農業をしてみたり、妻の梅子が築地小劇場仕込みの腕前で裁縫の仕事をしたりしたが、わずかな収入にしかならず、一家は「餓死　一家心中　乞食」の三択を迫られるまで追い詰められた（『土方梅子自伝』参照、以下同）。

土方は、日本に戻れば「転向を迫られる」、それよりも「乞食」を選んだほうがましだと頑なに帰国を拒否した。それを梅子が説得した。子どもたち二人を連れて生き抜くためには、もう他に選択肢はなかった。日本大使館に借金までして旅費をまかない、日本に辿り着いたのが昭和一六年七月八日のことだった。

横浜港では、特高が待ち構えていた。日本の地を踏むやいなや土方は逮捕され、手錠をかけられた。東京の三田綱町《みたつなまち》（現・港区三田）に自宅があったため、三田署に連行された。容疑は日本政府を貶《おとし》めたソビエトでの演説と、共産党への資金援助という堂々たる治安維持法違反である。

巣鴨の東京拘置所に拘禁され、異様な速さで裁判が行われた。梅子は方々の法曹関係者に助けを求め、土方の祖父（元宮内大臣の土方久元）が世話をした宮内省の関係筋からも働きかけをしてもらったが事態を動かすことはできなかった。

一二月八日、日本はハワイの真珠湾を急襲、米英に宣戦布告を行った。

一二月二五日、東京刑事裁判所で与志に判決が下された。

執行猶予なしの懲役五年の実刑である。一〇〇人を超えた演劇関係の逮捕者の中で、実刑判決を下されたのは土方与志ひとりだけだった。

ただ、元伯爵である土方には特別な計らいがなされた。梅子が諸方面を奔走したせいかもしれないが、刑務所に収監されるまで三ヵ月間、体調を整えるための猶予が与えられたのである。

これから五年も刑務所に服役させられるというのに、土方家には親戚のひとりも訪ねてこなかった。みな特高を恐れ、近寄ろうともしない。そんな中で土方家に何度も足を運んだのが、丸山定夫、細川ちか子、山本安英の三人。一番に飛んできたのが丸山定夫だった。土方の前に土下座をして、「先生がいない間に、新築地劇団を潰してしまって、申し訳ありません!」と、泣きながら詫びたという話を戦後、土方自身が複数の関係者に語っている。

生き延びた丸山定夫

新劇人に、真冬の時代がやってきた。八田元夫のように、大勢の関係者が舞台を奪われて行く先をなくした。

ところが、著名な新劇の俳優陣の中で、丸山定夫だけは無事だった。一斉検挙のわずか半年前、新築地で主役を演じた『浮標』では丸山への賛辞が各紙に溢れ返った。丸山を逮捕すれば、新劇界に与える打撃は最高の効果をあげただろう。新劇俳優の象徴が逮捕を免れたことには大きな疑問が残る。なぜなのか。

昭和一五年、一斉検挙の年の丸山の東宝での仕事を見てみる。新築地での『浮標』の前後は映画の撮影で埋まっていて、封切りの順に並べると次のようになる。

一月一八日『光と影』（島津保次郎監督）
二月二八日『遥かなる弟』（矢倉茂雄監督）
四月　三日『蛇姫様（第一編）』（衣笠貞之助監督）
四月二四日『そよ風父と共に』（山本薩夫監督）
六月二六日『奥村五百子』（豊田四郎監督）
七月二四日『南風交響楽』（高木孝一監督）
八月一四日『続　蛇姫様』（衣笠貞之助監督）
九月　一日『二人の世界』（島津保次郎監督）
一一月二六日『閣下』（今井正監督）
一二月二五日『時の花形』（島津保次郎監督）

一二月二五日『熱砂の誓ひ（前）』（渡辺邦男監督）

出演本数が一年で一一本という過密なスケジュール。これに、翌昭和一六年一月封切りの『暁の進発』の撮影も、この年の後半には進んでいたと思われる。しかも丸山は、どの映画にも端役でなく重要な役で出演している。

当時、映画会社の首脳陣は軍部と深いつながりを持っていて、後発の東宝は特にその傾向が顕著だったことはよく知られている。国策映画の制作にいち早く協力したと言われる東宝の存在が、丸山が逮捕を免れた背景にあるのではないか。

すでに書いたが、薄田研二が新築地の若者を引き連れて木曾で撮影を行っていた時、南旺映画には当局から「新劇俳優が参加する撮影は八月一九日より前に済ませるように」と事前に内々の命令があった。南旺映画のような小さな会社ですらそうだったのだから、より多くの新劇俳優が出演する東宝に情報が入らないわけがない。

東宝にとって、丸山定夫はどんな役もこなす貴重な俳優だった。前身のP．C．L．創立当初から専属契約を結んでいる最古参のひとりだ。既存の大手映画会社と違ってスター級の俳優を揃えていなかった時代から、丸山の貢献には多大なものがある。

何本もの撮影が同時並行で進むラインナップから丸山が欠ければ、現場が大混乱に

右から４人目、女性の後ろがラジオ収録中の丸山定夫（提供・早稲田大学演劇博物館）

なることは目に見えている。新築地への出演回数は激減していたし、一斉逮捕の枠に入れないよう東宝から何らかの働きかけがあったと推測することは、そう暴論でもないだろう。

膨大な手記を書き残した丸山だが、この時期の自身の仕事について書かれたものは極めて少ない。調べると、丸山は昭和一五年以降、東京中央放送局（ＮＨＫラジオの前身）への出演が急増している。

手記がほとんど存在しないことも手伝ってか、これまで世に出ている丸山に関する情報の多くはラジオ時代を素通りしている。だが、この時期の丸山の足跡には意外な一面が見えてくる。丸山は模範的な文化人として、積極的に戦時体制に協力していた。

まだテレビのない時代、多くの家庭に普及していたラジオは、当局が国策を遂行していくための重要な手段として活用された。ラジオの力は、二・二六事件で「兵に告ぐ」を放送し、反乱兵に直接投降を呼びかけた実績でも確かなものとなっていた。

ラジオには特に、新劇出身者が重用された。出版社記者から放送作家となった小林徳二郎は、戦中のラジオについてまとめた論考の中で、「新劇の俳優は最も手近な存在であった。その人たちの言葉や声の表現は大きな舞台には適しないからであった。そしてその発声技術はより小さな劇場の舞台の方がこまかい心理の陰影を表現出来るからであった」と書いている（『芸能』昭和三四年八月号）。

『日本放送史』は、戦時中にラジオで活躍した俳優として、その筆頭に丸山定夫の名前をあげている。戦時下のラジオ放送は二つの点に重点が置かれた。ひとつは戦時関連や慰問番組といった時局的なニュース番組、もうひとつが詩や小説の朗読といった芸術的な番組である。前者はアナウンサーが担当し、後者に活用されたのが新劇出身の役者たちだった。

ただし、この時期に朗読されたのは、純粋な文学作品ではない。開戦直後から毎朝、放送された「愛国詩」の朗読番組を、丸山は多く担当しており、熱のこもった朗読を披露している。

その録音の一部が残されていた。戦後、親族に演劇関係者を持ち、自身も芸能畑を歩んだＮＨＫ元会長、川口幹夫が局内のライブラリーから探し出し、桜隊原爆忌の会に寄贈したものだ。

丸山の朗読は二本あった。蔵原伸二郎『み軍に従い奉らん』と、野口米次郎（イサム・ノグチの父）『宣戦布告』である。いずれも銃後国民の士気を高める内容だ。

『宣戦布告』の冒頭、丸山は「我、声を大にして殉国の秋《とき》を叫ぶ、ああ、来るべきものついに来れり！　者ども、蹶起《けっき》せよ！」と力強く吼《ほ》える。そして「東亜の死活」がかかる大戦であることを縷々述べた後、「ただ前進あるのみ！　進め！　進め！」と緊迫した調子で声を張りあげている。

さらに開戦記念日の毎月八日には、『起てり東亜』が放送された。戦争詩や軍歌、短い戦争劇などを組み合わせた一種の戦時バラエティ番組で、この番組の中心となった出演者も丸山定夫である。番組には戦争を鼓舞するシュプレヒコールが頻繁に盛り込まれ、「大東亜決戦！　銃後も戦場だ！　流言にまどうな！」といった掛け声が繰り返し叫ばれた。

新築地劇団時代、丸山の後輩俳優だった浮田左武郎は、戦争が始まるかもしれぬというきな臭い話が持ち上がった頃、丸山が語った印象的な言葉をこう書いている。

「戦争だよ！　おい!!　ついに戦争がやってくるンだぜ。芝居なんかやっていられない時がそうばんくる。三八歩兵銃を持って、いやでもおうでも人殺しに狩り出される時がくる。おい！　そうなったらどうする？　俺はイヤだ。イヤだよ。俺は逃げる。そうなったら俺は絶対にセイタイ（青い化粧料）だけは離さないぞ！　……俺は鉄砲なんか使わない。使うもんか!!」（『プロレタリア演劇の青春像』）。

だが、丸山に逃げることは叶わなかった。そもそも一線の舞台で俳優として働き続けるためには、時局に抗うという選択肢はない。昭和一六年、丸山は第一回ラジオ賞を受賞し、名実ともに放送現場の第一人者となった。受賞を記念して業界専門誌に掲載された原稿に、丸山は国家を背負って立つ気概を披露している。

大東亜に永遠の平和をもたらせようと、国を挙げて努力している今その戦いが、文化の面でも揺ぎなく、隙なく遂行されなければならない。此の重大な時期に全国民に一番行き渡り親しまれているラジオ放送の番組の中で、娯楽面と教化激励の面を合せ持ち、精神上の「明日への糧」である放送劇が、今迄のような弱力なものであったという事は大変な誤りである（『放送研究　第二巻第六号』昭和一七年、以下同）。

同年六月、ラジオ専門の俳優を養成するための養成所が設立され、丸山は「実習」の教官にも就任している。

この時期、自宅に軟禁状態にあった八田元夫にとっても、ラジオは貴重な情報源だったはずだ。ラジオから流れる丸山の愛国詩を毎日のように耳にしたことだろう。

丸山定夫の「無法松」

昭和一七年（一九四二）五月、時局に沿ってやり過ごしていた丸山定夫の人生を、そして後には八田元夫の人生をも一変させる舞台が上演される。

原作は、岩下俊作の小説『富島松五郎伝』。昭和一五年、『オール讀物』六月号に掲載され、二度も直木賞候補にあがった名作だ。

小説の舞台は明治時代の小倉、主人公は車引きの松五郎。貧しい家庭に生まれ小学校も通えなかった無知で無学な松五郎だが、喧嘩だけはめっぽう強く、ばくちと酒には目がない。大人になった荒くれ者は「無法松」と呼ばれ、その名を鳴らした。ところが無法松は、ある陸軍大尉の未亡人と出会ったことで、ばくちも酒もきっぱりと断つ。身分違いの思慕の情を胸に秘めながら、未亡人とその息子に人生を捧げ、最後はひとり野垂れ死んでいくという物語である。

この小説の神髄は、次のくだりに表れている。

碧落を切り裂き、紫の光芒《くわうばう》燦然と、闇から闇に流れる流星の様な人生もあれば、陽のささぬ薄明りの穴倉に、いつ生れいつ死んだとも解らぬ苔《こけ》の様な人生もある。しかし人間の心情に深く根を下ろした求愛の慾情は、機縁に触れると、よしやその愛情の灯は少くとも、その熱度に於て、その真剣さに於て、私達に深い共感の嘆息を催させるのである（『富島松五郎伝』）。

『富島松五郎伝』は、まぎれもなく恋愛小説だった。当局による弾圧で活動の場を狭められつつあった書き手たちは、この小説に熱い視線を注いだ。映画や舞台を通して「人が人を愛する気持ち」を描き出したいという欲求は、制作者に共通するものがあった。映画界では東宝、松竹、そして日活（後の大映）が競って脚本を練り始め、二年後、大映が映画化にこぎつける。

演劇界では、文学座が舞台化を目指して動き始めた。文学座を立ち上げたひとり、岩田豊雄（筆名は獅子文六）は、この小説は日本版『シラノ・ド・ベルジュラック』だと考えた。『シラノ』は、醜い大きな鼻を持つ男がある女性を恋い慕い、死ぬ間際になって想いを告白して人生を終えるというフランスの戯曲だ。岩田はこう書いている。

新劇だけが、戦争にソッポを向き、平時と同じ芝居をやるわけにいかない。しかし、新劇は、あくまで新劇の立場で、そういう芝居をやらなければ、意味がない。〝富島松五郎〟の悲劇は、直接、時局に関係はないが、その悲壮美は戦争をやってる国民の心を、乱しはしないだろう。それでいい。そのへんに、新劇が国家と協力する限界があると、考えていた（『現代日本文學大系』53）。

昭和一七年五月、いよいよ小説の原題のまま『富島松五郎伝』が文学座で上演されることが決まった。映画化に一年半先がけての上演である。ヒロインの未亡人は、文学座で頭角を現していた杉村春子が、そして主役の松五郎は他でもない丸山定夫が出演するとあって巷を騒がせた。文学座は満を持して臨む芝居に劇団の俳優を使わず、丸山に客演を依頼したのだ。

降って湧いたような話に、丸山自身は当初、複雑な心境だった。

文学座も新築地劇団も、もとは同じ築地小劇場をルーツに持つ仲間だ。だが新築地と新協の二劇団が強制的に解散させられた時、文学座を主宰する久保田万太郎は、「両劇団の歴史が今日の国家情勢に容れられぬというならば、全然その建前を異にする文学座は何等影響を持ちません」(都新聞・昭和一五年八月二五日付)との声明を早々と発表した。

かつては小山内薫の門下で演劇を研究したこともある久保田である。その久保田が、窮地に追い込まれた仲間に手を差し伸べるどころか、明らかに一線を画す姿勢を明確にした。久保田としては、文学座を守るため仕方のない行動だった。だがこの声明によって、検挙を免れた新劇関係者が文学座はじめ生き残った小劇団に合流することは事実上できなくなった。

新築地が解散して以降、丸山定夫は一度も舞台には立っていない。約二年に及ぶ休演は、新劇の世界に足を踏み入れてから一度もなかったことである。軍国主義一辺倒のラジオ放送や映画での単調な仕事にやり甲斐を感じていたとも思えない。たとえ遺根のある文学座からではあっても、純粋な文学作品それも主役を客演してほしいという依頼は魅力的に映ったに違いない。

くしくも『富島松五郎伝』が上演される会場は、丸山が大正一三年（一九二四）に新劇俳優として一歩を踏みだした原点、築地小劇場だった。劇場の名前こそ「国民新劇場」と変更させられてはいたが、丸山には、そこに住み込んで稽古漬けの毎日を送った日々、その手で開場の銅鑼を響かせたこと、そして小山内薫や土方与志らの薫陶を受けた日々の記憶が蘇ったことだろう。

記憶に刻まれた「無法松」

丸山定夫の『富島松五郎伝』は、多くの人の記憶に深く長く留まった。上演から七三年（取材当時）の歳月が過ぎた東京に、当時の舞台を鮮明に記憶し、「観るたびに全身がしびれた」と情熱をもって語る女性がいた。

作家の近藤富枝（九三歳）だ。

近藤は戦時中、東京女子大学の学生だった。同級生の瀬戸内晴美（寂聴）らといっしょに手作りの舞台に立つほどの芝居好きで、学生の身分のまま芸術小劇場の研究生にもなった。それも丸山の「松五郎」を観た後には、文学座に鞍替えまでするほどの熱の入れ様だった。

しかし、戦争末期、国策により演劇が地方巡業ばかりになったため、近藤は演劇の世界をあきらめ、東京放送局（後のＮＨＫ）にアナウンサーとして就職、戦後は作家として活躍した。その半生は、同局の連続テレビ小説『本日も晴天なり』（昭和五六年一〇月～昭和五七年四月）のモデルにもなっている。

二〇一五年一〇月、荻窪に近藤の自宅を訪ねた。近藤は開口一番、こう切り出した。

「この芝居は何遍も観たの、丸山のあの場面が観たくって」

あの場面とは、第四幕の幕切れ。未亡人の良子に思いを募らせる車夫の松五郎が、たった一度だけ自分の気持ちを伝えかけるシーンだ。

節分の夜、良子が松五郎の平素の労働を労う。松五郎は遠慮がちに下座で杯を傾ける。久しぶりの酒に少しずつ酔いがまわり、松五郎は何年も前に良子に再婚話が持ち上がった時のことを語りだす。

松五郎……俺ああん時、坊ん坊んが可哀想のごというて留めたばって……実を言やあ、俺や、奥さんが此処からおらんようになんなさるのが辛抱出来ませんじゃったばい。
良子　……でも、そのおかげで私達は、今こうして親子水入らずで……
松五郎……奥さん！　違う、そげなこっちゃなか、奥さん！　俺ゃ！　俺ゃ！
（と、良子の手をとる）
良子　……まあ、松あん、お前！　（と、身を引こうとする、がすでにおそく、その片手は松五郎に握られている。間。近所の家で鬼は外、の声、あとにぎやかな笑声）
松五郎……奥さん、すまん。（そう言ってゆっくり立ち上りそのまま出ていく）
良子　……松あん、松あん！　（と呼ぶが松五郎は見返りもせず呼んだ良子もまた、何の目的で呼んだかわからない。松五郎の握った手を胸の辺に握りあてる）

近藤はそっと眼をつぶり、当時を思い出すように語った。

「小さい部屋でね、未亡人役の杉村春子が上座に座って、丸山は身分が低いから座敷の入り口の方にかしこまって、その前に未亡人が用意してくれた脚付きのお膳があるの。お酒に口をつけてカーッとなったのか、思わず日ごろ抑えてきた慕情が爆発しち

『富島松五郎伝』の丸山定夫と杉村（杉村春子『自分で選んだ道』より）

やったの。奥さんの手を握ろうとして、それでも握らないで出ていっちゃう……。握りたいのに握れない。そこがもう、すごい、うまかったの。何とも切なくて、男の慕情がよく出ていて」

高ぶる気持ちを抑え込む松五郎。芝居っ気だけでは演じきれぬ難しいシーンだ。舞台ではこの場面を最後に、松五郎は良子の前から姿を消す。良子の亡き夫に詫びるように、一度は止めていた酒をあおり、良子の面影を抱いたまま野垂れ死んでゆく。

丸山はかつて演じることの厳しさを、「芝居は一夜毎に消え去って形を留めない。自分だけの完成に留まり得ないし、いつか誰かが理解して呉れるだろうという孤高的態度も許されない」と書いた。その丸山の演技は七三年経ったこの時まで、近藤の心を震わせていた。

「演劇というのは文学と同じ。良い文学を味わうのと同じなの。男と女の愛情って普遍なものよね、身分が違おうが問題じゃない。人を好きになることくらい、真実なことはないから。それがちゃんと芝居に、脈々と出てくるの。芝居を観て、そんな感情を持てることは、人間として素晴らしい経験なのよ。丸山がね、それだけの感動をあたしに与えてくれた。あの頃、こういう芝居は他では観なかったもの。大した腕なのよ。丸山定夫の演劇魂、文学魂っていうのは、すごいんじゃない？」

近藤の舞台仲間は、丸山定夫の演技は『富島松五郎伝』ではなく、『浮標』から変わったと盛んに力説したという。その『浮標』を見逃してしまったことが、近藤にとって最大の心残りなのだと語った。この時のインタビューから九ヵ月後、近藤は永眠した。

丸山の相手役、未亡人の良子を演じた杉村春子は戦後、押しも押されもせぬ大女優となった。杉村も節分の夜の場面については「そのときのね、ガンさんのよさったらなかったわ」と、ことあるごとに語っている。お酒を飲んでいるうちに思わず「奥さん」と手を握ろうとする丸山の演技は、毎日毎日、微妙に変わった。その丸山に対峙するたび、杉村自身も「違う息を引っぱり出され」たという（『女優の一生』）。作家の吉村昭（一九二七〜二〇〇六）もまた、昭和一七年の上演から五六年経った現代、演劇雑誌に寄稿している。灯火管制で場内の灯は乏しく、客席後部の臨検席には警察官が目を光らせる殺伐とした劇場。吉村が記憶するのは、祭りの場面だった。未亡人への思いをぶつけるように、丸山扮する松五郎が祇園太鼓を連打するシーンである。

記憶に残っているのは、丸山が鉢巻をして祇園太鼓を乱打する姿であった。低い太鼓の音が、……やがて劇場内の空気が激しく揺れる乱打となった。／私はその音に陶然とし、丸山の姿を見つめていた。／丸山定夫は、地味な俳優だったが、こちらの体が吸い込まれるような妙な魅力があった。夏川静江が主演した『故郷』（伊丹万作監督）という映画にも出ていたが、さりげない演技が見事であった。高齢になったら、さらに驚くような名俳優になったにちがいない。／丸山の死を知ったのは、終戦後である。かれは、桜隊という移動演劇隊に加わって地方巡業中、広島に投下された原子爆弾で死亡したのである。／太鼓を叩いていた丸山の姿が、今でも眼の前に浮ぶ（『演劇界』一九九八年八月号）。

『富島松五郎伝』の上演は一週間の予定だった。それが評判が評判を呼び、五月六日から二一日まで二〇回を重ねることになる。『文学座五十年史』によると、座員に三六円の配当金が出る大入りを記録した。

「陽のささぬ薄明りの穴倉に、いつ生れいつ死んだとも解らぬ苔の様な人生」でも、松五郎は自分の思う道を誠実に生きた。果たして、今の自分はどうか――。

若き日の吉村昭の心を高鳴らせた、祇園太鼓の暴れ打ち。丸山は稽古の時から一心不乱にバチを握り、汗だくで打ち込んでいたという。鎮まり返った劇場で、大入りの客を前に徐々に高まる太鼓の音、宙を舞う激しいバチ捌き、高まるリズム。芝居小屋の空気を震わせた連打の響きは、丸山定夫の中にくすぶり続けていた新劇魂に火をつけた。

「苦楽座」結成

昭和一七年五月二〇日、大入りが続いていた『富島松五郎伝』がいよいよ楽日を迎える前夜。四谷の丸山定夫の借家（この頃には砧から四谷に戻っていた）には、元弁士の徳川夢声、俳優の藤原釜足、それに東宝専属の脚本家、八田尚之（八田元夫とは別人）らが集まった。

会合の議題は、新しい劇団の設立について。徳川夢声はこの日のことを、『夢声戦争日記』にこう書いている。

横しぶきの雨の中を、四谷本塩町、丸山定夫君の家に行く。例の劇団に関する会合である。……丸山ガンさんは、二階の座敷に机を四台置き、机上は用箋と鉛筆がそれぞれ用意され、物々しく道具だてができている。参加を疑われていた丸山君がどうやら本腰になったらしい。ガンさんはカットグラスのコップに日本酒をつぎ、南京豆を出してすすめた。

戦争物しか作れなくなった映画人や舞台人たちが、せめて小さな劇団でも自分たちが思うような芝居をやろうと新劇団創設の話を持ち出したのは、この年の初めのことだった。話に乗ったのが薄田研二、藤原釜足、夏川静江、徳川夢声ら。劇団にはスターが必要だ。彼らは、丸山定夫を中心に据えようと声をかけた。ところが「参加を疑われていた丸山君」と夢声が書いたように、丸山は最初、話に乗ってこなかった。土方から託された新築地劇団が潰されるのを無力に見届けた丸山だった。新たな劇団を作れば、刑務所で耐え忍んでいる恩師に申し開きがたたない。新劇というだけで、当局から睨まれることも目に見えている。映画とラジオで富も名声も得て、何不自由ない生活を送れている。丸山が躊躇したのも無理はなかった。

それが文学座で無法松を演じるようになって、丸山の魂がざわつき始めた。

この舞台が終われば、一六日間にわたって客演した文学座とも縁が切れ、また根無し草に戻る。再びラジオで、連日のように戦争鼓舞のシュプレヒコールを上げるのか。それで自分は満足できるのか。丸山の答えは決まっていた。

どんな小さな芝居小屋でもいい、また舞台の上に新劇の役者として立ちたい。『富島松五郎伝』は、煮え切らなかった丸山に覚悟を決めさせた。五月二〇日の会合で、丸山は集まった面々を前に初めて劇団に参加する意思を表明した。

丸山の決断を以て、話はとんとん拍子に進んでいく。

五日後の二五日、丸山の家では新しい座名が話し合われた。さらに四日後の二九日、「『楽々座』『創造座』『燕座』『原始座』『希望座』などいろいろ出たが結局『苦楽座』というのが一番の有力候補となった。……座員一同苦楽を共にする、番組として喜劇も悲劇もやるという意もあり、悪くないようだ」と夢声は書いている。

みなが配給のビールを片手に、女優の田村秋子や原節子、徳大寺伸、佐分利信《さぶりしん》などにも参加を呼びかけようなどと語り合った。夢声の媒酌で藤原釜足と結婚していた女優、沢村貞子も客演で参加を決めた。純粋な文芸作品を選びさえすれば、軍部も文句は言わないだろうと楽観した。

薄田研二はこの時のことを、「演劇についてそれぞれ異なった考え方を持った人達の集まりですが、ただ芝居が好きで好きで、国策一色で塗りつぶされて了った現在、何とかそれとは全く無縁な、それ故苦楽座の楽などある筈もないのに、あえてそういうことをやろうというのですから、細かい心づかいや心配は無用なわけでした」と書いている（『暗転――わが演劇自伝』）。

七月一日、丸山の自宅に「苦楽座事ム所」の手書きの看板が掲げられた。新劇団の披露会への出欠葉書の返事も、ほぼ戻ってきた。その参加者の顔ぶれに、夢声は一二日、こんな感想を書いている。

十八日の披露会に意外な人が出席すると同時に、この人はと思う人が欠席である。殊に森岩雄君が簡単にただ欠席を報じ、何のいい訳もしてないのは一寸ニクい。軍部はこの劇団に好意をもっていない事を発見。

披露会を欠席した東宝の森岩雄は、自社の専属俳優が新劇の仕事をすることを快く思わなかった。この後、劇場の貸与や営業資金の貸し付けなど、苦楽座が東宝に持ちかけた相談事はことごとく断られることになる。

また日記にあるように、軍部は苦楽座の結成を歓迎しなかった。多様な人脈を持つ夢声は、その方面の動きには殊に敏感だった。夢声は国粋主義の巨頭、玄洋社の頭山《とうやま》満《みつる》と縁戚にあり、政治家から請われれば宴席も共にした。時代の流れを敏感に捉え、器用で目端の利く世渡りは、ある意味で丸山定夫のそれと対極にある。

当局は二年前、「演劇の浄化と統制」のため二劇団を自主解散に追い込んだ後、生き残った劇団に「日本移動演劇連盟」（連盟）に自主的に参加するよう働き掛けていた。しかし苦楽座は設立当初から、連盟には参加しないと決めていた。興行は年に数回、都内の劇場だけに限ると定めた。当局にとっては、元新築地代表で逮捕歴のある薄田研二の名が再び現れたことも面白くなかっただろう。事実、薄田にはこの時、広く知られた芸名に俳優登録の許可が下りず、やむなく本名の「高山徳右ヱ門」に戻している。

俳優たちの内に宿る熱気とは裏腹に、苦楽座に吹く時代の風は端から逆風だった。

「予防拘禁」の身で

苦楽座が設立されて二ヵ月後の昭和一七年九月一九日、八田元夫に東京地方裁判所で判決が下りた。懲役二年執行猶予三年。実刑は免れた。八田は心からホッとした。しかし、これで自由の身になったわけではなかった。判決と同時に「保護監護処分」が言い渡されたからだ。

この処分は、戦時下の一時期に施行された特殊な制度に基づいている。治安維持法は大正一四年（一九二五）に成立して以降、数回にわたり改正されているが、昭和一六年の改正では当局の権限をさらに拡大する内容が盛り込まれた。その一つが「予防拘禁制」だ。治安維持法違反の前科を持つ者が、将来再び同じような罪を犯すことが疑われる時、予防的に二年間、拘禁できると定めたものだ。

八田も、少しでも不穏な動きがあると認められれば、何ら事件を起こさなくとも検事の請求だけで即、投獄される。「二年間」という期間も無期限に延長することが可能で、事実上の終身拘禁に近かった。積極的に運用する側からすれば、「何かやりそうだ」「よからぬ思想を持っている」といった推測だけで、証拠もなくいつまでも牢屋に閉じ込めておけることを意味した。

八田の挙動を監督する担当者として当局が指定したのが、映画会社の松竹だった（現在の保護観察制度の「保護司」に近い）。監督責任を負わされた松竹としては、八田が大人しくしていなければ連帯責任を問われかねない。そのため松竹は八田に、「映画にならないシナリオ」を書かせることにした。何でも書いてくれれば一本一〇〇〇円という破格のギャラを支払うというのだ。当時、一〇〇〇円あれば、半年以上は楽に生活ができた。だが、どんな優れた本が仕上がっても映画になることはないと決まっているのだから、八田にとっては生殺しだ。

さらに保護監護下に置かれた八田は、住居のある東京から外に出ることも厳しく禁じられた。例えば東京と埼玉の境にある荒川の戸田橋をうっかり散歩して渡ってしまえば、「逃亡を企てた」として即拘禁される。どうしても外出しなくてはならない時には、行き先にある所轄の警察署、警視庁保安課、特高、内務省、内閣情報局、検事局の六ヵ所すべてに届け出を出し、それぞれ許可を得なくてはならなかった。現実には手続きに膨大な時間を要し、六ヵ所すべての許可を得ることなど事実上、不可能な作業である。

さらには同じ年の一一月、八田は決して大袈裟でなく命と同じくらい大切にしていた「演出家登録」まで剝奪された。この頃、演劇や映画に携わる人間は、国家が発行する許可証がなくては仕事に従事することを許されなかった。許可証がなければ、今後、演出家として働くことは一切できない。八田は完全に身動きを封じられた。

迷走する苦楽座

一二月、苦楽座は新宿大劇場で一八日間の旗揚げ公演を行っている。当初、予定していた演目『シラノ・ド・ベルジュラック』は、当局から「敵性国家の芝居」として不許可にされた。この時の経緯について、苦楽座結成の発起人である八田尚之と戦後に結婚した女優の宝生あやこは次のように語っている。

八田が第一回目に「シラノ」をやろうと計画しまして、最初に徳川（夢声）さんをお訪ねしたそうです。するとシラノの台詞を滔々《とうとう》とおっしゃって、役者冥利につきる、自分がやりたいと言われ、薄田さんは一寸引っ込んだと思ったら杖をもっていらしてタテは得意だと、シラノになった積りで台詞をおっしゃり、丸山さんは変てこりんなエロチックなものをお出しになり、僕はいつもシラノをやりたいと思って鼻を作っていたと、それを鼻につけて台詞をおっしゃったそうです。八田は三人シラノでは困ったなあと思ったけど、三人交代でやればということで、当局へ許可を得に台本を持って行きましたら「敵国の芝居をやるとは何事か、あんた達はそういうことをちらとも考えないから、牢屋へぶち込まれるんだ」と却下されたそうです（桜隊原爆忌の会・昭和六〇年会報）。

いきなり上演不許可を食らい、出鼻をくじかれた。結局『シラノ』の代わりに、真船豊『見知らぬ人』、尾崎一雄『玄関風呂』など三つの文学作品を舞台化した。この時、丸山に憧れて苦楽座に参加した新人俳優の中には、戦後も活躍する多々良《たたら》純や殿山泰二（戦後は泰司）らがいる。

会場で配られた上演パンフレットには、丸山の決意が綴られていた。

どんな苦しみの中にも血路があり希望がある。我々には来るべき明るい日本への希望と責任と確信がある。祖先から受けついだ尊い血の流れがある。／それを舞台を通じて絶えず呼びかけようというのが苦楽座の信念です。／いっぱいに突き詰めた気持で私達は此の仕事を始めました。金や名声や道楽を追う心を捨てて、潔く散る迄やり抜く積りです（『新劇年代記〈戦中編〉』）。

旗揚げ公演の最大の収穫は、東宝の許可が下りず参加が叶わなかった夏川静江に代わり、宝塚歌劇団を退団した園井恵子（当時二九歳）が客演したことだ。園井はちょうど大映の映画『無法松の一生』の撮影に入っていて、その合間を縫っての出演だった（『無法松の一生』は、文学座が上演した『富島松五郎伝』の映画版）。園井はこれ以降、苦楽座のほぼ全ての舞台に出演している。

半年後の翌昭和一八年六月、苦楽座第二回公演。

この時もまた、準備の段階から問題が持ち上がった。稽古を行おうにも、出演者全員が一堂に揃うことができない。団員のほとんどが映画やラジオの仕事とかけもちでスケジュールが合わないのだ。舞台だけでは食べていけず、映画で生活費を稼ぐという俳優たちの事情はこれまでと変わらない。

さらに、原作者とのトラブルが勃発した。二回目の公演は丸山たっての依頼で、三好十郎の戯曲『夢たち』を上演することになった。『夢たち』は、すでに上演が禁止されて久しいゴーリキー作『どん底』の日本版のような物語で、社会の底辺に生きる者たちの群像劇だった。

ところが脚色を担当した里見弴《とん》が、原作が長すぎると内容をひどく刈り込んだ。加えて『夢たち』という日本語は存在しないからと、作家の承諾を得る前に題名を『夢の巣』に変えてしまい、三好の激烈な怒りを買うことになった。三好は知人に宛てた手紙にこう漏らしている。

「クラクザの諸君があんな粗雑な舞台を作り上げる仕事をして恥じないのを、私は悲しみます。同時にその様な劇団で自作を上演させなければならぬ自分の運命を情けなく思います。それなら上演させなければよいのですが、私には金がないので、しかたなく、金をくれれば上演させることになってしまうのです。……正直のところ、少しばかり金があればと思うのです」

蜜月だった三好十郎と丸山定夫の関係が、この辺りからぎくしゃくし始める。

様々な難題が持ち上がった苦楽座第二回公演だったが、いったん幕を上げれば客の入りは上々だった。特に日曜日はびっくりするほどの大入りとなった。庶民はみな娯楽そして文化の香りに飢えていた。確かに三好の批判する通り、芝居の稽古は足りなかった。それでも、映画やラジオでしか接することのない丸山定夫や徳川夢声、元宝塚の園井恵子といったスターがずらり揃うのだから、もうそれだけで観客は集まるのだった。

「スタア意識に毒された阿呆共」

昭和一八年、丸山定夫は苦楽座に出演しながら、同時に四本の映画に出ている。一二月封切りの『若き姿』では主役として、朝鮮で活躍する陸軍軍人を演じた。日本の植民地下に置かれた朝鮮では、映画が露骨な国策遂行の道具になった。初期は皇民化教育や日本語普及に、末期は戦場に若者を駆り出すために使われた。『若き姿』は、朝鮮半島において陸軍に続いて海軍が志願制度を新設し、予備訓練の導入が決定されたタイミングに合わせて企画された。

東京国立近代美術館フィルムセンターが『若き姿』のフィルムを所蔵していた。特別な許可を得て、全編八一分を観た。フィルムは状態が悪く、頻繁にコマが飛んで台詞も聞き取りにくかったが、台本を入手していたことから物語の展開は追えた。

舞台は京城（日本植民地統治時代のソウルの呼称）。丸山演じる北村少佐は、古武士を思わせる剛直な配属将校だ。小学校の軍事教練で、日本軍式の敬礼や行進に不慣れな少年たちを厳しく温かく率いる。例えば、生徒が足の怪我を隠して行進していたシーン。

北村少佐「どうしてだまっていた？」

生徒「はい。松田先生がどんな困難にぶつかっても、倒れるまでやり通すのが日本精神だと教えました。」

北村少佐「よしっ。その精神だ。休んでいい。職員室へ行って治療して貰え」

生徒「はいっ」

全編こんな調子だ。少佐は終始、理想的な日本軍人として振る舞う。雪山での厳しい演習を乗り越えた少年たちは、立派な日本兵になることを熱く誓って物語は終わる。

この頃、映画検閲の主導権は、かつての内務省や情報局から軍の憲兵へと移っており、『若き姿』の脚本も完全に陸軍の意図が丸ごと剝きだしの宣伝映画になり果てている。多少なりとも客を沸かせたり、感動させたり、驚かせたりするシーンは皆無と言っていい。丸山自身、とても遣り甲斐のある仕事ではなかっただろう。

つまらない映画で主役を張って高額な出演料を得ながら、本拠地であるはずの舞台でもまともな稽古をせず、中途半端な演技しかしていない、そんな二足のわらじなど捨ててしまえと丸山糾弾の狼煙《のろし》を上げたのが、他でもない三好十郎だった。

この年の春頃から丸山と三好の間は相当こじれていたと見えて、二人は敢えて演劇雑誌に交互に寄稿しあうかたちで意見を戦わせている。

丸山は、「新劇では食えない、食えないからしたくもない演目を選ぶようになる、だから新劇では食わない。映画で稼ぎながら、本当にやりたい芝居を新劇でする」と主張した。これに三好が激怒する。

その反論は二五頁、約三万二〇〇〇字。量の膨大さに加え、辛辣さでも比類のないものだ。丸山が抱える自己矛盾を容赦なく暴き、粉砕し、徹底的に追い詰め、逃げ場を奪ったうえで断罪している（『演劇』昭和一八年四月号）。

現在君達は、スタア意識も道楽意識も生活の安全保証も捨てようとしない。そこにはどんな種類の断絶も自己放棄も無い。在るものはせいぜい「映画の仕事が暇になったから、その暇をなるべく有益なことに使おう」または「映画の仕事の報酬の中から少しづ《ママ》つを割いて（良心的な仕事を）しよう」と言った程度のシミッタレな「善意」だけだ。……虫が良過ぎると思う。あまりに虫が良過ぎる。「あれも欲しい、これも欲しい」なのだ。結局どちらかが嘘なのだ。どちらかが遊びなのだ。引いては、どちらをも嘘で遊びにしてしまおうと君達はしていることになるのだ。

三好の文章はこんな風に始まり、苦楽座の俳優は金持ちの旦那の道楽と同じで、「虚妄にとりつかれた『新劇くずれ』」とまで言い放った。

三好自身、当局から様々な圧力をかけられながら、苦労して戯曲を書き続けていた。情報局嘱託作品を出せと言われれば、明らかに当局が喜びそうな方向に筆を走らせることも増えていた。妻子を抱え作家として生活していくためには、他に選択肢はなかった。これも「戦地で頑張っている兵隊さんのためだ」と自分を納得させた。

すっかり体制に取り込まれていたと思っていた盟友の丸山が苦楽座を立ち上げた時は、その勇気に胸を打たれた。自分も苦楽座のために戯曲をしっかり書こうとさえ思った。それなのに、現実はスター級の俳優たちが十分な稽古もせずに舞台に立ち、知名度と人気だけで客を集めては芝居をやった気になっている。

丸山が「新劇では食えない」と書くのに対し三好は、「演劇を良心的にやっていて、そのために餓死した者が一人でも居るか?」と切り返す。「芸術家……は、もともと自分の好きな事をしている専門家である。農業者や工員その他に比して、より高い収入や、より贅沢な暮し方を自分の方から要求しようと言うのは間違っている」と続け、大半の市民は月収六〇円から一〇〇円で生活しているのだと書く。

千円もの収入を得て贅沢に馴れスタア意識に毒されてしまった阿呆共が、自分で自分の「伝説」に縛られてしまい、「良い仕事のためにならば千円の月収が百円になってもよい」とは思わないで口先きだけは「良い仕事」をやると称しながら、千円の月収にかじり附いている——これを、これこそ怯懦と言う。千円の月収のある者が百円の月収のある者を見て「とてもそれでは食えない」とデマる——これを、ここここ《ママ》そインチキと言う。

そして、それだけの月収を持つ者が集まってさえ、苦楽座の演目は「より曲って居り、より濁っているとしか僕には見えない」と結び、丸山の「新劇余力論」を根底から否定した。

丸山には、苦楽座の現状に対する三好からの一撃は徹《こた》えたはずだ。自分も含め、映画のロケに多忙な団員たちのスケジュールがなかなか合わず、稽古不足には頭を悩ませていた。酷い時には本読みだけでぶっつけ本番という事態も起きていた。

「これが『鞭打つ』と言う事になるのであったら、僕は鞭打つ。君は立ち上って、歯向って来るか、鞭の方向に向って歩み出すかのいずれかをせよ」と三好は迫った。丸山はさらなる反論の言葉を持たなかったのだろう、二人のやりとりはここで終わっている。ただし二人は決別したわけではなく、丸山は暫くおいて三好宅への訪問を再開させている。

丸山との関係について三好は戦後、「互いの身の上にとってシンケンな問題について語り合う時には、胸中の心持が高まれば高まるほど、言葉も表情も冷酷になってしまうという型」で「つらいつらい地獄」に落ちていたと語っている（『日本演劇』昭和二三年一一月号）。

劇場閉鎖、移動演劇への道

進軍ラッパを吹き鳴らし前進が続いた太平洋戦争は、昭和一八年以降、形勢が逆転する。日本軍は二月、ガダルカナルでの戦闘に敗れ、五月にはアッツ島の日本守備隊が全滅し、伸び切った前線はじりじりと後退し始める。

昭和一九年二月二五日、内閣情報局は「決戦非常措置実施要綱」を発表。本格的な本土空襲の危機に備え、国家総動員体制を再構築するとした。

この中で当局は「高級享楽ノ停止」を打ち出す。芸能は「あくまで国民の士気高揚、戦力増強に資するべき」とし、「戦闘配置に就いている人々に正しく享受され」なくてはならないとした。現在の「限られた大都市に、芸能娯楽施設が集中され、高額な料金で特定の人々にだけの享楽」は到底許されないとした。

東京では四月までに歌舞伎座、帝国劇場、明治座、新橋演舞場など主だった九劇場が営業禁止とされることになった。そして当局はいよいよ現在ある全ての劇団に対して、大政翼賛会に設立された「日本移動演劇連盟」(連盟)に漏れなく参加し、国策演劇を行うよう命じた。これまでの協力要請が一転、強制参加になった。

苦楽座も、都内で芝居を打つことのできる場所を完全に失った。このまま劇団を解散するのか、それとも連盟に参加するのか、丸山定夫は二者択一を迫られた。

連盟は既存の劇団を、いわば国の宣伝機関としての移動演劇隊として再編成し、一括してスケジュールを管理することにした。陸海軍の関係先や軍需工場、農村に派遣して国策演劇を上演させ、舞台を通して戦意を高揚させるのが任務だ。

連盟の劇団は二種類に分けられた。一つは、すべて連盟の指示により動く「専属劇団」。連盟が主催しない芝居は一切行わず、演目も当局指定の戯曲のみという劇団だ。くろがね隊、東宝移動文化隊、吉本移動演劇隊など八劇団がこれに応じた。

もう一つは「参加劇団」で、連盟に完全に所属はせず、必要に応じて連盟の公演依頼を受ける劇団だ。演目は二本のうち一本は国策演劇とし、残る一本は検閲さえ通れば自由に選ぶことが出来た。ただし「専属劇団」より手当は低い。参加劇団には文学座、前進座、劇団文化座、市川猿之助一座など一三劇団が参加を表明した。連盟は二つの形式を取ることで、国家への貢献の度合いを測った。

公演にかかる費用についても定められた。各地の主催者が、会場費、宿泊費、最寄り駅から公演場所までの移動経費を持つ。移動演劇連盟からは公演一回につき七〇円から一五〇円が補助される（昭和一九年以降はさらに値上げされる）。その代わり、観客から観劇料を徴収することは禁じられた。結果として移動演劇に参加すれば、贅沢はできないが、最低限「食える」状態は保つことができた。「食える」ということは、戦時下において極めて優先順位の高い要素である。

『移動演劇の研究』（伊藤熹朔《きさく》編）によれば、移動演劇隊には厳しい行動規範も設けられた。彼らの位置づけは、いわゆる旅回りの役者ではなく、国家が派遣する芸能部隊だ。服装はすべて国民服またはモンペで統一し、朝と正午には必ず「宮城遥拝」、公演の前には必ず「国民儀礼」を行うといった細則が定められ、それらを履行したかどうか、劇団と主催者の双方から詳細な報告書まで提出させた。

例えば上演を始める前の国民儀礼とは、次のような具合だ。

「一同、ご起立を願います。敬礼！　宮城遥拝！　宮城の御方向にお向き下さい。宮城に対し奉り最敬礼！　直れ！　国家斉唱。護国の英霊に感謝を捧げ、皇軍、将兵の武運長久を祈り、大東亜戦争の必勝を祈願いたします。敬礼！」

続いて「勤労芸能五訓」の朗読。「一つ、戦う国民の勝ち抜く力を生み出そう！　一つ、自分たちの郷土や職場を強く育てよう！　一つ、工夫を重ね、勤労を美しく楽しくしよう！　一つ、よい躾とたしなみのある日本人になろう！」と続く。

国家による演劇統制に従うのか、それとも映画やラジオの生活に戻るのか――。丸山の決断を示す貴重な資料が見つかった。

丸山定夫の㊙計画書

早稲田大学演劇博物館に所蔵されている膨大な八田元夫の遺品の中に、ポスターのようなひと際ぶ厚くて大きな一枚の紙があった。四つ折りにされたその紙には、万年筆書きの文字がびっしり書き込まれていた。退色もせず、まるで昨日書かれたような真新しさで、よほど大切に保管されていたことが分かる。

タイトルは「苦楽座移動隊結成案（執筆丸山定夫）」

日付はないが、その内容から判断して先の「決戦非常措置」によって全劇団に移動演劇への参加が要求されたと同時期に書かれたものと推測される。丸山は決して達筆ではないが一文字一文字、とても丁寧に几帳面に綴られていて、紙の右上には赤字で㊙のマークがある。その理由はすぐに分かった。結成案の「協力斡旋」の項には、保護監護下にある八田元夫らの実名がはっきり書かれているからだ。

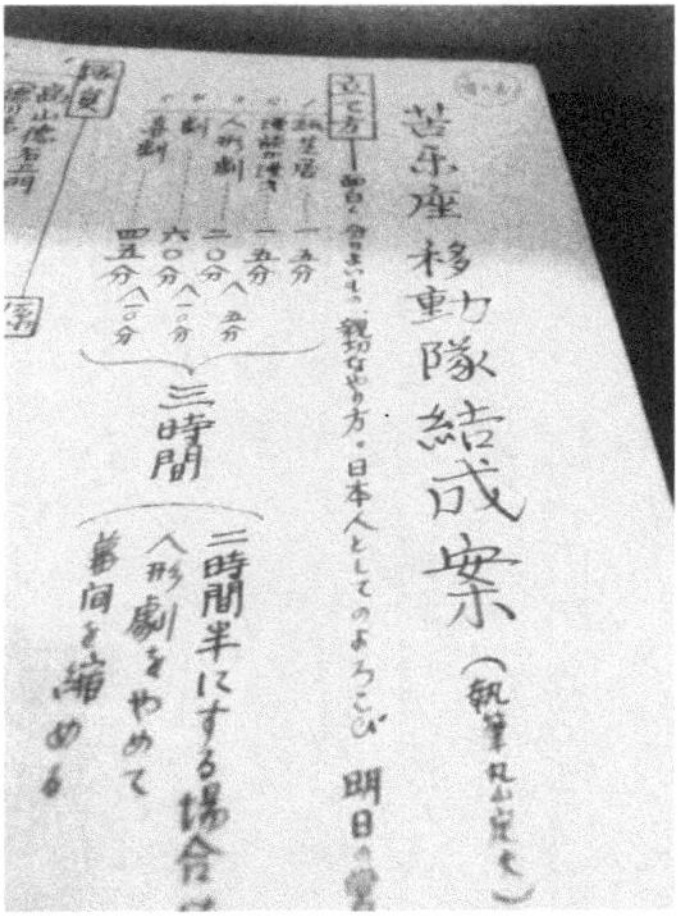
丸山による結成案（提供・早稲田大学演劇博物館）

丸山は苦楽座を解散させず、移動演劇に参加する方向で隊を再編成する検討を重ねていた。連盟の「専属劇団」ではなく「参加劇団」にしたのは、少なくとも二本に一本は自分たちの芝居ができるからで、丸山はそこに光明を見出したのだろう。

結成案は、これから移動演劇隊として地方の各地を巡業していく際に、どのような布陣、活動日程、演目、報酬で取り組むかを仔細に検討している。

「立て方」という項目には、隊の目的が書かれていて「面白く、分りよいもの、親切なやり方。日本人としてのよろこび、明日の営みに希望を」とある。大東亜とか愛国とか決戦といった、これまで丸山がラジオで朗読してきたような激しいスローガンは見当たらない。

その隣には「隊員」という項目があり、三〇人の名前があげられている。隊長は薄田研二（高山徳右ヱ門）、副長は丸山定夫、そして園井恵子らカッコ扱いになっている数人の俳優は、移動隊への参加を迷っていたのかもしれない。ひと月の報酬は、仕事への貢献度に応じて一七円から最高五〇円に設定している。

さらに「条件」と「希望」という二つの項目がある。

「条件」では、公演一回当たりの経費を三二〇円と見積もり、月に一五回、年に一〇ヵ月間は公演を持つとある。つまり一年の大半を移動に費やすことになり、丸山はすでに映画との掛け持ちを想定していないことが分かる。

苦楽座は「演目選定権」を持ち、「準備（稽古を含む）日数を公演日数と同列の重要さに扱う」という条項も敢えて掲げられている。連盟の劇団とはいえども自分たちで戯曲を選び、これまで失敗したように稽古は疎かにしないという決意が滲む。

最後の「希望」の項目では、八田元夫らかつて新築地劇団で活躍したメンバーの名前を列挙して彼らの協力を得ること、時には大口の公演を適当にはさむことなどが書かれていて、最後に一行だけ、「情報局、軍報道部、翼賛会との連携」の文字がぶらさがっていた。

丸山は「苦楽座」を移動演劇隊として存続させる決意を固めた。映画の方は、すでに撮影の日程が組まれていたのだろう、この年の夏まで撮影に参加しているものの、それ以降の出演はプツリと途切れている。映画と演劇の両立について、前年に三好が丸山を激しく攻撃したことはすでに書いた。三好はこの丸山の決断について、八田にこんな風に語っている。

三好は、丸山が映画との二足のわらじを脱いで、本来の演劇一筋に専念することになった……彼の行動について、心の底では大変喜んでいた。「あいつは転がる石のような奴で、戦争の中を、あっちへうろうろこっちへうろうろして、やっと気がついた時には、何もなかったということを、やっと今頃気がつきやがった」といったいい方で、丸山に対していたが、三好と丸山の友情というものは、誠に不思議なものであった（『三好十郎覚え書』）。

芝居一本で生きることを決めた丸山が、八田に㊙の計画書を手渡したのは、八田に演出者として参加を依頼するためだった。劇団が活動を続けていくには、全体を見渡せる演出者という太い一本柱が必要だ。上演しながら次々に場所を移らなくてはならない過酷な移動演劇であればなおのことだ。

八田はこの時、丸山が置かれた苦境は十分に理解していた。㊙の計画書に自分の名前が堂々と書かれていたことも嬉しかった。しかし、どうしても即答することが出来なかった。

演出者登録を剥奪されている問題については、偽名を使ったり、別の団員の名前で参加したりすれば何とか誤魔化せる。現実に八田はこの頃から偽名で浅草のエノケンや水谷八重子一座に飛び入り参加して、徐々に仕事を再開させていた。その程度の芝居であれば、当局も見て見ぬふりをするといった裏事情も分かってきた。

しかし移動演劇となると、話は別だ。まず、東京から地方に出なくてはならない。その都度、六ヵ所すべての役所に許可を取り付けることは不可能だ。だから黙って行かざるをえない。上演会場では軍関係者が睨みをきかせていることが多いうえに、田舎ではひとりひとりがよく目立つ。覆面演出がばれて、またあの監獄に勾留されることなど考えるだけでも耐えられないことだった。

その後も何度か丸山から参加を請われた。その度に八田はぐずぐずと決断を先送りにした。四年前の一斉逮捕で、当局には一年にわたって心身ともに痛めつけられた。強がってはみても、身体の奥底に深く刻みつけられた恐怖に近い感情は、そう簡単に拭い去ることなど出来なかった。

第七章　彰子と禾門

映画『無法松の一生』

映画評論家の白井佳夫は、映画『無法松の一生』（稲垣浩監督・昭和一八年）に関する第一人者である。

『無法松の一生』は、丸山定夫が昭和一七年に文学座で主演した舞台の原作、岩下俊作『富島松五郎伝』を改題して大映が昭和一八年に映画化したものだ。軍国映画一色の時代に制作された最後の文芸映画で、その年の大ヒット作となった。主演の松五郎は阪東妻三郎、未亡人は元宝塚の名脇役で丸山定夫の苦楽座に参加していた園井恵子が客演した。この映画の反響は大きく、戦後になって原作の小説『富島松五郎伝』まても『無法松の一生』と改題するのを余儀なくされたほどである。

名作として語り継がれる映画には、しかし深い戦争の傷痕が残されている。映画のフィルムは、当時の検閲によって大切な部分がズタズタにカットされているのだ。物語の最高の見せ場と言える、無法松が未亡人に募らせてきた思いを吐露しかける夜の場面は一シーン丸ごと切られている。内務省警保局編『映画検閲・認定時報』によれば、全編約九〇分のうち一〇分四三秒、松五郎が未亡人を思いながら亡くなっていく感動的なラストの場面は七分五〇秒も切られている。

戦後、キネマ旬報社に入社し、編集長まで務めた白井は、元検閲官の鳥羽幸信《ゆきのぶ》から『無法松の一生』の検閲についてこんな話を聞いた。

検閲室長K事務官は……「これは夜這いではないか、車引きが軍人の未亡人に恋とは言語道断である。このような非国民映画は絶対通さんぞ!」と、検閲合同会議の席上で激怒したという。この映画の脚本をOKした担当官は叱責を受け、この映画の芸術性を大いに主張した検閲官も、K事務官の怒りの前に押し切られてしまった(『別冊キネマ旬報』昭和三六年七月号)。

鳥羽は、机の上のフィルム缶の上に、検閲で切られたフィルムのコマが次々と載せられていくのを目の当たりにした。誰も口にこそ出さないが映画の出来は素晴らしいものだった。鳥羽は無残なフィルムの断片を見ながら、「これを持って帰ったら、大変な財産になるなあ」と思ったものだと白井に吐露したという。

天皇のために死ぬことが当然とされた時代に、無名の車夫の愛の物語を堂々と描いた『無法松の一生』。検閲の問題も相まって、白井はこの名画にすっかり魅入られた。そして検閲でカットされた部分を、当初の脚本通りに修復する作業に取り組み始めた。といっても、映画を撮り直すわけではない。『無法松』のフィルムを各地で上映し、検閲で削除された部分を「朗読劇」によって再現するという試みだ。この活動は白井のライフワークになった。

活動は「『無法松の一生』完全復元パフォーマンス」と名付けられ、一九八〇年代後半から全国各地を巡演している。

ちょうど活動が軌道に乗り始めた一九九三年春頃のことである。白井は『無法松の一生』に実際に出演した俳優に、朗読劇に参加してもらえないものだろうかと考えた。よりリアルに、当時の世相や検閲の有り様を伝えるためだ。

昭和一八年の封切りから半世紀以上が経ち、関係者の多くはすでに故人だ。しかし、若手の俳優だったらまだ生きている可能性がある。出演者の中に、気になる男がいた。未亡人の息子「敏雄」の青年期を演じている若い俳優。色白で目鼻立ちのはっきりしたヨーロッパ風の美男子だ。出演者リストを調べると「川村禾門《かもん》」とあった。

この映画の息子役に抜擢されるくらいだから、当時で言えば若手のスター級であったはずだ。だが、長く映画界に関わってきた白井にとって聞き覚えのある名前ではなかった。少し調べてみると、川村禾門は横浜市内に健在であることが判明した。

白井は早速、連絡を取った。

年老いた「ぼんぼん」

数日後、ひとりの老人が約束の場所に現れた。

白井が対面した川村禾門は、七〇代半ばになっていた。スクリーンの中で天真爛漫に振る舞う未亡人の息子「ぼんぼん」の面影は辛うじて残していたが、往年の俳優が醸し出すオーラのようなものとは無縁の小柄な老人だった。

白井は禾門に、『無法松の一生』の完全復元パフォーマンスのことを説明し、参加してほしいと持ち掛けた。すると禾門は顔を輝かせ、この映画に出演できたことは人生の誇りであり、ぜひ参加したいと喜んで引き受けたという。

復元パフォーマンスに、新入りの禾門が加わった。その真面目な人柄は仕事ぶりに見てとれた。台本はきちんと読み込んでくるし、疑問に思ったことは納得するまで説明を求めて理解しようとする。とにかく一生懸命なのだ。言葉数は少なく上手こそ言わないが、穏やかな人柄は参加者の和を乱すこともない。

白井の朗読劇は何度も行われ、禾門は戦中の空気を知る唯一の俳優として欠かせぬ存在となった。


一九九三年八月五日。

この日の完全復元パフォーマンスは、音響設備が充実している池袋の文芸坐「ル・ピリエ」で開催されることになった。せっかく本格的な劇場で上演するのだから、映像に撮って記録に残そうという話が持ち上がり、白井は初めて舞台にビデオカメラを入れた。

当日、客席はほぼ満席だった。開演を告げるブザーが鳴り、幕が開いた。最初に朗読を担当する俳優が一言ずつ自己紹介をする。禾門の番が来た。小柄な老人は、舞台中央へと静かに進んだ。

「『無法松の一生』のような映画に、しかも敏雄のような役をもらえたことは、私の生涯にとって大変な財産だと思っています」

禾門は、自身が映画の出演者であることを遠慮がちに短く伝え、いつもはここで挨拶を終える。

　ところがこの日、彼はマイクの前に突っ立ったまま、壇上でライトを浴びたまま、動こうとしなかった。突然生じた奇妙な間に、スタッフの怪訝な視線が集まる。当の禾門は身じろぎもせず、客席の中央に構えるカメラをジッと見据えている。そして、一度小さく息をついてから語り出した。

「私は出征する前、大映の女優、森下彰子《あやこ》という女性と結婚しました。森下は、園井恵子さんが『苦楽座』という劇団に参加したとき、ご一緒したことがあります。そして私が兵隊に行っている間に、苦楽座は桜隊という名前の劇団になりました。三好十郎の『獅子』という戯曲で、森下は園井恵子さんの娘役を演じておりました」

　予定外の展開に、みなが禾門を凝視した。その場にいた全員が、禾門が戦時中に一度、結婚していたこと、その結婚相手が『無法松の一生』で未亡人を演じた園井恵子と同じ劇団にいたことなど知ろうはずがなかった。そもそも、禾門自身が戦争に赴いていたことすら誰も聞いたことがなかった。

　禾門が語った「苦楽座」とは、すでに書いたように丸山定夫が太平洋戦争の最中に立ち上げた劇団である。禾門の言う通り、「苦楽座」は戦争末期、「桜隊」とその名を変える。

禾門の告白は終わらない。

「ああ、国に帰ったら、園井さんともこれからいいお付き合いができる、そういう思いでおりました。ところが八月六日、私の妻、森下と、桜隊のみなさん全員、被爆されました。――僕の人生の夢とか、そういったものが一瞬にして吹き飛んでしまったわけです……。もう五〇年も経ちます」

そこまで一気に語り、彼は言葉を切った。すかさずカメラマンがズームする。画面には禾門の切ない表情が大写しになる。年老いた男は小さく下唇を嚙み、宙を見つめたまま眼をうるませている。

「シナリオの伊丹万作さん、監督の稲垣浩さん、松五郎の阪東妻三郎さん、吉岡夫人の園井恵子さん、撃剣師範の山口勇《いさむ》さん……」

『無法松』のスタッフの名前を、メモを見ることなく静かに呼びかける禾門。客席はそのひとり語りに静まり返った。

「大勢の皆さんは、もうこの世の方ではありません。こういうパフォーマンスをすることで、彼岸にいらっしゃる皆さんのお心を安らげる一助になったら素晴らしいなと、そう思っています」

川村禾門は自らの人生も最終盤に差し掛かった夏、これまで決して語ろうとしなかった『無法松の一生』に込めた思いを口にした。この日、八月五日は亡き妻、森下彰子の命日、原爆忌の前日でもあった。白井は言う。

「あの日、彼は会場にカメラが入ることを知って、最初から語ろうと決めていたんだと思いますよ。俳優としては、戦後はあまり活躍する場もなかったようですが、彼の胸にはずっと亡き人々の存在があった。広島で全滅した劇団、桜隊のことも時々、取り上げられますが、話題にあがるのは、有名な丸山定夫や園井恵子くらいでしょう。でも、その中に、確かに彼の妻もいた。彼が語らなかったら、おそらく森下彰子という女優は、そのまま歴史の中に消えてしまう。だから妻が生きた証を、彼はカメラの

映画『無法松の一生』。左から阪東妻三郎、川村禾門、園井恵子（川村禾門の遺品から）

前で記録に残そうと思ったのではないでしょうか」

この翌日、禾門は東京・目黒で行われた桜隊の慰霊祭に、初めて姿を現している。慰霊祭を主催する「桜隊原爆忌の会」の一九九三年八月六日の記録には、「隊員、森下彰子の夫」が参加したとあり、「森下彰子や園井恵子さんはじめ、桜隊の皆さんからたびたび励ましの手紙をいただきました」と挨拶したことが記されていた。

この時、禾門は原爆忌の会に、ある手紙の写しを寄贈している。亡き妻の彰子が、出征した禾門に宛てて書き続けていたものだ。禾門が出征した昭和一九年夏から二〇年夏までの約一年、四五通が届けられていた。禾門はそれを戦地から大切に持ち帰り、戦後ずっと家族にすら知らせず手元に置いていたのだった。

四五通の恋文には、桜隊の足跡、そして、戦禍に翻弄された一組の俳優夫婦の記憶が刻まれていた。

恋文

森下彰子が川村禾門に送った一通目は、昭和一九年八月三日に書かれている。その文面は、わずか一ヵ月前、ふたりが離れ離れになる直前の出来事から始まっている（以下、引用は一部を略す）。

禾門さま
お元気でうれしゅうございます。

今、お座敷には、月がいっぱいに差し込んでいて、朱塗りの額縁におさまった、あの日のモーニングと、白無垢の二人が浮かんでおります。

しあわせ、という言葉が胸をつきます。

七月三十一日の夜に、写真が出来たとかで、一日の日の日盛りに、静江姉さんが例のテンジクダマに結った髪に、汗をかきかき、わざわざ持って来てくれました。お見せしたい気がします。なにしろ疲れてましたでしょう。どうかと思ってましたのに、あなたは大変凜々しいし、あたくしは、お、か、げ、さ、まの出来に撮れてるそうです。


川村禾門（二六歳）と森下彰子（二三歳）。新郎新婦が一枚の結婚写真におさまったのは、禾門の出征を三日後に控えた七月三日。その時の結婚写真が出来上がり、彰子は朱塗りの額に入れて自分の部屋に飾ったようだ。その写真は禾門の死後、遺品のアルバムの中から発見されている。都内にある神社の境内で、丸刈りにモーニング姿の

禾門の出征を３日後に控えた昭和19年７月３日

禾門に白無垢姿の彰子がそっと寄り添っている。物資が不足して白い手袋が手に入らず、禾門は代わりに白いハンカチを手に握った。

四五通の手紙には、三日の日に書かれたものが多い。東京と京城に離れ離れとなったふたりは、かつて一緒に観たアメリカ映画に登場する恋人たちを真似て、三日の日に手紙を書く約束を交わした。

その映画とは、『第七天国』（フランク・ボーゼージ監督・一九二七年）。舞台は第一次世界大戦直前のフランスで、主人公は貧しい掃除人チコと、家族に恵まれない少女ディアンヌ。「第七天国」とは二人が短い間ともに暮らしたアパルトマン七階の屋根裏のことだ。戦地に召集されることが決まると、チコは、毎朝一一時に必ずディアンヌの名を呼び、心はそばに戻ってくることを約束する。

禾門は、離れていても「空は一つだ」と彰子に書いた。そして毎月三日の日に月を見上げて彰子を想い、手紙を書くことを誓う。三日を選んだのは、二人の結婚記念日の七月三日にちなんでのことだ。

忘れられない三日の日の、お約束のことは、はっきりと、了解致しました。私達は、私達らしい気持ちで、解け合う事が出来るでしょう。あたしの魂は、気が早いから、日が暮れたらもう、一番星と一緒に、京城のお空へフワフワ飛んで行ってるかもしれませんわ。

彰子の手紙に月の描写が多いのも、この約束があってのことだろう。

映画『第七天国』で、出征したチコは独仏両軍が激突するマルヌの会戦で亡くなる。ディアンヌは午前一一時、自分の元に帰って来たチコの魂に抱かれ、映画は幕を閉じる。深く愛し合う恋人同士が、やがて戦争で永遠の別れを告げる悲恋の物語は、どこか予言めいている。

『アルト・ハイデルベルク』

彰子と禾門は、日活（後の大映・現在の調布市）の演技研究所で出会った。

日活演技研究所は、日活の入社試験に合格した俳優の卵たちが演技について学ぶ場で、常時五〇人程度の若者たちが集った。俳優部の建物が集まる一角にあり、朝から晩までみっちりと座学や実技を学んだ。

ここでの年に一度の大イベントが「試演会」である。研究生の上達の具合によって配役が決まり、本番の日には舞台上にセットまで組まれる本格的な発表会だ。観客席には会社の幹部や監督、演出家らが並ぶ。彼らの目に留まれば、映画出演の機会を摑むことができる。

彰子と禾門は、昭和一六年に行われた試演会で恋に落ちたのだと証言する人がいた。彰子と同期入社の女優、町田博子（一九二四～二〇一〇）だ。

町田は戦後、『静かなる決闘』（黒澤明監督・昭和二四年）で三船敏郎と共演したほか、小津安二郎監督作品など一〇〇本を超える映画やドラマで活躍。彰子が生きていれば、同じような俳優人生を送っただろうかと想像させられる人だ。

二〇〇四年の取材当時、町田は八〇歳（以下、年齢は取材時のもの）。歩行が困難となり、都下の老人介護施設に暮らしていた。お会いする時はいつも上品な薄化粧に女優らしい華やかな装いで迎えて下さった。そしてどこか遠くを見つめるように静かに語るのである。

「研究所の試演会でね、主役の恋人役に抜擢された二人が本当に恋に落ちちゃったの。芝居は『アルト・ハイデルベルク』、王子様のハインリヒが禾門ちゃん、町娘のケティが彰子さんだったわけ。あれは演技じゃなかったのね」

戯曲『アルト・ハイデルベルク』はドイツの古典的な戯曲で、日本でも大正時代から各地の劇場で上演されている。旧制高校の教科書にも掲載されていて、当時の若者たちは出征先で青春時代を愛惜する代名詞として好んで引用した。

舞台はドイツ南西部の町、ハイデルベルク。この町に、お城に住んでいた皇太子ハインリヒが大学留学のためにやってくる。ハインリヒは町娘ケティと恋に落ち、ひと時、青春の日々が輝く。だが大公が病に倒れ、ハインリヒは城に戻り政略結婚することに。婚礼の直前、王子は激情に突き動かされハイデルベルクを訪れるも、青春の地に同じ風景はない。ふたりは互いに自らの宿命を受け入れ、永遠の別れを告げるという悲恋の物語である。

彰子は人一倍、稽古熱心で、読書の量も相当なものだったという。役作りに悩んだ町田が相談に行くと「花伝書」を勧められたこともあった。ケティの役を摑んだのも、そんな姿勢が認められてのことだろうか。だが、王子と町娘の話には続きがあった。

「当時の演劇界にはね、この物語で王子と町娘を演じた二人は、たとえ現実の世界で恋に落ちて一度は幸せになっても、最後は必ず悲恋に終わってしまうという伝説があったの。その通りになってしまって……」

戯曲にまつわるジンクスに、町田は目を伏せた。

『アルト・ハイデルベルク』は、かつて築地小劇場で、新劇俳優として初めての戦死者となった友田恭助と田村秋子夫妻が出会った演目でもあった。

同じ日活演技研究所で学んでいた俳優の小林桂樹《けいじゅ》（一九二三〜二〇一〇）も、彰子と禾門のことを覚えていた。小林は戦後、森繁久彌が主演する「社長シリーズ」の秘書役で一躍人気を博し、その後も社会派の映画やテレビドラマに数多く出演、一時代を築いた役者である。

取材当時、小林は八一歳。つい昨日のことを思い出すように語ってくれた。

「森下さんはね、戦時中ではあるけれど、まるで戦後に現れた女の人のように、元気

前列中央の男性の後ろが森下彰子。その左後ろが川村禾門。後列のいちばん右の男性が小林桂樹。その手前が町田博子

で明るい感じの人だったの。そうそう、ポパイの彼女オリーヴみたいな人。痩せててね、骨が見えそうだってことで、みんながからかって森下を森《もり》骨《こつ》、『モリコッちゃん』って呼んでたの。撮影所で集合写真を撮る時はね、必ずモリコッちゃんと禾門ちゃん、ふたりは側に並ぶわけ。いつも一緒なの」

　試演会後に撮影された集合写真には三〇人前後の研究生が写っていて、彰子と禾門はいつも隣同士で肩を寄せ合っている。町田博子や小林桂樹の姿も見える。自由な私服姿におどけたポーズを取る者もいて、まるで大学のゼミのような雰囲気だ。よく見ると、部屋の壁には数枚の紙が貼られている。拡大すると「八紘一宇」や「フィルムも弾丸である」という文字が読み取れた。間もなく彼らの多くは出征し、残された者も国民服やモンぺ姿に変わることになる。
小林は昭和一六年に日活に入社していて、禾門は一期先輩、彰子は二期先輩だったのではないかと振り返った。
戦前、日活が出版していた月刊誌『日活』の頁を繰ると、確かに昭和一四年、新人紹介の欄に彰子のプロフィールが写真と共に掲載されていた。

大正十一年六月、東京市四谷区に生る。……成女高女在学中（三年生）なるも昭和十四年一月十八日日活へ入社。読書により得たるロマンチックな少女の夢を映画の上に現わしたい念願から入社したもの。

無名の女優、森下彰子の足跡を巡ることにした。その先には、苦楽座へと繋がる一本の道が見えてきた。

芸能一族、複雑な生い立ち

先のプロフィールにある「成女高女」（現在の成女高等学校・新宿区富久町《とみひさちょう》）は明治開校の名門校で、近隣の恵まれた家庭の子女が多く通った。学校は昭和二〇年の空襲で

川村家と森下家。新郎の左は禾門の親戚、真言宗蓮乗院住職。２列目右から新婦の養母と養父

焼け、当時の在籍記録は残っていなかった。周辺の小学校を当たると、区立四谷小学校（当時は四谷第四尋常小学校）の卒業証書台帳の女子の部に、彰子の名前を見つけることが出来た。住所は「四谷区荒木町二七」とある。

荒木町（現在は新宿区）は明治初期、松平家の上屋敷跡と町屋が合併してできた町だ。上屋敷にあった池が景勝地となり、周辺に芝居小屋や料理屋ができ、やがて賑やかな花街となった。現在でも路地を一本入れば、隠れ家のような料亭や飲食店が軒を連ねる。

町内を歩くと、森下家のことを覚えている人がいた。書店経営の宮子善恵（九三歳）だ。森下家は荒木町で一番にぎやかな杉大門通りで「白木屋」という髪結い屋を営んでいた。丸髷を結うのがとても上手で、店はいつも繁盛していたという。それを手がかりに森下家の親戚に連絡がついた。

調布市内に暮らす朝香文美子（九七歳）は当時、森下家の隣に住んでいた。彰子の一五歳年上の従姉だ。彰子は「目のクリッとした頭の小さい可愛い子」で、彰子の父は能を舞い前進座の舞台に立つこともあるほどの腕前だった。

朝香は、彰子の結婚式で撮影した親族の集合写真を持っていた。そこに写る彰子と両親はかなり年が離れていて、まるで祖父母と孫のように見えた。よく尋ねてみると、彰子は養女だったという。

複数の親族の証言によると、彰子の生みの母は東京・青山の若い女性だった。自宅に数百坪の能舞台を持ち、虎屋の先代など大勢の弟子を抱える能楽師（以下、青山）の娘で、籍の入れられぬ出産だった。青山の家は能だけでなく、戦前に宝塚歌劇団に入団した娘もいて、まさに芸能一族だった。

彰子は物心つく頃から四谷と青山の両家を行き来しながら育った。四谷では養父母に溺愛され、青山では能や謡を習い、茶道や華道、礼儀作法を厳しくしつけられた。煌《きら》びやかな能の衣装をまとい、舞台に立つ幼い彰子の写真が何枚も残されている。そんな彰子が、やがて女優を目指すことになるのは運命だったろうか。彼女は禾門への手紙にこう書いている。

あたしは物心つくころから、一生涯俳優で終ろうと、思ってました。三つくらいの時からでしたわ。何故かと理由を聞かれても答えきれない程、私の神経、イクオール　俳優だったのです。今までは基礎の生活で、これからが天地の始まりなんですもの。あなたも真の演技者になって下さい。あたしもどんな立場になろうとも、同じことだと喜べる女房になりますわ。

（昭和一九年九月三日）

昭和一三年、成女高女三年の秋、彰子は宝塚歌劇団を受験しようとするも養父母に反対されて断念。自宅から近い日活の受験は許された。その際、近所に住む日活関係者に推薦状を書いてもらっていた。その家の娘、大舘美江子（八三歳）の証言。

「お母さんが彰子さんを連れてうちに見えて、彰子がどうしても女優になりたいと言ってきかない、どんな仕事でもいいからやらせて下さいと頼まれまして。父は、いきなりスターにはなれないし、女学校は卒業した方がいいのではないかと言ったんですけど、とにかく役者が好きで好きで仕方がない、もう何でもいいからやらせて下さいと。向こう（日活）もいい子を紹介してくれたと喜んでらしたそうですよ」

こうして「役者が好きで好きで仕方がない」一七歳の彰子は、希望を胸に膨らませ映画界へと足を踏み入れた。

川村禾門の生い立ち

試演会『アルト・ハイデルベルク』で主役を演じた二人だが、先にチャンスを摑んだのは禾門だった。

試演会の翌昭和一七年、日活は戦時統制による合併で大映と名を変える。禾門は大映多摩川作品として一作目の『山参道』（島耕二監督）で、初めて台詞のある役を与えられた。

間を置かず同年、禾門はスパイ映画『あなたは狙はれてゐる』（山本弘之監督）の主役に抜擢された。中国からやってきたスパイに翻弄される日本人青年の役だ。当時は各映画会社がスター俳優を奪い合い、脇を社員俳優で固めることが多かった。異例の社員俳優の抜擢は、業界誌にも取り上げられた。しかも映画は、同年の日本映画興行収入ランキングで第五位に入っている。

戦争映画の多くは、戦後、戦犯としてアメリカに訴追されることを恐れた関係者が処分したりして残っていない。『あなたは狙はれてゐる』も同様だ。だが大映の版権を引き継いだ角川大映スタジオが、この映画の現場のスチール写真を保管していた。主役を張る若い禾門のきりっとした端正な横顔は、まさに白井佳夫が言う「ヨーロッパ風の美男子」だ。宣伝用とはいえ、上げ潮に乗っている時の人間が放つ独特なオーラが滲んで見えるようだ。

川村禾門は大正七年（一九一八）、現在の川崎市に生まれている。親族によると、禾門の父は有名私立大学を出て大手企業に勤め、家は裕福だった。ところが母親は禾門が二歳の時、病死。その後、父は再婚して女の子が生まれ、幼い禾門は祖母に引き取られた。

小学生になって再び川崎の家に戻されるも、少年の流浪は続く。父方の妹夫婦（東京・中野）に子どもが出来なかったため、禾門は再び父の元から養子に出され、この時から終生、川村姓を名乗っている。後に彰子が足しげく通うのも、この中野の家だ。

旧制中学在学中の一三歳の時、憧れの映画界に初めて足を踏み入れる。通行人で参加した、P.C.L.制作の『坊っちゃん』（山本嘉次郎監督・昭和一〇年）。とりわけ出演者が多く、現場は活気に溢れていた。カメラマンや照明、録音など大勢のスタッフが集い、監督の「本番！」「カット！」の掛け声で一斉に動く。熱気に満ちたロケ現場、その真ん中にいる俳優という存在は、憧れから目標へと変わった。

前にふれたように『坊っちゃん』には丸山定夫が数学の主任「山嵐」役で出演している。眩しいばかりのスポットライトに映える名優の演技を、禾門も憧れの目であおぎ見たことだろう。禾門と丸山定夫との縁はこの時一度きりだったが、この丸山こそ後に彰子を連れて広島へと向かうことになる人である。

生前は多くを語らなかった禾門が、日活に入るまでの経緯について、亡くなる三年前に雑誌のインタビューに答えている（『シネ・フロント』一九九六年一一月号）。

それによると旧制中学を卒業した後、家を飛び出した。まずは演技経験を積もうと「創作座」に入り初舞台を踏む。創作座は、築地小劇場出身の友田恭助や田村秋子らが立ち上げた新劇系の劇団だった。しかし劇団の活動は活発でなく、禾門は学ぶ場を求めて「古川緑波一座」の研究生となった。だが、いわゆるアチャラカ喜劇に馴染むことができず、またしても退団。当時、多くの人がしたように中国東北部の満州へと活路を求めた。

満州と日本を繋ぐ定期船の船員となって給料を貯め、満州に渡る。そこで百貨店や満鉄でアルバイトをしながら「大連芸術座」に入団し、大連放送局でラジオの朗読の仕事を摑んだ。これが昭和一四年のことだ。ところが、ようやく道が開きかけたところで重い肺病を患い、失意のうちに帰国。翌年、日活の新人募集に応募して合格した時には二二歳になっていた。

この時期の日活演技研究所の新資料が、思わぬ場所から見つかった。二〇〇九年五月、東京・九段の靖国神社の青空骨董市で、古い品々に交じり古びた封筒が並んでいた。古書として三〇〇〇円で売られていたものを、近くで外国語教師をしている杉山明枝が購入した。

朽ちかけたA4サイズの茶封筒の表には「昭和一五年十月三日　第一回『映画』俳優第一歩に対する感想（保存）」と墨字で書かれていて、裏には「日活多摩川撮影所・東京府北多摩郡調布町多摩川原」と印字されている。中には、昭和一五年に日活に入所した二十数名が、俳優としての抱負を書いた感想文が入っていた。感想文の中には、川村禾門のものもあった。

幸福かと問われると、ええ非常にと僕は答えられる。職業を転々替え乍ら、素人劇団で勉強を続けて来た僕にとっては、こうして規則的に自分の生活を一元化出来ることが、馬鹿に嬉しいのである。

が、なんだか空白なものが沁込んで来ることがある。それは、自分の素質と云うものにひらめきが見えないような気がする時である。三、四年前に創作座で研究生をしていたことがあったけれど、その時読んだ戯曲を、研究所の新しい友と読んで見ると、自分では勉強を続けていたつもりなのに、その当時と少しも変化が感じられないのである。

僕は芸魂に恵まれないのかも知れない、そう思う。そして、読本に書かれてあるように、芸魂に恵まれない僕が、この道で生活出来るようになるには、全身でぶつかって行く以外にはないと心に決める。僕のその日その日を、自分の勉強でぎっちり埋めて仕舞いたいと思っている。未だ一日を充分に活かして行けない僕は、自分を淋しい気持で眺めたくなるような時、猪の様に精進への努力を続けたくてたまらなくなる。

禾門の感想文は全三枚、俳優として生きることへの喜びと不安が綴られ、とにかく努力をしていかねばという気概に満ちている。

その後の禾門の飛躍は、出征の前年に頂点に達する。昭和一八年の大ヒット作『無法松の一生』で、阪東妻三郎演じる無法松が思慕する未亡人の一人息子の役を得た。禾門は青年期の「ぼんぼん」を爽やかに演じた。名実ともに若手のトップスターとなった禾門は、『無法松の一生』の公開初日、会社から帝都座（日活映画の封切り館で現在の新宿三丁目にあった）に特別席を用意されている。

当時の大映撮影所は、道路を挟んで北側に俳優部や事務棟が、南側にスタジオ棟があった。天気の良い日、出番を待つ俳優たちはスタジオ棟の入り口にある芝生広場に陣取った。

彰子と禾門は撮影の合間を縫ってはそこを抜け出し、そばを流れる多摩川沿いをよく歩いていたという。広大な河川敷を包む午後の光は柔らかく、夕暮れ時、川面や遠くに浮かぶ富士の峰は深いオレンジ色に染まる。穏やかなひと時、未来を語り合うこともあっただろうか。

「映画法」検閲と俳優登録

昭和一九年、彰子が禾門に送った手紙の中にこんなくだりがある。

『ベンガルの嵐』で共演した彰子と禾門

「ベンガルの嵐」は二十日の初日の日に、四谷の母と従妹の政子ちゃんと一緒に帝都座で見ましたが、全体の調子が薄暗い上に、随分、切られていますので、場面を知っていた私でも、ちょっと、わからない程で、問題になりませんわ。

『ベンガルの嵐』（野淵昶《あきら》監督・昭和一九年）は、インド独立を支援する岡倉天心が主人公で、彰子と禾門がふたり揃って出演している唯一の映画だ。やはりフィルムは現存していない。それにしても「アジアは一つ」を謳う内閣情報局推薦「国民映画」でありながら、脚本を知る彰子ですら話の筋が「ちょっと、わからない程」というのだから、この時期の検閲の程が窺いしれる。

映画が爆発的に庶民の娯楽として広まった大正期以降、新聞や出版、演劇に比べると、映画の検閲は長く緩やかに行われていた。

内務省が直接、映画検閲に乗り出したのは「活動写真『フイルム』検閲規則」を制定した大正一四年（一九二五）からだ。検閲で問題があれば、上映禁止の「拒否」か、問題部分の削除や上映地域を限定する「制限」が発動された。ところが初年度も翌年も、それぞれ三本しか適用されていない（内務省警保局『活動写真フイルム検閲年報』昭和二年）。

検閲のジャンルは「公安」と「風俗」があり、「公安」では大正一四年に「足尾銅山」をテーマに扱った『明治義人田中正造』が対象となっている。労働運動にも関わる際どい内容だが、意外なことに内務省の検閲は通っている。銅山のある栃木県でのみ上映禁止になっただけだ。

検閲で制限を受けた作品の七割以上は「風俗」だった。接吻や抱擁といった「淫蕩卑猥ナルモノ」と、剣戟における犯罪などの「残酷醜悪ノ感ヲ与フルモノ」だ。

それが昭和の針が進んでゆくと、演劇と同じく映画の検閲も質を変えていく。昭和八年（一九三三）には、国内の映画統制が甘いとの批判を受けて、衆議院で「映画国策樹立に関する建議」が可決され、翌九年には「映画統制委員会」の設立が閣議決定される。

それらの手順を踏んで昭和一四年、まさに彰子が日活に入社したその年に、映画界の言論の自由にとどめを刺す「映画法」が成立するのである。

映画法は九条と一四条により、検閲の体制を二重に強化した。撮影が開始される「前」に脚本審査を行い、そこで改定や削除、不許可といった判断を下し、審査をパスした作品はさらに撮影と編集が終了した「後」で再度、フィルムを上映して検閲を行うことを正式に定めた。

内務省の担当課には潤沢な予算が付き、省内から大幅な人員が投入された。さらには内閣情報局、後には憲兵まで検閲の現場に参画し、三者が縄張りを競うように映画統制を行った。すでに見てきたように、演劇における検閲は共産主義や社会主義、労働運動がターゲットとされたが、映画法が成立した頃にはそれらの運動は壊滅状態にあり、映画の検閲はむしろ『無法松の一生』のような文芸作品が狙い撃ちにされた。

さらに映画法第五条は、俳優や監督（演出家）、撮影技師（カメラマン）をすべて内務省による登録制にした。そのための試験を「国家の要求する映画芸術家としての登竜門」と位置付けた。筆記試験には、例えばこんな問題が出題されている。

一、肇国《ちょうこく》の精神について記せ
二、何故《なにゆえ》　大政翼賛運動を起さねばならぬか記せ
三、左《さ》の事項に就き知れることを記せ
　　八紘一宇、隣組、円ブロック、泰国、ゲーリング
　　　　　　　　　　　　　　　（昭和一六年二月、東京試験場）

ほとんど思想調査といえる内容で、映画界とはほど遠い。

審査委員長には内務省警保局検閲課長、審査委員には内務省や文部省等の官僚が座った。加えて、第一線で活躍する俳優やカメラマンにも委員の職を委嘱し、映画界全体を巻き込む仕組みが作られた。試験は年二回。先の筆記試験に合格しなければ、二次の技能試験に進むことはできない。

この国家試験のための予備校として、全国六ヵ所に「演技研究所」が設けられた。すべて映画会社の運営である。彰子と禾門が学んだ「日活演技研究所」は、国内で最大の俳優養成機関として活用された。

当時、若手の俳優たちの教科書として使われた『映画俳優準備読本』（田中榮三・昭

和一六年）によれば、演技研究所の教壇には軍人や内閣情報局の官僚が立った。

例えば土曜日の時間割。午前九時から「映画関係法規・国民常識」、一〇時から一二時まで「律動体操（軍事教練）」、ようやく午後から「映画概論」や「演技指導」が始まる。「新体制下における時局認識をしっかりと把握させるために、精神的訓練に重点を置き、併せて軍事教練をも行って、規律正しき行動を取らせている。軍事教練は銃を執って」さえいたと書かれている。これが映画人への教育だった。

忍び寄る戦争の影

飛ぶ鳥を落とす勢いで活躍の場を得ていく禾門に比べ、森下彰子はどうだったのか。

敗戦までの大映多摩川作品の記録を探ると、全二四本のうち六本に「森下彰子」の名前が確認された。配役の序列では半ば以降だが、いずれも役名が付いている。町田博子によると、彰子は同期の中でも一番の稽古熱心で、台詞が付くのも早かったという。

大映の事業を引き継いだ角川映画の保存庫に、彰子が出演した作品が見つかった。可燃性フィルムの原版である。作品名は『青空交響楽』（千葉泰樹《やすき》監督・昭和一八年）。

戦争映画でないことから焼却を免れたのだろう。主人公の牧場主を杉狂児《きょうじ》が演じるミュージカル風の映画で、彰子は東京から牧場を訪れる少女、文子を演じている。「貴女も音楽が好きでしょう？」と杉狂児から問われ、コーヒーを片手に「うん！」と無邪気に答える彰子の笑顔が大写しになる場面など、はちきれんばかりの若々しさが溢れている。

この映画の裏方を手伝ったのが、後に日本を代表する美術監督となる木村威夫《たけお》（一九一八～二〇一〇）だった。生前の木村に『青空交響楽』のスチール写真を見てもらった。彰子のことは覚えていなかったが、木村はその写真を懐かしそうに何度も撫でてこう語った。

「歌と音楽が沢山あってね、牧場で大がかりなロケーションもして、たしか正月映画だったの。明るくほのぼのして、結構評判も良かったのよ。こういう楽しい雰囲気の映画は、これが最後だったね」

木村は空を見上げ、ため息混じりにひとりごちた。

「その後はね、もう映画の仕事なんか全然なくなっちゃってさ。僕なんか、その辺の櫓《やぐら》に登って敵機を見張るのが仕事だよ」

ようやく役が付き始めた彰子にとって、まさにこれからという時だった。昭和一九年夏以降、撮影所のスタジオには飛行機の部品を作るための旋盤機が持ち込まれ、軍需工場に変わった。俳優たちは次々に出征していく。『大映十年史』によると、社員二二〇〇人のうち五〇〇人が戦地に赴いている。

小林桂樹は昭和一八年一二月に召集。禾門ら四人の俳優仲間が小林を神輿のように担ぎあげる写真を、小林は大切に持っていた。その禾門も昭和一九年七月に召集される。出征三日前に彰子と挙式したことはすでに書いた。禾門は日本の統治下にあった朝鮮・京城の部隊に配属され、この時から二人は手紙を交わし始めることになる。

昭和一九年以降、映画界は撮影のための原材料不足にも悩まされた。

戦況が厳しくなるにつれ、国内では映画を撮影するための「生フィルム」の生産が激減した。感光材料の主要原料となるゼラチンはほとんどを輸入に頼っていたが、それがほぼ完全に止まってしまった。さらに生フィルムの生産には爆薬の原料となる硝酸が必要だが、軍部が優先して使うため民間への配給は減るばかりだった。

国は「民間にまわすフィルムは一フィートもない」と宣言し、映画を徹底的に統制する。太平洋戦争が始まるまでは毎年五〇〇本を超えた制作本数も、昭和一九年には四六本、二〇年は八月までで二二本と激減している（岩崎昶『映画史』、同『文学』「統

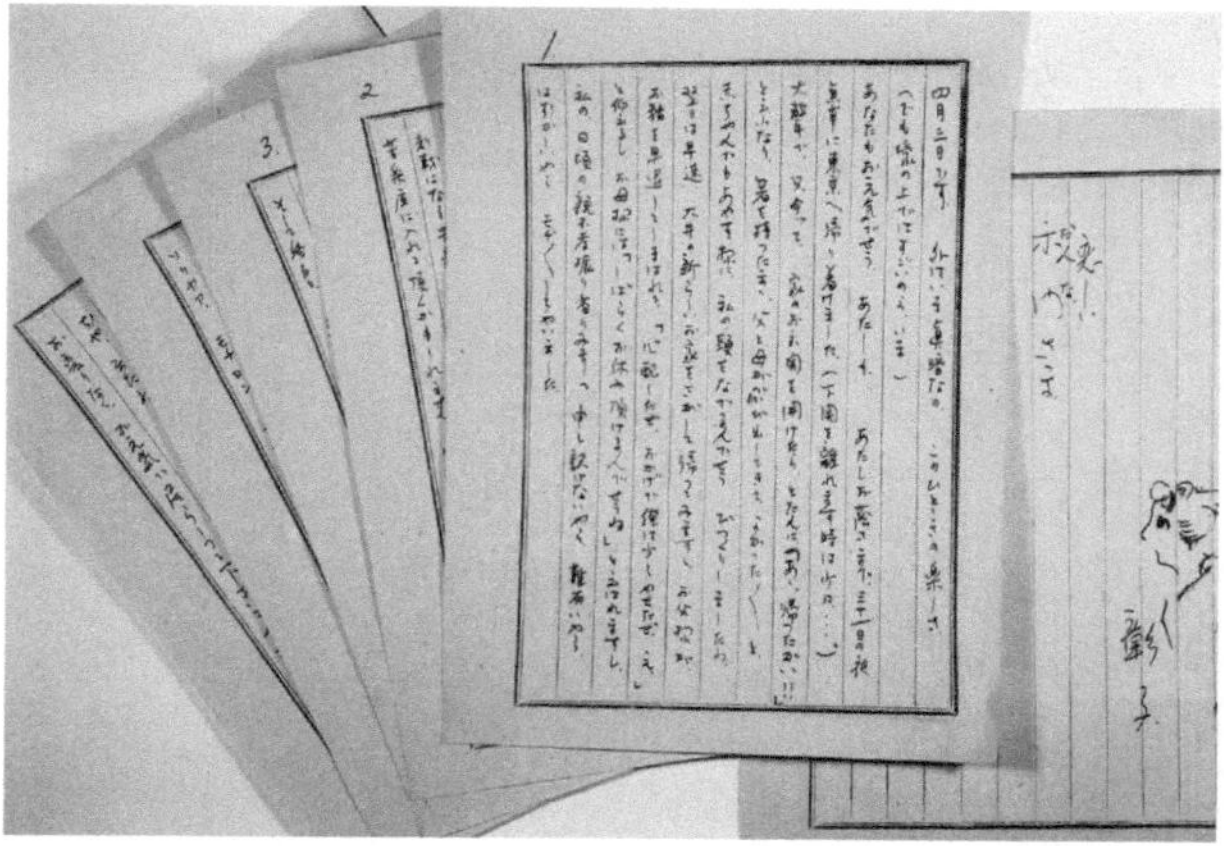

彰子から禾門への手紙

制・抵抗・逃避―戦時の日本映画」参照）。

各社が制作できる映画は年四本にまで減らされた。検閲を通るのは戦場の兵隊が主役の戦争映画ばかりとなり、女優たちの出番はなくなっていく。

彰子の手紙によれば、大映でも女優たちの稽古の機会がめっきり減った。そこで彰子や町田博子ら「本当に一生懸命な人たち」七人の女優が集まって、週に一度、交通の便利な彰子の四谷・荒木町の家で独自に演技の勉強会を始めている。

彰子は禾門に宛てて「この集まりは申し合わせの集まりではなく、各々の心の叫びだから」と決意のほどを書いている。だが、それもわずか一ヵ月後、近隣住民から「国の非常時に不謹慎」との注意を受けて開催を断念した。

昭和一九年も後半になると、国内の映画は一本の例外もなく戦争一色となった。『肉弾挺身隊』『野戦軍楽隊』『かくて神風は吹く』そして『陸軍』といった映画では、新人女優の出番はほとんどない。彰子は手紙にこう嘆いている。

> 会社のお仕事は今のところ、田中組だけです。千葉さんが撮る様ですけど（『姿なき敵』千葉泰樹監督・昭和二〇年一月公開）、まだ初《ママ》まりません。その外の仕事は、いまのところ、かかる模様もありません。昨日なぞ、女子部のみ公休なんて云う、変な公休があったりですから。

同年、大映は若手の女優ばかり三〇人ほどを集め、航空本部所属の「芸能挺身隊」を組織した。彰子も早朝から深夜まで、関東一円の軍需工場に慰問で派遣される毎日を送るようになった。

女優たちの身分は大映社員のまま「軍属」となり、軍人が上司になった。軍属は、役所から課される一般の徴用を免除され、慰問のたび多少の俸給も支払われる。行き先は川崎や立川、浜松の軍需工場と、いずれも空襲で狙われるような危険な場所ばかりで、生きた心地はしなかった。

軍人を先頭に、続く女優たちはみなモンペ姿。省線を乗り継いで訪ねる慰問先は、軍事機密のため到着するまで分からない。事前の準備もできぬ急ごしらえの舞台では、演技研究所で学んだような本格的な芝居が出来るはずもない。寸劇や詩集の朗読、合唱の繰り返しの慰問は、演技を磨く場とはかけ離れていた。

ある日、軍の担当者から「喜劇」を用意するよう命じられた。何か明るい演目を出せという。翌日、町田や彰子が連れて行かれた先は工場ではなかった。集められていたのは、出征を間近に控えた若者たち。町田は、その日、目にした異様な光景が生涯、頭から離れないという。

「そこは、明日、南方に出征するような人たちが集められた場所だったんです。喜劇をやったんですけどね、いくらそんなお芝居をしたってね、誰も笑わないの、誰ひとり。座っている皆さん、お顔が真っ青なの。後でね、軍の人が『この人たちは明日、誰も生きていないんだ』って言われてね……」

能面のような、生気を失った幾つもの瞳。彼らが見つめていた先は、壇上の喜劇ではなかっただろう。町田はこの時の慰問の場所を詳しく覚えていない。航空本部の所管で「明日、誰も生きていない」ことから想像すると、千葉県木更津の特攻基地などではなかったかと推測される。

若者を戦地へと送る側の女優たちにも、明日という日が保証されているわけではなかった。町田が彰子と横並びで、隊列を組んで軍需工場に向かう途中のことだ。突然、上空に見慣れぬ飛行機が現れたと思った途端、息もつかせぬ勢いで機銃掃射が始まった。みな、蜘蛛の子を散らすように逃げ惑った。

「慰問した工場が、私たちが行く後先に空襲を受けて、みんな無くなっていくんです。だから私もいつか国のために死ぬ、みんな死ぬんだって、当たり前に思ってたんです。だけどあの時、飛行機が頭の上にグーンときて、バリバリバリ――ッって機銃掃射を受けた時ね、『このままここで死にたくなんかない！』って……」

町田はそこで言葉を切り、喉を鳴らして唾を呑んだ。

「その時ね、私の『死んでもいい』なんていうのは、全部、嘘っぱちだなと思った。必死に逃げて『もっと生きたい、負けてもいいから生きていたい、生き残りたい！』って、心の底から叫んだんですもの」

九死に一生を得たこの日のことについて、彰子は手紙に書いていない。市民の手紙は憲兵隊に検閲されており、軍事施設にふれれば「防諜上要注意通信」として没収されてしまう。

俳優になる夢を失いかけた彰子にとって、夫、禾門の存在が唯一の生きるよすがとなっていく。手紙には「朝鮮」の二文字が幾度も綴られている。

思っている事が、書くと、少しも意味を成してくれません。この気持を、下手な文章が綴づってゆくだけなのは、苦しい事でございます。お便り、ありがたくありがたく戴きました。地図なら斜めに十五糎《センチ》、汽車なら二日、と、目の前にぶらさがっている貴方のいらっしゃるところ朝鮮という言葉が、省線や、電車の、どんな隅で言われても、私の胸には百雷の様に響きます。

遠く離れた戦地ならまだしも、海を越えれば二日で会えるという距離感は彰子の心を揺さぶってやまない。

朝鮮で働くことはできないか。彰子は、大映本社から禾門のいる朝鮮・京城に出張する社員に再三、朝鮮での仕事がないか尋ねている。また禾門には「東京の文化工作は混沌たる状態だから」そちらでゆっくり考えたいと何度も書き送っている。

この頃の彰子の様子を知る人がいる。横浜市内に暮らす松阪佳子（八三歳）だ。松阪は禾門の一回り下の従妹で、実家は神奈川・橋本の真言宗蓮乗院である。住職の父は面倒見の良い人で、寺は常に一族の中心にあった。中でも父は、幼い頃から家庭に恵まれぬ禾門の面倒をよくみた。彰子と禾門の結婚式の写真でも、父は本来なら実父が座る新郎の左隣に写っている。

　出征した禾門に代わるように、彰子は月に何度も蓮乗院を訪れるようになった。料理の手伝いに掃除にと、とにかくよく働いた。当時一二歳だった松阪の五人の小さな弟たちは「禾門ちゃんの嫁さまが来た！」と大喜び。彰子は、まとわりついて離れない子どもたちの顔と名前が一致しなくて大変だと禾門にこぼしている。

　そんな彰子がある時、二階に上がったまま下りて来ない。不思議に思った松阪が様子を見に上がると、彰子は無言で窓の外を見つめていた。

　視線の先にある西の空は一面、深い茜色に染まっている。太陽の名残に照らし出された、憂いを帯びた横顔。子ども心に見てはならぬものを見たような気がした。

「彰子さんに『どうしたの？』って尋ねたんです。そうしたら暫くしてね、『あの西のお空の向こうには、禾門ちゃんがいるのよ』ってポツリと言うの。ああ、彰子さんは禾門ちゃんのことを本当に大好きなんだなって、本当は寂しいんだなって思ったんです。あの哀しげな横顔だけは、ずっと忘れられません」

東京の彰子と、京城の禾門。愛する夫の元へ向かおうとする彰子の人生に、間もなく「苦楽座」という劇団が現れることになる。

第八章　眠れる獅子

新劇人の〝みそぎ〟

昭和一九年（一九四四）九月一九日、八田元夫は久しぶりに東京を出て、西へと向かう電車に揺られていた。国民服にゲートル、肩からは斜めに水筒を下げている。この時代の模範的な男子の装いだが、水筒の中に入れてあるのは水ではない。最近ひどく手に入りにくくなった、なけなしの酒をこっそり持ってきた。このくらいのお供がなくては、恐らく耐えられないだろうと予想したからだ。

西への旅は、丸山から再三、参加を請われている苦楽座の移動演劇でもなければ旅行でもない。総勢約三〇人、東京の検事局と保護観察所の役人、そして、その保護監護下に置かれている演劇人たちである。新劇界から参加させられたのは八田元夫、村山知義、千田是也、滝沢修、八木隆一郎、岡倉士朗、松尾哲次といったいわば理論派として鳴らした面々で、作家では中野重治らの姿もあった。

一行の行き先は、天照大御神を祭る伊勢神宮。参加資格は、治安維持法違反の前科者たちだ。よからぬ思想に染まり道を踏み外した者たちに、神の御許で心を清めさせ、国家に奉仕する心を養成させるという、検事局が企画した「修業」の旅である。

伊勢神宮に着いた一行は、翌日の未明、軍隊式に叩き起こされた。「倭姫命《やまとひめのみこと》」が衣のすその汚れを濯いだという神話が伝わる清き五十鈴川《いすずがわ》。八田らはふんどし一丁にさせられ、川の中に放り込まれた。放り込んだ側からすれば「沐浴させ身を清めさせた」ということになるだろう。沐浴の後は「内宮前神都道場《しんと》」に移動させられて「研修」が始まった。この時のことを八田はよほど屈辱に感じたのか、「チイチイパッパをさせられた」としか書いていない。

同じ「修業者」のひとり、人形劇団プークを主宰する川尻泰司《たいじ》の手記には、その「チイチイパッパ」の内容が詳しく書かれていた。道場長と呼ばれる神主風の男が、五〇畳はあろうかという大広間に現れた。

木綿の白無地の着物に黒の袴といういでたちのこの道場長は、訓示がおわるや、満面にわざとらしい笑いをあふれさせ、ややおどけた調子で『さあ、みなさん童心にかえりましょう』というような呼びかけとともに、三十人程の全員（参加者と観察所の役人）を広間の真中に一列の大きな弧を描いてならばせた。そしてわれわれは彼の音頭で、『お遊戯』させられたのである。

彼はいかにも楽しげにという風に、手足を動かして『そーらにあがったヒコーキがー、にしから、ひがしにとんでったー、ぼくらもチョイトのりたいな……』と大声で歌いながら踊った。／もちろんわれわれは、彼の身振りを見ながら、それをまねて、大声に歌い踊らなければならないのである。

……いっしょにやっている村山（知義）、千田（是也）、八田（元夫）、死んだ岡倉（士朗）はじめ多くの演劇人や観察所の役人たちが、それぞれ多かれ少なかれ何かてれくさそうにやっている……（「中野重治と童心」）。

伊勢での「修業」を終えた一行は、東京駅に戻り、その足で皇居前の二重橋に連れて行かれた。そこで「いやさか――！　いやさか――！」（「弥栄」＝天皇家の繁栄を願う言葉）と叫びながら玉砂利に土下座をさせられた。八田は「コンチキショー！」と思ったとノートに書き殴っている。

思想犯の「強制収容所」

伊勢神宮での修業が終わって一ヵ月後。八田は演出仲間の村山知義と警視庁まで出向いた。商業演劇の裏方で演出の手伝いをする許可を内々で下ろしてもらうためだ。居丈高な特高から虫けらのように扱われ、それでも頭を下げて出て来て、皇居のお堀端を二人で歩いている時、村山がぽつりとつぶやいた。

「いつになったら、こんないやな時代でなくなるのかなあ」

プロレタリア演劇の闘士として新劇界を疾走してきた男が漏らした弱音に、八田は少し驚いた。

先の一斉検挙の時、村山は八田より半年ほど長く牢屋に入れられ、かなりこっぴどく絞られていた。それ以前、村山は昭和七年（一九三二）にも投獄されていて、その時は「共産党のアジトを知っているはずだ」と相当な拷問を受けてもいた。それでも新劇界に踏み留まって舞台を続けてきた村山が、さすがに今度の裁判では「二度と国策には反抗しません」と明言したらしいことも噂に聞いていた。

村山は出獄してからは家に閉じこもり、ベニヤ板をかき集めてきては趣味の油絵を描いていた。八田もモデルになってくれと頼まれて、何度か訪ねた。モデル代をもらうどころか、逆に額縁代を取られた記憶がある。

その村山が後日、神妙な顔で八田の家にやって来て、思わぬ相談を持ち掛けてきた。

「東京にいても不自由なばかりだから、一緒に朝鮮に渡って演劇の仕事をしないか」

あまりに唐突な話だった。保護監護下にある身では、本土はおろか東京を離れることすらできるはずもないじゃないかと答えると、村山は続けた。

「この話には確かな当てがあるんだ。仕事の半分は君にやる」

村山は、ある裁判官の名前を持ち出した。

八田と村山の審理を担当した裁判官は、同じ人物だった。いつもダブルの背広を着こんだ目立つ男で、裁判所で「モダンボーイ」と呼ばれた飯塚敏夫裁判官である。

村山は二審の判決を言い渡されて暫くしてから、その「モダンボーイ」に呼び出しを受けた。それも自宅に来いというのである。

怪訝に思いながら村山が訪ねると、裁判官の書斎には『アラビアンナイト』の訳本がずらりと並んでいた。意外にも嗜好は近いらしかった。飯塚裁判官は、「私は芸術家としてのあなたを非常に好きだ」と切り出し、村山はこんな話を聞かされたという。

彼（裁判官）がいうには、じつは参謀本部であなたたちのような人を富士山麓に集めて、鉄条網張って、そのなかでドイツのコンセントレーション・キャンプ（強制収容所）、あれと同じようなものをつくっていれてしまうということを考えている。沖縄決戦がはじまるから危い、どうもあなたを殺すのはしのびないから、あなただけは朝鮮へ逃がしてやるからというんですよ。……「自分は朝鮮総督府の文化部の長官をよく知ってるから、手紙を書いてやるからよろしく頼みなさい」ということでした。それでぼくは紹介状をもらっていったんです（『悲劇喜劇』昭和四七年四月号）。

ナチスがユダヤ人に対して行ったような強制収容を富士山麓で行い、そこで思想犯を抹殺しようという計画が進んでいたとは、にわかには信じがたい事実である。しかし、村山のような保護監護下に置かれた前科者が、翌年には実際に東京を出て朝鮮半島にわたっており、京城に着いてからも「文化部長」から直々に仕事場を斡旋されている。執行猶予中の元思想犯に対する破格の厚遇に、裁判官の話が作り話とも思えない。

昭和一五年発行の『大日本司法大観』を見ると、確かに飯塚敏夫裁判官は実在した。オールバックで目鼻立ちがはっきりした風貌は「モダンボーイ」の呼び名にふさわしい。飯塚裁判官は、八田と村山より六歳年上の明治三〇年（一八九七）生まれ、東京帝国大学法学部を卒業して裁判所に入り、初任地の横浜を除いてずっと東京勤務だ。昭和七年からは司法省の精鋭が集まる刑事局に長く勤めていて、エリートコースを歩んだ裁判官であることが分かる。

さらに昭和一二年に司法省調査課が発行した『司法資料』（第二三九号）には、飯塚裁判官が満州国の司法部刑事司長として、刑法の制定にかかわった実績が紹介されていた。満州国での仕事を広く手掛けている経歴からも、朝鮮総督府の文化部長官に紹介状を書ける立場にあったことに疑問はなさそうだ。また刑事局の幹部であれば、「参謀本部」や特高、憲兵の内部情報を掌握していたとしても不思議はない。

敗戦直後、こういった当局の極秘資料は意図的に焼かれていて、思想犯の強制収容所設置に関する証拠は今のところ見つかっていない。だが、村山が飯塚裁判官から聞かされた話の信憑性は決して低くはないように思える。

八田にとって、富士山麓の強制収容所に収容されることを思えば、隠れて酒も飲めた伊勢神宮研修の方がはるかにましだったといえるだろう。もし、あの戦争に敗れていなければ、この国は一体どんなことになっていたのかと思わされる話である。

『浮標』の熱情をもう一度

八田元夫が、村山から誘われた朝鮮行きを断ったのには理由があった。

いよいよ苦楽座移動演劇隊に参加して、演出の仕事を手がける決心が固まりつつあった。丸山から最初に依頼を受けてから九ヵ月。八田が危険を冒してまで重い腰を上げたのは、三好十郎からの依頼が重ねてあったからだ。

執行猶予付きの判決が確定して以降、八田は父の駒込の家を出て、西片町（現在の文京区）に引っ越していた。義母の紹介で妻も得た。この頃から三好十郎も再び、何かにつけて顔を見せるようになった。昭和一九年に入ると食糧は日毎に手に入りにくくなり、八田は「手製のドブチンスキー」（偽ウィスキー）を用意したり、三好は三好で、山ごぼうを乾燥させた自家製の代用たばこを持ってきたりして頻繁に行き来をした（山ごぼうたばこだけはいがらっぽくてとても呑めなかったという）。

昭和一九年一一月、三好から八田に長めの手紙が届いた。数日前の八田宅への訪問の礼に続いて、おそらく戦時下になって初めて、仕事の依頼が書いてあった。仕事の現場は苦楽座移動隊、演目のタイトルは『獅子』。三好が前の年に書き上げた劇曲だった。

昨日、旅先（移動演劇先）の丸山定夫より手紙が来て、それによると……「十二月は五日休養、十日間稽古して十二月十五日頃から移動に出る予定。その十二月の移動に《獅子》その他一本をやりたい。そして《獅子》はそれ以後当分あちこちで移動したい。演出は三好に頼みたし、もし三好さしつかえがあれば八田に頼みたし、いずれにしても《獅子》を一時間四十五分位で演了するようテキストレジーしてほしい。……十二月早々稽古に入りたし」とある。いろいろ考えた末、これは君に演出をお頼みしようと思った。先日の話もあり、御諒察の上、引受けてほしい。……『獅子』移動で成功させる必要は、唯単に僕だけの、又クラク座だけの問題でなく、もっと大きな問題だと思う。……その辺君に云う必要もあるまいが、フンドシをしめてかかってほしいのだ。

三好十郎の『獅子』は、農村を舞台にした一幕物である。「国策おかか」と呼ばれる鼻っぱしらの強い恐妻、お紋と、その尻に敷かれっぱなしの口数の少ない夫、吉春。夫婦の間には愛娘、お雪がいる。母はお雪を溺愛し、有力者の息子に嫁がせようとする。お雪には別に思いを寄せる青年がいるが、母に打ち明けられないでいる。そんなお雪の気持ちを、父は少なからず察している。この三人の親子の緊張関係の中で物語は進む。

　吉春は酒で財産を失った過去に引け目があって恐妻にはやられっぱなしだが、実は芯の太い男だ。真実を見抜く力を持っている。かつては村で一番勇猛に獅子舞を舞う男として尊敬されたが、落ちぶれてから獅子舞は封印している。

　吉春はお雪の気持ちを察し、自分が信じるもののために生きることの大切さをさりげなく娘に説く。お雪は、母からの期待と父からの示唆の間で静かに葛藤する。

　近所の村人たちの様々な思惑も絡み合い、お雪は母が強引に進める見合い話に押し流されていく。だがクライマックス、お雪は自分の結婚の祝儀が開かれようとする最中に、意中の青年と手をとりあって満州へと駆け落ちする。二人を乗せた汽車が、家の前を通り過ぎる。母が半狂乱になるそばで、父は娘の幸せを祈って渾身の獅子舞で見送る。〝眠れる獅子〟はついに目覚め、娘に向かって絶叫する。

「お雪！　しっかりやれよ！　幸せにやれよ！　あとの事は心配すなよ！　人間一生一大事の時は、自分がホントに正直に、したいと思うことを思いきってやらんならんぞ！　それが人間の道じゃあぞ！　……アッハハハハ、それでええのじゃ！」

三好は、満州への移住を奨励していた国策に沿って、駆け落ち先に満州を選んだ。劇中には、お雪の母親をはじめ大勢の戦争協力者を登場させている。そうやって巧みに検閲を通したのだが、その実、お雪の行き先などどこでもよかった。戯曲は、人間が自分の意志で人生を選び、生き抜くことの尊さを描き出そうとした。『獅子』は、国家総動員体制に象徴される戦時下の人間の生き方に対して、少なからず〝毒〟を持っていたといえる。八田は一読して、この戯曲の魅力に引きこまれた。あきらめかけていた世界が、再び手の届く場所に来たと思った。

丸山は、苦楽座を率いて一ヵ月間の予定で移動演劇に出ていた。北陸から岐阜、岡山、広島、九州まで回るという長丁場の旅にあって、『獅子』をやらせてほしいと、三好に何度も懇請の手紙を出している。

一一月二三日、三好のもとに、今度は金沢から丸山の手紙が届いた。その内容から、この時には八田がついに苦楽座での演出の話を引き受けたことが分かる。

八田さんが行ってお話したでしょう。今の様な一日二回興行で毎日土地が変り、而も乗り初（現場について即初日）では到底けい古も本読みも覚束ないけれど、福井辺から同じ土地で二日打つのが多くなるから、そうしたら獅子の読み合せにかかる積りで出す。演出者（八田の名前は伏せている）は姫路辺へ来て呉れる手筈になっています。

……正月は好い旅をしたいと願っています。カマさん（藤原釜足）も吉春をとてもやりたそうです。文六（吉春の弟役）もやりたいといってはいますが。……／ボカンボカンと来たらうまく待避して下さい（こちらは幸いにまだ一度も）。

昭和一九年一一月末、八田は苦楽座に合流した。記録上、苦楽座の演出家の名前はすべて「丸山定夫」と記されているが、実際はこの時期から八田元夫に代わっている。

丸山はなぜ『獅子』にこだわったのか。丸山自身はその理由について何も書き残していない。

八田はなぜ、危険を承知で苦楽座の移動演劇に参加を決めたのか。それはひとえに、演目が『獅子』だったからである。

三好はこの時期、何本も情報局嘱託作品を書いている。三好なりの苦悩はあったかもしれないが、その多くが当局の機嫌を損ねぬことに腐心して書かれていた。そうして書けば書くほど、評論家たちからも評価されるという負の連鎖に陥っていた。ところが『獅子』だけは、評論家の評判は極めて芳しくなかった。そのことは『獅子』が時局の要請に正しく応えていないことを意味した。戦争鼓舞作品の中に、三好はそっと静かに置くように『獅子』を紛れこませたのである。『獅子』に取り組もうとする八田と丸山の意気込みは、八田の次の記述に尽きる。

丸山が「獅子」にうちこみ、私がその移動（演劇）の最後までつきあったのも、「獅子」の中に、ぎりぎりの地点においこまれた三好の最後の抵抗をくみとったからであった。戦争下のヒューマニズムの、そしてリアリズムの最後の拠点としての「獅子」であったからだ（『三好十郎覚え書』）。

戦争が始まる前年、丸山・三好・八田で挑んだ『浮標』。それから五年、三人は再び舞台の上に「戦争」ではなく「人間」を描き出そうとした。

動き出した『獅子』

満を持して臨んだ『獅子』、その稽古と上演の記録を八田は膨大に書き綴っている。誰の記憶にも残らないような田舎での旅巡業に至るまで、自分たちが必死にもがいた軌跡を何としても残そうと思ったのだろう。これから辿る『獅子』にまつわる登場人物の会話や具体的な描写のほとんどは全て八田の資料を基にしている。

昭和二〇年が明けてすぐ、丸山と八田を筆頭に、苦楽座の一行は盛岡の繋《つなぎ》温泉へ向かった。正月早々、『獅子』の泊まり込みの合宿をするためである。みなの滞在費は、苦楽座が前年末に行った一ヵ月半の移動興行であがった利益をすべて注ぎ込んだ。厳しさを増す時勢にあって、東北の温泉で合宿するという異例の活動に踏み切ったのは、岩手が園井恵子の故郷だったからである。

前年の暮れのことだ。移動演劇の過酷さに、さすがの園井も音を上げて退団をほのめかすようになっていた。『無法松の一生』への出演で一躍、全国的なスターになった園井は、その気になれば映画も舞台も引く手あまただった。

苦楽座は、丸山・園井の二枚看板でやってきた。丸山がいくら名優でも、それ相応の相手が必要だ。丸山にとっても苦楽座にとっても、園井を失うわけにはいかなかった。そこで岩手の実家に戻る園井に合わせ、正月に丸一週間、岩手で新作の稽古を立ち上げることで園井に熱意と誠意を見せようとした。

八田は、盛岡合宿での初日に『獅子』の配役を発表した。

『獅子』の舞台にて。園井恵子と丸山定夫（提供・早稲田大学演劇博物館）

主役の父親・吉春は丸山定夫、「国策おかか」と恐れられる母親・お紋には園井恵子を据えた。お紋の台詞は荒っぽくて矢継ぎ早でほとんど悪態に近く、ボリュームも芝居全体の半分を占めるという大変激しい役である。女性像としては『無法松の一生』に描かれた未亡人と生まれも育ちも性格も、まったく正反対。園井は、ほとんど初めてともいえる汚れ役に躊躇した。本当に自分でいいのか、どうも自信がない、別の女優の方が合っているのではないかと何度も八田に問うてきた。八田はそれにこう答えたと書いている。

「貴方は今迄やった事のない役柄かもしれない。凡そ貴方の持っている生活環境とは、かけ離れた生活内容です。然し自分の柄だけで考えてやっていたならば、俳優はいつ迄たっても成長しない。もう二十ぺんくらい読んで御覧。それからお百姓の生活を知ることだ。二、三日田舎に行って鍬をかついでくるんだね。モデルを真似ることではなく、農村の生活を貴方の肌で感じることだよ」

演じることに関しては負けん気の強い園井だった。いったん稽古が始まると、「国策おかか」の役作りに没頭していった。七転八倒しながら必死に稽古する様子からは迷いも消え、いつもの園井に戻っていた。どのような苦境にあれ、演じることの魅力と苦しみはいつも役者を虜にする。

苦楽座の盛岡合宿には思わぬ珍客があった。

八田が明治大学の時間講師として教えたことのある盛内政志が突然、宿を訪ねてきた。地元で細々と演劇を続けていた盛内は、盛岡地検の長谷川潔検事正から直々に使わされたと説明した。

長谷川検事正の前職は、東京の保護観察所長である。八田ら治安維持法違反の前科者たちを監督する組織のトップだが、長谷川は実は大の演劇好きだった。この長谷川のお陰で、八田はじめ多くの演劇人が〝覆面〟で芝居をすることに目をつぶってもらっていたという事情があった。

苦楽座が盛岡を訪れる際には、所轄官庁に事前に申請して許可を得なくてはならず、地検の長谷川にも情報が入った。長谷川は盛内を呼び出してこう言ったという。「丸山定夫や八田元夫なんかが来ているんだよ、繋温泉にいるから、君迎えに行って、盛岡で君が主催して何かやったらいいんじゃないか」

驚いたことに、公には禁じられている新劇の集会を検事正自らやれという。移動演劇以外では上演されなくなって久しい苦楽座の新作を見てみたいと思ったのだろう、検事正もまた「モダンボーイ」こと飯塚裁判官と同じく、密かに芝居に魅いられたひとりだったようだ。以下は盛内の証言。

翌日（苦楽座を）盛岡へご案内して、岩手県公会堂の談話室に全部暗幕を張り、電灯一つみえないようにして、なんせすぐ目と鼻の先に盛岡警察署があり、私はもう半分ビクビクもの。見つかれば責任者は始末書くらいじゃ済まない時代ですから、覚悟してやったんですが、その時繋温泉で充分稽古してきた「獅子」の素稽古をやって下さったんです。……大変熱の入ったその素稽古を見せて戴いたあと、丸山さんが詩三篇を朗読して下さった。あまりに朗々と、その声量がよ過ぎて、外に聞こえはしないかと心配したくらいでした（桜隊原爆忌の会・一九九〇年会報）。

昭和二〇年の正月は、寒さの厳しい東北も例年以上によく冷えた。丸山はどこで手に入れたのか「将校の履くような皮長靴《ママ》」を履いていた。それで凍結した道路の上をスーッと滑っては転び、滑っては転んで声をあげて子どものように無邪気に喜んでいた。それが盛内青年の見た名優、丸山定夫の最後の姿となった。

穏やかな岩手の田舎から一転、東京に戻ると、前年一一月から始まった夜間空襲は激しさを増していた。毎晩のように警戒警報、空襲警報が鳴り響き、丸山の元には頻繁に誰かが焼け出されたと報せが入る。団員たちは次第に苦楽座を離れ始めた。

まず徳川夢声が脱退した。今後はラジオの仕事をしながら、空襲に備えて家のことに専念したいという。前年の暮れ、苦楽座の九州巡業から東京に戻る間、窓から人が乗り降りする「殺人列車」に難儀した。立ったまままいつ漏らしてしまうか気が気ではなかった。結局、東京まで丸二日もかかった。夢声はもう二度とこんな旅は御免だと思った。岩手合宿にも参加しなかった。丸山は何度も夢声の自宅や楽屋を訪ねて、もう一度いっしょにやってほしいと懇願したが、夢声の決意は変わらなかった。

もう一人、丸山の盟友だった藤原釜足もまた、月末から始まる巡業の話を持ちかけても、のらりくらりと色よい返事をしない。藤原はとうとうそのまま、京都へ映画の撮影に出かけてしまった。苦楽座としては、これまで舞台を支えてきた大物俳優二人を失うことになった。

『獅子』初公演

一月二四日、苦楽座は、新年最初の旅巡業に出発する。

この時期の苦楽座の動きについては、苦楽座の俳優、池田生二《せいじ》の手記にも詳しい。それによると、この巡業は新作『獅子』を上演する初めての旅となった。

東京での稽古はたびたび空襲で断絶し、急な脱退者も出て、結局、全員そろっての舞台稽古はできないままの見切り出発。俳優と演出、裏方あわせて何とか寄せ合わせの一五人がそろったのは出発間際のことだった。舞台装置も寸法など細かな打ち合わせのできないまま製作され、別便で現地へと運ばれた。

初日の会場は神奈川・国府津《こうづ》で航空機を製造している民間の工場だ。八田の遺品にあった移動演劇の写真はこの時のものだろう。会社の講堂に早めに舞台装置を組んでみると、案の定あちこち見切れ、張り物も足りなかった。八田をはじめ裏方が総出で修正に修正をかけ、辛うじて舞台らしい形に仕上げた。

神奈川県国府津で。昭和20年1月（提供・早稲田大学演劇博物館）

一八時半、舞台が開いた。観客は三百余人、ほぼ満員である。例のごとくまず宮城を遥拝し、出征兵士の武運長久を祈り、靖国の英霊に黙禱した。

上演時間は、連盟から指定された国策演劇『太平洋の防波堤』が四五分間、そして三五分の幕間を挟んで『獅子』が一時間四五分である。この時間配分からも、苦楽座がいかに『獅子』に力を入れていたかが分かる。上演の間中、八田は観客席の最後列に陣取り、手元の駄目出し帳にメモを取り続けた。

初日は、最近では珍しく空襲警報が一度も鳴らず、芝居を途中で止めずにすんだ。まずは何とか「通し」で演じることが出来たといったところである。旅館に着くと、八田はすぐさま全員を集めた。「獅子はこれからが始まりだ」と俳優たちにダメを出しまくり、それぞれに次の課題が与えられた。特に丸山への指摘は厳しいものになった。本来は芯の強い男であるはずの吉春が、単に無口でひ弱な男にしか見えてこない。丸山はいつもの集中力を欠いていて、今ひとつ役に入れていなかった。この頃、家庭生活でのトラブルが続いていたと八田が知るのは、もう少し後のことだ。

一月二六日は午前中に国府津から小田原へ移動、夜に電池工場での上演が予定されていた。全員で改めて前夜のダメ出しの確認をした後、夜の上演まで二手に分かれて動いた。八田は翌日の会場の下見へ向かい、残りが「大食堂兼講堂」に舞台装置を組み立てていく。常に翌日、翌々日の公演場所の様子を探りながらの移動が続き息をつく暇もない。

芝居は何とか無事に終わったが、八田が控室に戻ると大切なコートが消えていた。どんなに管理の行き届いた工場や事務所であっても、物不足の時代に油断はならなかった。丸山など前年の九州巡業で二度も靴を盗まれていて、身の回りの品は絶対に手放そうとしなかった。

月明りの下、工場が手配したトラックで旅館へと向かう。途中で警戒警報が発令され、寒空の下、一時間あまり立ち往生した。コートを失くした八田は、多々良純が持

前列左から島木つや子、園井恵子。永田靖。ひとりおいて丸山定夫。２列目左から高山象三。仲みどり。八田元夫。多々良純（提供・桜隊原爆忌の会）

参していた毛布を借りてくるまりながら、一言もしゃべらずブルブル震えた。いきなり移動演劇の過酷さが骨身に染みた。

一月二八日の会場は、富士フイルム南足柄工場。

この日は苦楽座にとって、ある意味で記念すべき一日となった。場所がフィルム会社だったこともあり、苦楽座全員が集まっての記念写真が撮影されたのだ。現在に残る、たった一枚の苦楽座の集合写真である。

団員は一五人、隊長の永田靖を中心に、国民服姿の丸山定夫、八田元夫、多々良純、高山象三ら男性が一〇人、女性は園井恵子を筆頭に五人である。このうち半数は三ヵ月後には退団してしまい、ごっそり別の俳優陣に顔ぶれが変わることになる。厳しい巡業に団員は定着せず、出入りは常に激しかった。

連盟からの派遣要請は休みなく続く。一行は神奈川県下で一一回の公演をこなして東京に戻り、さらに二週間後、ほぼ同じメンバーで広島巡業に向かっている。苦楽座は、これから半年後の夏に再び広島に滞在するのだが、その前に一度、広島を訪れていたことになる。

広島は、さすが西日本一の軍事都市だけあって、各公演の観客はどこも一〇〇〇人規模でやりがいもあった。中でも宇品《うじな》の陸軍船舶司令部の凱旋館で上演した時には、二〇〇〇人もの兵隊が押し掛けた。

それまでの小さな村や工場での巡業に比べると、広島巡業は、いわば東京の劇場で公演する雰囲気に近かった。軍の施設は音響設備が整っていて、『獅子』に不可欠な汽車の音も、実際に録音した音声をそのまま場内に流すことができた。いつもヘトヘトになる旅館と公演場所の移動も、軍が運転手付きのトラックを時間通りに手配してくれ、時には兵隊まで応援に付けてくれるという徹底ぶり。公演の後は、その頃はもう滅多に口に出来なくなっていた酒や肉などのご馳走が振る舞われることもたびたびあった。

　二週間にわたった広島巡業で、八田には忘れることの出来ぬ舞台があった。二月二〇日、広島陸軍病院第一分院でのことだ。

　陸軍病院は広島市の心臓部、第五師団司令部の練兵場の脇にあり、戦線で負傷した大勢の傷病兵が入院していた。この半年後には「爆心地」となり、焦土となる場所である。病院にはこれまで歌謡や浪花節、漫才などの慰問はあったが、芝居が来るのは初めてだという。それも丸山定夫や園井恵子といった大スターが来るとあって定員八〇〇人の会場はすぐに満員になり、松葉杖で立ったまま観劇する者までいた。

　予定通り、『獅子』を上演し、観客の患者を代表して若い兵士が感謝を述べた。彼はお決まりの謝辞を述べた後、ひときわ力を込めてこう語った。

「今日、吉春の『人間一生のうちで本当にしたいことがあったら、その時は崖から飛び降りるつもりでせにゃならんぞ』という台詞を聞いて、とても感銘深く思いました。ここにいる一同もきっと、胸打たれることが多かったに違いないと確信していま す。私自身、そうやって生きていこうと思いました」

　若くして肢体不自由となった兵隊の力強い言葉に、八田は胸が熱くなった。三好十郎の『獅子』は、お国のために生きろとは言っていない。自分のために、自分が信じるもののために必死に生きろと言っている。作者が劇曲に込めた思いが今夜、俳優たちの演技を通してまさに観客へと伝わった。『獅子』を信じてやってきたのは決して間違っていなかったことを八田は確信した。

広島での二週間、俳優は日に日に上達し、舞台もなかなかの出来になりつつあった。不思議なもので、同じ演目を長く持って回っていると、最初はスタートの出遅れていた吉春役の丸山が突出して存在感を醸し出してきた。

最初の頃は、恐妻の尻に敷かれてばかりの弱々しい男という、どこか解釈の浅い吉春だった。その分、ラストで娘を見送る勇猛な獅子舞が生きてこないと八田はダメを出し続けた。最初の小さな間違いが、劇の終盤になると大きなズレを生んでしまう。それがいつの間にか、丸山の吉春は口数こそ少ないが、どこか一本筋の通った男の空気と存在感をまとうようになっていた。まさに「眠れる獅子」吉春である。ぐんぐん加速する丸山に、周りの演技も引っ張られていく。たとえ移動演劇という即席の舞台であっても、日に日に成熟していく『獅子』に、八田もまた演出者の醍醐味を味わった。

三月三日午前、一行は広島での上演をすべて終えて広島駅を出発した。どこへ行っても疲労困憊させられる移動演劇だが、広島には特別に良い印象を残した。

東京へ戻る途中、園井が神戸で降りるという。聞けば、六甲にある宝塚時代の支援者の家に寄って帰るというので、八田は園井の大荷物を持って、その家まで送り届けた。そのくらいしないと、難しい役を与えて無理難題を押し付けて来た演出者として申し訳がない気持ちがあった。八田はこれから五ヵ月後、重大な使命を負って再びこの邸宅を訪れることになる。

全劇団を強制疎開

昭和二〇年三月一〇日、東京は未曾有の大空襲に見舞われた。

たった一晩で東京の下町は焼夷弾に焼き尽くされ、一〇万人以上が焼死、町のいたるところに遺体の山が出来た。築地小劇場も、無残に焼け落ちた。大正一三年（一九二四）から二一年間、踏ん張り続けて来た新劇の拠点はとうとう灰燼《かいじん》に帰した。

苦楽座の関係者はほぼ全員が山の手に生活していたため、被害は免れた。しかし大空襲を契機に、日本移動演劇連盟は新たな方針を打ち出す。それは、ようやく『獅子』に手ごたえを感じ始めた苦楽座の今後を一変させる出来事となった。

三月下旬、連盟は傘下の劇団の代表者を一堂に招集した。連盟本部の建物も三月一〇日の大空襲で焼け落ち、永田町の手狭なバラック建てに仮住まいである。そこで全劇団に対して、近日中に地方へ「疎開」するよう命令を下した。

アメリカ軍の空襲が激化して鉄道が遮断されたり、列車が機銃掃射を受けたりして、東京から地方へ頻繁に移動することが難しくなっていた。そのため、各劇団を地方に分散して住まわせ、その周辺の地域に限定して移動距離を短くしたうえで公演を持たせるという計画だ。

当局がここまでして移動演劇の機能を保とうとした背景には、それが果たしてきた大きな実績がある。日本移動演劇連盟が結成されて以降、昭和一七年の公演回数は延べ一〇〇〇回以上、観客動員数は二〇〇万人を突破。当局が都内の劇場を一斉に封鎖した昭和一九年には公演回数三九〇〇回、観客動員は四五〇〇万人を超えるまでになっていた（伊藤熹朔『移動演劇の研究』等参照）。加えて連盟は移動演劇を支援する業務に携わる事務方を多く抱えており、劇団の活動を止めてしまうわけにはいかなかった。

疎開命令を受けて、東京周辺に住居を持つ多くの演劇人は芝居をやめた。もはや明日、自分がどう生き延びるかで精一杯の中、芝居のために地方都市へ引っ越すという選択はあまりに非現実的で、幾つもの劇団が自然消滅した。

残ったのは苦楽座、文学座、吉本隊、瑞穂座など一二劇団。全て当局の要請する「疎開」に応じることになった。

問題は、どの劇団がどこへ行くか。連盟は候補地として、北海道、石川、山形、仙台、名古屋、広島などをあげた。各劇団の代表を集めて希望を募ったが、特に広島行きにはどの劇団も難色を示した。東京からの距離で言えば、広島は遠い。同じ月に米軍は沖縄に上陸しており、西行きは敬遠された。しかも広島は、なぜかまだ一度も空襲を受けておらず危険性が高い。しかし連盟としては、軍都広島にだけは絶対に穴を開けるわけにはいかない。戦時協力のための移動演劇なのだ。

議論が停滞する中、手を挙げたのが苦楽座の丸山定夫だったと、当時、連盟の総務課に勤務していた俳人の安住敦は証言している。

あの先生どうしてだか、広島をしきりに好んでた方で……移動演劇連盟が方々に分散疎開する話が起こりました時、これは連盟の中での会議ですが、丸山先生は「じゃあ広島はおれが行くよ」とはっきりおっしゃって（桜隊原爆忌の会・昭和六二年会報）。

丸山にとって広島は、かつて大津賀八郎率いる青い鳥歌劇団に飛び込んで俳優人生をスタートさせた思い入れの深い地だ。加えて、故郷の松山に近いことが心理的に影響したのではないかと、池田生二は後に語っている。こうして四月、誰も行きたがらない広島疎開を丸山の苦楽座が引き受けるかたちで、連盟の疎開計画はまとまった。

池田生二が戦後、元情報局の知人から入手した極秘文書がある。厚さ二センチほどの書類の束はすべて、移動演劇関連の記録である。その中に「社団法人日本演劇聯盟」が制作した「聯盟所属劇団地方疎開並荷物数量表」という一欄が含まれていた。苦楽座は隊員一八人、荷物数六四個、行先は「広島」と記されている。また連盟の専属劇団くろがね隊の疎開先は「(都市は未定)九州」となっているが、結局この疎開は実現せず、くろがね隊は東京に留まった。

文書の最後の備考には、これら劇団の疎開は、四月七日決定「地方常駐規定」によるものであることが付されている。規定はわずか五条の条文で、第三条に「会長ハ劇団ニ対シテ地方常駐ヲ命ズルモノトス」とある。この短い一行で、苦楽座の運命は決まった。

その三日後には「附則」が制定され、取り急ぎの「疎開手当支給規定」が定められた。疎開した隊員には一時金として疎開特別手当「金壱百五拾円」が支給され、月額の手当として疎開普通手当「参拾円」が支払われるとある。少なくとも、これを目当てに疎開をする者はいなかっただろうと思われる程度の額だ。

文書の束には、各劇団が疎開する先の町長と農業会長宛てに発せられた「劇団疎開常駐ニ関スル件」という依頼書もあった。依頼主は「日本移動演劇聯盟会長　藤山愛一郎」名義になっている。

その内容は、国策の遂行と国民文化の向上のため移動演劇の任務がますます重要になってきたので劇団をそちらに疎開させる、ついては「時局柄御多忙ノ中」大変申し訳ないが、「住宅並生活必需物資ノ配給等」に格段の配慮をお願いしたいというものだ。劇団の移住に関する衣食住の支援は事実上、地方の町村に丸投げするということだった。

現実には、地方行政もまた様々な点で戦争末期の混乱の中に置かれていて、東京からやってきた劇団のために特別な準備をはかることなど出来る状態にはなかった。隊員の縁故を頼って疎開した文学座など幾つかの劇団を除いては、知る人もいない地方の町で、ほとんど何の準備もないところから自力で疎開生活を立ち上げる羽目に陥っている。

苦楽座の広島疎開に対して、池田生二は「広島行きは危険だ」として反対した。広島行きを断って、池田の知人が受け入れ態勢を整えてくれるという諏訪への疎開を提案した。しかし、連盟がいったん決めた広島行きが覆ることはなかった。

「獅子とともに」八田の決断

四月上旬、八田の自宅に丸山がやって来た。苦楽座の広島行きが正式に決まったことを報告するためだ。多くは語らず、自分は『獅子』を広島に持ってゆくつもりだとだけぽつりと言った。

丸山はこの春、二人目の妻と別れ、独り身になったことも八田に初めて打ち明けた。この一年近く、妻も愛人もいずれも手放したくない男の身勝手で騒動が持ち上がっていたことは八田も薄々知っていた。最後は妻が三好十郎の家に駆けこむかたちで、別れ話に決着をつけたという。

つい先ごろまで、丸山の演技に時々、どこか荒んだところが見えたのも、そんなことが影響していたのだろうかと八田は思った。八田は演出メモに、「自分の生活に嘘がなくなり、いいわけをする必要がなくなると、それが演技の上にもはっきりと出て来る。……特に生身のからだをさらしものにして、芸術的形象を創上げていかねばならない俳優の芸術には、それがまざまざと出て来るからおそろしい」と書いている。

今の丸山は、どこか吹っ切れたように見えた。上京して二十余年、東京で築いた全てを清算し、服も本も売り払い、身ひとつで『獅子』に挑む覚悟だという。

確かに、広島はまだ一度も空襲がない。二月の旅巡業で見たように、陸軍も海軍もあれだけ大規模に展開している町なのだから、早晩、何かあるだろう。三月のような大空襲があれば、自分たちも無事ではいられないかもしれない。

しかし八田にとっても『獅子』は、演出家として手放すことの出来ぬ舞台となっていた。ここで丸山が役者として一皮剝けるのか剝けないのか、この名優がとことん己を突き詰めた先にどんな演技を見せてくれるのか、演出家として見届けてやろうと思った。

かつて丸山から苦楽座の移動演劇に参加を請われた時、あれほど迷いに迷った八田だったが、今回は広島に同行することを即決した。八田はこう書いている。

劇団に天下りのいやらしい脚本を全部はねかえすだけの力はない。獅子は、かつては進歩的であった演劇人たちの微力乍ら精一杯のレジスタンスだ。……私の肩書きは大道具。名前なんかどうでもいい。昔の仲間達と仕事ができるだけでいい。条件の悪い中で、これ（獅子）を押切る事は大変難しい。しかし丸山定夫を先頭とする苦楽座移動隊の作品への愛情――観客への愛情は、一寸移動には見られない立派な舞台になっている。これを止めてはならない。

三月の大空襲以降、苦楽座に参加していた若い女優たちは次々に故郷へ戻ってゆき、団員はあっという間に一〇人を切った。

特に丸山と園井の娘役「お雪」が欠けたのは痛手だった。お雪の役は、これまで数人の女優たちが入れ代わり立ち代わり演じて来たが、さすがに広島への移住にはみな参加を断った。

そもそも『獅子』という芝居は、吉春とお紋夫婦、そしてお雪という三人の親子の微妙な緊張関係が舞台を進めていく。特にお雪役は感情表現こそ少ないが物語の帰趨を握る複雑な役で、付け焼刃で演じられるようなものではない。一刻も早く代役を探さねばならなかった。

丸山は広島行きを前に、必死に俳優を探し回った。築地小劇場時代の同志で病気療養中だった山本安英をはじめ、思いつく限りの女優の家を訪ねた。久しぶりに映画会社にも出向き、旧知の俳優たちに声をかけた。東京放送局を訪ねて、時間のある俳優はいないか当たった。『獅子』を上演するには、お雪の他に、まだ五人程度の俳優と裏方が必要だった。

あと一人、もう一人と、丸山の必死の奔走が続いた。

第九章　戦禍の東京で

お雪、森下彰子

昭和二〇年四月、四谷倶楽部で行われていた苦楽座の稽古に、ひとりの若い女性が姿を現した。間もなく六月の誕生日で二三歳になろうとする、森下彰子だった。

彰子は大映の社員俳優だったが、丸山らの必死の勧誘に応えて、迷った末に苦楽座に参加することを決めた。大映からは「期限付き」という条件で許可が下り、苦楽座との契約はひとまず九月までの半年間。この間、彰子は『獅子』のお雪という大役を演じることになった。

八田元夫はひとまず、お雪役の欠員が埋まって安堵した。これでようやく本格的な稽古が再開できる。初対面の彰子は、山の手の生まれ育ちで、躾の良い都会のお嬢さんといった雰囲気の女優だった。振る舞いにもそつがなく、朴訥な田舎の娘であるお雪には少し整いすぎた感じもあった。

しかし軽く挨拶を交わした後、八田は彰子から意外な話を聞いて驚いた。

彰子が少し前に、役所から女子挺身隊の関係で呼び出しを受けた時のことだという。自分の職業を「女優」と伝えると、担当の役人は「女学校まで出て、芸者のような仕事をするとは情けない、早く定職に就きなさい」と説教を始めた。彰子は怒りをグッと呑み込んで、こう返したのだと言う。

「俳優は、人間の屑じゃなくって、人間の宝がなるものなんです。ですから、私は女優という仕事に就いていられることを誇りに思っていますって言ったんです」

彰子が語った「人間の宝」のくだりは、八田の恩師、小山内薫の言葉だった。小山内が亡くなる前年の昭和三年（一九二八）、自著の中に書いた一説で、「女優になる資格」という項目の冒頭にある。


男女を問わず、俳優は先ず人間として優れた価値を持たなければならない。人間の屑が俳優になるのではない。人間の宝石が俳優になるのである。……

俳優の為事は、人間が「人間」を創り出すことである。神でない人間が「人間」を作るのである。決して生易しい仕事ではない。普通人以上の精力、普通人以上のエネルギイがなければ、中途で参ってしまう、さもなければ出来損いの「人間」を舞台の上にのせることになる。
不撓不屈の精神――これがなければ、女優にはなれない（『演出者の手記』）。

八田は、彰子がひと昔前の新劇界の本まで読んでいることを知って、かなりの勉強家だなと思った。恩師の想いが、映画界の若い世代にまで受け継がれていることも、うれしかった。八田は後に彰子のことをこう書いている。

大映所属の女優さん。ちょうど娘役として役のつきかけた頃、映画そのものが戦争でストップ。演劇の世界へと踏み出す。丸山定夫が懇請し『獅子』の「お雪」の穴を買って出た。その面影は岡田嘉子の若い頃を想起させる。感じのいい女優さんだった。おうちに能舞台があり、仕舞（能の舞の一種）の方もちゃんと一人前だった。私はこの女優の御両親には、未だ重い責を感じさせられている。

大映で慰問の日々を送っていた彰子に、なぜ丸山が誘いをかけたのか。そのきっかけは明らかではないが、すでに書いたように彰子の夫、川村禾門が映画『無法松の一生』で園井恵子の息子役を演じていて園井と交流があったこと、そして苦楽座の俳優、永田靖が、彰子の勤める大映の映画に出演していたことなど幾つかの接点はある。

彰子が苦楽座に参加を決めるまでには、かなりの紆余曲折があった。彰子が遺した手紙によると、昭和一九年末以降、彰子の元には「苦楽座」（参加劇団）と「くろがね隊」（専属劇団）という二つの移動演劇隊から誘いの声が頻繁にかかっている。彰子自身、大映で遣り甲斐のない慰問活動を続けるよりは、舞台で本格的な芝居をしたいと願っていた。

苦楽座か、くろがね隊か——。決めかねた彰子は昭和二〇年二月のある日、従妹に付き添われて、八王子の「占い者」を訪ねている。予言が的中するという評判の占い師だ。八王子駅から片道二時間半の道のりを歩いた事の顚末を、彰子は禾門への手紙に「笑わないでね」と前置きしてこう書いている。

会社（大映）が一番安全ですと言われて、ええ安全はこの上もなく安全ですけど、年に（映画が）四本ではどうもなりませんから、と申しますと、じゃ、くろがね隊が大吉ですと言うの。そしてね、これからが、肝心なのよ。あたしは、ううん、あたし達は子福者《こぶくしゃ》なんですってサ、沢山産まれるんですって。……当るも八卦、当らぬもなんとやらと言うものの、あとの事がうれしかったので、風邪もなにも、治っちゃったの。

占い者は「大映」が安全と言った。それが難しいなら「くろがね隊」を勧めている。「苦楽座」への言及は、手紙にはない。占い者の眼に、苦楽座に加わった彰子の未来はどんな風に映っていたのだろう。

実は彰子はこの後、一度だけ「くろがね隊」に参加している。くろがね隊が、禾門のいる朝鮮で公演の予定を組んでいたからだ。ところが戦況が悪化して現地の受け入れ態勢が整わず、朝鮮公演は実現しなかった。仕方なく、くろがね隊の国内の移動公演に参加したのだが、終わってみれば何か物足りないものを感じた。

くろがね隊は彰子を「割り合い自由に」させてくれ、重要な役も与えてくれた。しかし、演出家に叱咤されたり、役者として魂を揺さぶられたりするような本格的な指導を受けることは、ほんの一度もなかった。連盟の御用劇団ともいえる「専属劇団」にとって大切なのは、当局の要請通りに地方巡業を数多くこなすことであり、演技を極めることではなかった。

彰子は、偶然にも同じ四谷に住んでいた苦楽座の丸山定夫の元に、何度か話を聞きに行ったと禾門に報告している。丸山との会話は、いつも弾んだ。彰子が好きだったアイルランドの劇作家グレゴリー夫人の戯曲について意見を聞くと、丸山はちゃんと答えてくれる。貴重な蔵書もたくさん貸してくれた。くろがね隊では決して得られぬ深い充足感が、憧れの丸山との時間にはあった。

「(くろがね隊の) 皆さん良い方ばかりです。ただ、皆、私の同じ位いの頭ですので、丸山さんの方に主に出演して苦しみたいと思っております」という手紙の後に、彰子はこう決意を綴っている。

来月は私、苦楽座に出演の見込みです。三好十郎氏の「獅子」です。お父っあんが丸山さん、おっ母さんが園井 (惠子) さんで、私は一人り娘のお雪さん。……難しい役ですので、とても楽しみです。貴方に見て頂くつもりで、一生懸命演《や》ります。見て下さいね、貴方。

『獅子』の猛稽古

四月に入り、劇団「苦楽座」は「桜隊」へと名を変える。隊員の顔ぶれも苦楽座設立当初からすっかり変わり、広島への疎開を機に新しい座名で新たな気持ちで出直そうということだったと薄田研二は書いている。

桜隊となっても、『獅子』の猛稽古は続いた。日に何度もけたたましく空襲警報が響き渡る。そのたびに外に飛び出しては防空壕に避難し、落ち着いたら再び戻るという繰り返し。だが、いったん稽古場に入れば、そこは熱気に満ちた真剣勝負の場となった。

広島疎開での演目は『獅子』と、情報局が指定した国策演劇『太平洋の防波堤』の二本である。しかし稽古のほとんどは『獅子』に費やされた。

みなに遅れて稽古に参加した彰子には、八田の小返し（部分的な演技のやり直し）が集中した。台詞や動作のみならず、言葉にならぬ思いを背中で示さねばならぬ演技にも「立体感がない」とダメ出しが飛ぶ。一五分ほどのシーンに三、四時間の小返しがかかる。彰子は舞台で立ち往生し、涙ぐむこともあった。八田は、「一度泣かしておけば、また次からぐっと変わる」と殴り書き。彰子もまた八田の演出について、手紙にこう書いている。

お雪という娘は自分の言葉より、ひとの言葉の裏から行動してゆくのですから難しくって、二重三重に入り組んだ日本人の心の（表現しない表現をするのです）しかも、その感情の波は、私を遠く離れた「雪という娘さん」の心の中に、高く、低く、起こってゆくものなのですね。この場はしんみりと、しかし、後にくるものは明るさを持った生活力を感じさせつつ、泣いてみせ、悩んでみせ、怒ってみせて下さいと仰るので、随分苦労して、今だにそれでも八点ポチポチだそうです、フフ……。

彰子は、俳優として成長できる場を求めて、苦楽座改め桜隊へと辿り着いた。八田のような厳しい指導は、これまでの舞台で一度も経験したことのないものだった。彰子は八田の演出に必死に食らいついていく。禾門への手紙には、「台本を八つ裂きにしたい位、むずかしくて面白い役です。……ギラギラ眼を見合って、汗を流して、演ってます」と書いている。

八田のメモにも、彰子が「細かい心理的な裏打ちのある芝居」を見せるようになったとの記述がある。彰子は、父の吉春を演じる丸山との絡みで成長しているように見えた。八田の演出ノートには「面白いもので吉春のような演技力の高い俳優と嚙み合っていると、小返し毎に雪の演技が引き出されてくる。吉春は、大層親切に相手の演技を引っぱり出してやる、そんな努力をしているように見えた」とある。

桜隊の稽古場には『獅子』の作者、三好十郎が頻繁に訪れた。八田が「居たらウルサイ、居なくてもウルサイ」と形容する三好が、二月以降、月に何度もやってきた。ここまで熱心に稽古場に現れることなど過去になかったことだ。三好もまた『獅子』にとことん入れ込んでいた。

五月上旬、いが栗頭の三好が、またふらりと稽古場に姿を見せた。たびたび空襲警報が続いて稽古が途切れがちになっていたため、八田は「今日は通し稽古だから、最後まで黙って見てくれ」と事前に釘を刺した。

三好は不機嫌そうにパイプを取り出し、ハンカチでゴシゴシ拭き拭き見ていた。思わずパッと片手を上げそうになって自制したり、喉まで言葉が出かかっているのをグッと飲みこみ飲みこみしていたが、我慢はそう長く続かなかった。

「いかんいかん、駄目だ！」

三好が叫んで立ち上がった。八田が次の句を発するその前に、立て板に水の勢いでしゃべり始めた。

「君たちの稽古を見ていると、大変一生懸命やってることは分かるが、ただカーッとして、脚本の文字面ばかり追いかけている。演出者は僕に大変緻密な演出プランを見せてくれたが、そんな細かい演出プランを君らはどんな聞き方をしたのだ！」

　この一言で、八田の動きがぴしゃりと封じられた。

「油紙に火をつけるとペラペラ燃えてしまう、あれだな。まるで急行列車。つまり、頭だけカーッとなって芝居をする、中味が追い付かないうちに上っ面だけが燃えてしまう。芝居はそれでおしまいだ。そんなことで良い芝居が出来っこありはしない」

「もし手をもぎ取られ、足を切られ、口をふさがれてもその人物であり、又どこを切っても、その人物の血が吹き出るというふうに、役を大根で摑まなければだめだ！」

　三好の口撃の矢は、主役の丸山へと飛んだ。

「丸山なんか、なってない。国民服を着たモダンボーイの空回りだ」

　三好は続いて全員の演技を順にあげ、叱咤の嵐が続く。三好の批判は、言い換えれば演出者への批判でもある。八田も心して聞いた。三好の容赦ない個人評が始まったあたりから、八田は俳優たちの顔を注意深く観察した。彼らがどう受け止めるか知らねば、次の演出に生かせない。やがて全員が「段々頭を下げ始め……一時間半の長講《ママ》舌が終わった時にはみんな頭を抱え込んで座って終った」。

　三好は俳優をひと当たり全部こき下ろしてから、最後に「大変悪口になってしまったが、現在移動に出ている劇団の中で此処は一番立派だ」と、ポンと付け加えた。三好なりの最大の賛辞を残して、プイと出ていった。

「どうだ、稽古を続けるかね？」

八田はみなを見回した。退団した薄田に代わり、桜隊の隊長になった永田靖がうなだれた頭を持ち上げた。

「うーん、ここまでやっつけられたら今日は稽古できないよ。いや確かに考えが足らないところはあった。一晩とっくり考えさして貰います」

稽古は解散した。生真面目な園井恵子など、眠れなかったはずだと八田は書いている。彰子も同じことだっただろう。

だが翌日、俳優たちはみな見違えるほど演技に集中し、進歩を見せた。だから芝居は止められないと、八田には思わず苦笑いが漏れた。

山の手大空襲と「方丈記」

五月二四から二五日にかけ、Ｂ29延べ一〇〇〇機が襲来、東京に焼夷弾の雨を降らせた。いわゆる山の手大空襲である。『新宿区史』によれば焼失二〇万戸以上、四月の城北大空襲で焼け残った四谷周辺も完全に焼き尽くされた。

森下彰子の実家は二四日夜に焼け落ち、養父母とともに命からがら隣町の親戚の家に避難した。その親戚の家の娘が、彰子の姪、山本智子（八三歳）だ。

安堵する間もなく、翌二五日午後一〇時二分、再び警戒警報が発令された。駿河湾上空に侵入したB29の編隊は、再びまっすぐ四谷方面へと向かってきた。最初の警報から二〇分後、空襲警報のサイレンに切り替わったと思った途端、一斉に爆撃が始まった。

焼夷弾が遠くでヒューヒューと高い音をたてる。やがて、その音は徐々に近づいてきて、シュルシュル、ズンズンと地響きをさせながら、豪雨のように地上に降り注いできた。強風に煽られて火の粉が舞い上がり、次々に家の屋根へと燃え移っていく。間もなく山本の家も燃え始めた。火の勢いは凄まじく、さんざん練習させられてきた防空演習のバケツリレーなど何の役にも立たなかった。

右から左から猛火に追われ、彰子一家も山本一家も散り散りになって逃げまどった。山本はあらかじめ水で濡らしておいた蒲団をかぶっていたが、火災は凄まじい風を巻き起こし、熱風に吹き飛ばされそうになる。火の粉が横殴りで吹き付けてくる。走っているうちに蒲団も熱で自然に発火し、手放さざるをえなかった。米軍の猛烈な爆撃は二時間半もの間、止むことはなかった。

山本は、近所の四谷第四国民学校へ逃げ込んだ。学校は、当時では珍しい鉄筋コンクリートの造りで、焦土となった四谷にポツンと焼け残った。そこに同じように逃げ込んできた彰子一家と再会した。

教室の中は、重傷者でひしめきあっていた。時々、どこかからウンウンと呻き声があがるのだが、それ以外は異様に「静か」だったことを山本は不思議に思った。またいつ次の空襲がくるか分からない。山本は丸二晩、着の身着のまま、まんじりともせず彰子と抱き合って過ごした。

そんな最中に、彰子が禾門に宛てて書いた手紙がある。四五通の手紙の中で、たった一通の葉書だ。

鉛筆で御免下さいまし。

焼けましたが、山口家も桜井家も（いずれも彰子の姉宅）うちも一人の怪我人もなく無事で居りますから、どうぞ、御安心下さいまし。まだ先の見透しがつきませんが、今日は橋本のお家（禾門の親戚）へ参ります。今後は橋本の方へ連絡下さいまし。新しい希望に燃えて元気で居ります。取り急ぎお報せまで。五月二十六日この葉書から一週間後、彰子は自身の近況を便箋ではなく、どこで手に入れたのか、原稿用紙二枚に書いている。荷車を引きながら、近所の小学校、親類の家、知人の家へと泊まり歩いていることや、どこも避難者で溢れ、食糧の問題で難しいと伝えた後、こう綴っている。

うれしいのは、私がまだ本当に、物の価値を知らないうちに、こう云う目に遇ったことです。家作もなにも無くなってしまいましたから、これからは、私が仕事をして出来たお金がいくらかでもたしましになってくれることです。生きてゆくことをほんの少し、知りました。

戦災後、初めて手にした本が「方丈記」です。(高山の象《しよう》ちゃんに戴いて)

〝そのあるじとすみかと無常をあらそふさま、いはばあさがほの露にことならず、或は露おちて花のこれり、のこるといへどもあさ日にかれぬ。或は花しぼみて露なほ消えず　きえずといへども、ゆうべを待つ事なし〟

などと、学校時代に読んで感じたもののあわれさの感じ方の違いなど、面白く思いました。焼けトタンの囲いの中でバケツで煮物をする時でも、貴方を想うと倖せです私は。荷車引きの女房にでもなんにでもなれますわ。……きょうこれから焼け跡に参ります。ではまたね。くれぐれもお元気で居らしって下さいまし。

プランクトン彰子

焼け野原で、眠る場所も定まらぬ放浪の身。ちっぽけで無力な〝プランクトン〟のような自分を、彰子は「方丈記」に重ねている。「荷車引きの女房」とは、映画『無法松の一生』の松五郎と未亡人のことを引き合いに出しているのだろう。そんな生活の中にあっても、彰子は高山象三に会っている。つまり、桜隊の稽古に出かけていたということだ。彰子は、自ら選んだ『獅子』の舞台を手放そうとはしなかった。

丸山定夫は五月二六日から、懇意にしている作家、太宰治が疎開した甲府を訪ね、酒を酌み交わす約束をしていた。太宰の高弟、小山清が切符を手配する手筈まで整えていた。

それも二五日の山の手空襲で交通が遮断され、甲府行きは断念。この時、丸山が太宰に宛てた六月一日付の詫びの手紙が、戦後、太宰の妻から丸山由利亜に届けられている。そこには、戦争もやがて終わるであろう希望が滲んでいる。

……あんなひどいお見舞いが来て何も彼もめちゃくちゃになりました。交通という交通は足と自動車の他はみな途絶、此の数日間というものは実によく歩いた。友達の自転車を借りても乗った。もうたいていの処は焼跡になって了って、始めて、東京の空もこんなに広いのがのっかってたのかと涙がにじむ様ななつかしさだった。あの壁土か煉炭か人間の骨かが焦げるような独特の匂いが、もうじき旧い懐かしい匂いと感じるようになるに違いないと思う。

……十日頃広島へ永く、行く筈だったが、こんな事になって連盟本部という所では一日も早く行った方が好いと云う。だが、人間、中でも男の俳優が、二人或は四人足りなくて、立てない、やっぱり十日か十二日頃、出発になるでしょう。ひょっとするともっと遅れるかな、切プや荷物や隊員間の連絡などで――。

丸山が書いているように、桜隊の広島行きを前にいくらか騒動が持ち上がった。山の手空襲の少し前、森下彰子の家では両親が広島行きに猛反対し、雲行きが怪しくなりかけた。特に彰子を幼い頃から溺愛してきた養母は、芝居はひとまず止めて、埼玉にある養母の実家へ一緒に疎開しようと彰子を懸命に引き止めた。

丸山は自ら彰子の家に出向き、両親を説得している。その時のことを、彰子の従姉、朝香文美子ははっきり覚えていた。朝香は小さい頃から「人形のような」彰子を可愛がり、あちこち連れて歩いた間柄だ。丸山の顔は映画で何度も見ており、記憶に間違いはないと言う。

丸山は四谷の家を訪れると、彰子の養父母の前に手をついて座り、こう言ったのだという。

「丸山さんが四谷の家まで来て、彰子を広島に連れていきたいと。伯母（彰子の養母）は絶対に駄目だと。でも、広島の方が安全ですって、それで連れてっちゃったの」

一瞬の間。震える声が続く。

「……あべこべになってしまって、思うようにいかないですね」

『獅子』でお雪を演じる彰子が抜けてしまえば、芝居は成り立たない。丸山もまた必死に彰子の両親に頭を下げたのだろう。そのことが彰子の親族からすれば「連れていった」という表現になっても無理からぬ話である。

丸山に説得されるまでもなく、彰子自身、広島へ向かう決意は固かった。禾門の従妹、松阪佳子の証言がある。彰子が広島に向かう直前、禾門の一族が疎開していた松阪の実家、橋本の寺へ挨拶に来た時のことだ。

「はっきりおっしゃったの。禾門ちゃんが京城に居るでしょ、広島は京城に近いからって。だから広島なんだって。本当に純情な人だったの。芝居が終わったら、京城に行くんだって仰っていました」

『獅子』の舞台で、お雪は家族と別れ、愛する人と生きる道を選ぶ。彰子もまた、禾門の元へと向かう覚悟で広島行きを決断した。

一路、広島へ

晩年の柳瀬正夢

六月九日、広島に出発する間際に、八田は新聞に短い訃報を見つける。

柳瀬正夢氏（画家）五月二十五日戦災死　享年四十六　十二日午前九時から午後四時まで遺作を都北多摩郡三鷹町の自宅に陳列して告別式にかえる（共同新聞）。

八田はすぐに家を出て、丸山が身を寄せている薄田の家へと走り、柳瀬の訃報を知らせようとした。だが薄田家も先の空襲で焼けていて、すぐには連絡がつかなかった。新聞記事の死亡日は「五月二十五日」とあるから、あの大空襲の日だ。後に知人から聞けば、柳瀬は諏訪に疎開した長女の家に布団と衣類を届けるために、新宿駅で夜行列車を待っていたという。

数ヵ月前に会った時、柳瀬は間もなく蓼科のアトリエに疎開して、油絵一本に専念するのだと話していた。疎開は、間に合わなかった。

漫画の世界から遠ざかり、また一から自身の原点である油彩画に取り組んでいた柳瀬。晩年に描いた油絵には、松山や瀬戸内といった故郷の風景画が増えていた。どんな苦境に晒されようとも自らの信念を決して曲げぬ柳瀬の生き方は、映画か演劇かを迷っていた丸山の背をも押したに違いなかった。

丸山が太宰の手紙にそれとなく認めたように、八田もこの戦争はもう長くは続かないだろうと感じ始めていた。あと数ヵ月か数年かは分からないが、そのあと少しを生き延びることの難しさを、柳瀬の死は物語っていた。

六月四日、八田は無帽の国民服にゲートルを巻き、肩からは頭陀袋《ずだぶくろ》を下げ、目黒の柿の木坂を訪ねた。五月の空襲で焼け出された両親が身を寄せる親類宅である。この日のことを、八田の従弟である奥野剛は日記に記しており、八田は「別れを告げに来た」という。奥野は当時を振り返り、「今にして思えば広島行が決定し、覚悟のうえでのことだったのだろう」と語っている。

しかし、桜隊が乗る予定の広島行きの列車は、まるで「思い止まれ」と言わんばかりに発車の見送りが続いた。空襲により西日本のあちこちで線路が断絶したためだ。二度、三度と出発は延期された。大荷物を抱えた一行は、東京駅と焼け跡の仮住まいを何度も往復させられた。

桜隊がようやく広島に向けて東京駅を出発したのは、六月二一日午後二時のことである。隊員は総勢一二人、広島疎開が決まって以降、さらに六人が脱落していた。隊長を務めるはずだった永田靖にも出発の直前に赤紙が届き、戦地へ出征した。桜隊の隊長は名実ともに、丸山定夫となった。一二人で『獅子』は出来ない。残りの俳優は遅れて合流する約束を取り付けての見切り発車だった。

満員の列車は、西へ西へと向かってゆく。

前日の空襲でまだ余燼の消えやらぬ静岡、そして壊滅した浜松の町が車窓を通り過ぎていく。丸山の胸のポケットには歯ブラシが一本、リュックの中には、小道具の「獅子頭」ひとつだけ。東京の持ち物は家も服も本もすべて処分し、退路を断った。

そのそばには八田元夫、園井恵子、そして森下彰子らの姿もあった。
それぞれが、葛藤の末に自ら選んだ広島への道だった。

七月、広島

広島での桜隊の宿舎は、市内中心部、堀川町九九番地。盛り場である新天地のすぐ隣町だ。県議会議員も務めた地元の名士、高野一歩の自宅が提供された。高野は大正時代、新天地に盛り場を誘致するために東奔西走し、大阪から帝国キネマの投資を引っ張ってきた立役者で、新天地の生みの親ともいえる人物だ。高野一族は四月に関西方面へ疎開し、大きな石の門構えのある邸宅は留守番だけになっていた。

広島市内も、二月に訪れた時に比べると慌ただしくなっていた。中心部では建物疎開が始まり、連日、大勢の生徒たちが動員されて作業にあたっていた。付近の地方都市が次々に空襲の被害を受ける中で、明日こそ広島かとみな殺気立っていた。

一方で、建物疎開が及ばない地域では、本屋や写真館、小さな食堂がまだ営業を続けていて、驚いたことに新天地では映画館が連日にぎわっていた。ゴーストタウンと化した東京とは別世界だった。さすがに新作の上映はなく旧作の再上映ばかりだったが、森下彰子はここで、禾門が主演した大映のスパイ映画『あなたは狙はれてゐる』

を隊員の一人とともにこっそり観ている。

桜隊が広島に到着して数日後、移動演劇連盟から派遣された応援の男優たちが東京から遅れてやってきた。

一行は二日間の合同稽古を行った後、移動演劇に出発した。最初の巡業場所は広島市近郊の軍需工場、県東部の農村、そして山口県である。

瀬戸内沿岸の町、竹原では、覆面で演出していた八田元夫のことを、仕事熱心な憲兵が疑ってかかる一幕があった。事前に提出された計画書では、演出家は丸山定夫となっている。丸山の顔は誰でも知っている。ところが実際は、別の髭の男つまり八田が、舞台の準備から設営まで現場のすべてを取り仕切っている。その八田元夫という名前は、道具係で登録されている。しかし、とても一道具係の動きとは思えない。不審に思われ、執拗に尾行されて参ったと八田は書いている。

七月に入り、桜隊が巡業する予定で向かっていた山口県下松《くだまつ》市が空襲で焼けてしまい、急遽、広島に引き返す事態に見舞われた。

七月四日、広島で次の山陰公演に向けて準備が進む最中に、森下彰子が倒れた。五月の山の手空襲で焼け出され、六月には広島への大移動、着くなり連日の移動演劇で疲労は重なっていた。

旦那様、お元気でいらっしゃいますか。
私は、四日の朝、ノビちゃって、部屋の入り口に、〝静かにして下さい。たびにやみて、ゆめは、けいふ（京城）をかけめぐる〟などと貼り出されちゃいましたわ。四十二度も熱が出たけど、一日でケロリと癒っちゃって、この通りです。丸山さんと八田先生が、「いくらのろけてもいいから、なおるんだよ」と仰るんですもの。余分な熱が出ちゃったのね。……園井さんに随分御世話をかけてしまいましたわ。園井さんは因縁浅からぬ仲だわねって仰って下さって、よく面倒を見て下さいます。……三日の日に、高山の象ちゃんと園井さんから、こけしの夫婦雛と、家財道具一式を戴きましてよ。フフ。みんなが、それぞれの形で、私達のことを喜んで下さいました（七月六日付）。

みなが祝ってくれた七月三日とは、彰子と禾門の結婚記念日だ。園井が言った「因縁浅からぬ仲」とは、園井が映画『無法松の一生』では禾門の母親役を、『獅子』では彰子の母親役を演じたことを指すのだろう。

彰子の手紙によると、七月五日は広島放送局のラジオ放送に丸山と朗読で出演する予定だった。朝鮮には電波が届く。禾門に聞いてもらおうと旅の合間に練習を重ねてきたが、熱が引かずに代役が立ったと書いている。

丸山はその日、ラジオ出演の後で宮島に向かっている。広島市中は空襲の恐れがあるため、より安全な疎開先を探していた。景勝地である宮島周辺には複数の旅館があったが、すべて軍に接収された後だった。

さらに宮島の船着き場から徒歩で一〇分足らずのところにある寺が、庫裏《くり》の一部を宿舎として提供してくれるという話を聞いて、訪ねてみた。だが一四人余の隊員が移るにはあまりに手狭だった。決めかねていると、桜隊の広島疎開に東京から随行してきた移動演劇連盟の事務員、赤星が、桜隊が山陰巡業から帰ってくるまでに別の疎開場所を探しておくと言うので、この日はそのまま帰路につくことになった。

丸山は後日、この時に疎開の決断を先送りしたことを悔やむことになる。

燃え尽きた『獅子』

七月六日に広島を出発した桜隊は、日本海沿いを西から東へと、山陰地方の村々をまわっていった。

大道具小道具を背負って汽車を乗り継ぎ、中国山地を越えて島根県は高津、浜田、木次《きすき》、松江、安来《やすぎ》、鳥取県に入り倉吉、岩美と昼夜、芝居を打ちながらの旅巡業。会場は小学校や道場、何十年と使われていない朽ちかけた劇場もあった。

到着するや、みなで荷ほどきにかかる。男優たちはいっせいに大道具の梱包を舞台に運び出し、張り出しものを組み立てる順に並べ、舞台の寸法を測り始める。幕係は、はしごを使ってカーテンを吊るし、仕込んだワイヤーに即席の幕を作る。照明の担当者は、電源を探してコードを引き込んでいく。演出者は近くの農家を訪ね、大急ぎで鋤《すき》や鍬《くわ》などの小道具の折衝を始める。舞台が農村だけに、移動には不向きな重い農機具類はすべて現地調達にしたのだ。非力な俳優が振り上げるのだから、鍬は重すぎてもいけず、慎重に選ばねばならない。

女優たちは、小道具と衣装のつづらを出演者ごとに整理していく。音響係は、マイクを使って汽車の音のテストを繰り返す。移動の最初の頃は豆類を籠に入れてザッザッと揺らし汽車の音に仕立てていたが、どうもそれに聞こえないと評判が悪かった。そこで最近は、八田の発案で薄い鉄板を曲げてゴワッゴワッと音を出す方式に替えていた。マイクを通すと、それが汽車の近づいてくる音に聞こえるから不思議なものだ。この音に合わせて、舞台上の家の前に設置した鉄道の柵にチラリ、チラリと照明を当てれば、本当に目の前に汽車が走っているような演出になる。これは成功だった。

下準備がひと段落すると、俳優たちはいっせいに衣装を着けてメーキャップを始める。もちろん俳優専用の楽屋などどこにもない。それが済むや次々に舞台に上がり、数人一組になって各シーンの位置決めに入る。会場によって舞台の広さが異なるため、事前に歩数を計測してかかる者もいた。

ひとつ舞台を仕上げるのに、これだけの手間である。同じ作業を、舞台を終えた撤収時にも逆の順番で繰り返さなくてはならない。

だが、田舎に行けば行くほど芝居は歓迎された。舞台を作り終える前から、村人が詰めかけることもあった。三〇年前に一度、歌舞伎が来ただけという村では大歓迎を受けた。こういった僻地への移動演劇には連盟の監視がつかず、演目は『獅子』一本でいくことも増えていた。

ところが山陰巡業では、思わぬトラブルが起きる。

これまで歯痛以外に病気らしい病気をしたことのなかった丸山が連日、高熱を出した。松江で同じ旅館に泊まった軍医は、肋膜炎と診断した。広島へ向かう直前、焼け出された隊員間の連絡のためあちこち自転車で走り回るうちに転倒して酷く腹を打ったのが原因と思われた。

医師によると回復には安静しかないということだったが、丸山は芝居を休もうとはしなかった。もとより男優は足らず、丸山の代役などいない。丸山は高熱の身で率先して金槌を握り、舞台の準備や撤収にまで取り組んだ。

八田は幼い頃に大病を患ったことがあり、常に体温計を持ち歩いていた。それを使って丸山の熱を測ると、毎夜四〇度前後まで上がり、脈拍は一〇〇を超えた。気迫で舞台に立ち続ける丸山の芝居は凄みを帯びていく。その様子を八田はこう書いている。


最後の支木（舞台に大道具を固定する棒）を打終ると、私は六、七十のお婆さんたちのたむろしている後に陣取って駄目帖を拡げた。今日の丸山の演技は殆んど我が意を得たものに近かった。最初は何か笑いさざめきながら見ていたお婆さんたちがぐんぐん舞台に引つけられて行く。……丸山の演技を通して、こんな観客を決して見下ろさない深い愛情が感じとられる。稽古以来八ケ月、獅子ははじめて初日を出し得た感じだった。幕切れ近く、疲れに打克とう打克とうとしている丸山の演技をみていると、知らず知らず、目頭があつくなってきた。

「今日は凄いよ。」

そういいながら丸山に握手を求めに行こうとした。

「済みません、うまく行かなくって。」

また謝っている。

四十度二分、一日も早く打切って帰さなくてはいけない（『ガンマ線の臨終』）。


そんな厳しい巡業の最中に、突然、召集されて広島に来られなかった若手俳優の多々良純が、島根県の木次町に現れた。八田が「足りない小道具の買出し」のために眠ったような町並の中を歩いていると、軍服姿の男が近づいて来る。こんな町にも兵隊がいるのかと思ってよく見ると、伍長姿の多々良純だと分かって驚いた。

多々良は国内の留守部隊に配属され、炊事班長を務めていた。そのため食糧の調達という名目で、行動に多少の自由がきいた。移動のついでに桜隊がいるはずの広島に立ち寄ったところ、一行がすでに山陰巡業に出た後だと聞いて、せめて一目だけでもと思い列車に飛び乗って追いかけてきたのだった。

この時のことを多々良は戦後こう語っている。

行ったら丸山さんが出て来てね、こうやって腰かけて、「純ちゃん」ってった《ママ》きり、あの埃だらけの黒い編上靴の上に、涙がポトッ、ポトッてね。「苦しんでんだなあ」って思ったですねえ。多くは語らなかった。
それから僕あもう、二泊でも三泊でも四日でもいいやと思って、松江までついてったねえ。芝居は『山中暦日』『獅子』だったかな。松江は宍道湖《しんじこ》畔のいい旅館でしたよ。その時一緒だった女優さんたちみんなの顔が今でもクローズアップしてくるんですよねえ。そこでみんなと別れ、みんなが何回も「純ちゃん死ぬる《ママ》なよ。あんた要領いいんだから」ってね（桜隊原爆忌の会・昭和六二年会報）。

多々良が、丸山定夫が涙を落とすのを見たのは、この時一度きりである。丸山は高熱を押して孤軍奮闘していた。かつての仲間が思わず姿を現してくれて緊張がゆるんだのだろうか。そんな丸山の姿を見て、多々良は少しでも力になりたいと思った。結局、部隊に黙って二泊も無断外泊して、木次、松江と、桜隊の裏方の仕事を手伝って回った。

森下彰子は出雲から、禾門に宛てて手紙を出している。

四五通目、最後の手紙だ。

目の前の日本海を渡れば、その先には、結婚から三日で出征した夫がいる。桜隊との契約は九月まで。秋には、会える。手紙は短くこう結ばれていた。

お変わりなく居らっしゃいましょうね。今日は私、出雲の今市と云うところに居ります。青空に真白な雲が浮んで居る様子は、昨年と変りなく、美しいものですけど、京城も晴れて居りましょうか。明日からまた忙がしい日が続きそうですけど、毎日この続きを書きましょうね。なにか、貴方の事をしないでは居られませんの。ではまた。お元気で居らしって下さいね。

いづもの村にて　彰

これ以降、禾門の下に彰子からの手紙は届いていない。郵便物が福岡に運ばれるまでに空襲で焼けた可能性もあるし、日本海では米軍が朝鮮半島を結ぶ連絡船を撃沈していた。手紙はこれで途切れてしまう。

海の町に残る記憶

日本海を望む鳥取県岩美町は、兵庫県との県境にある人口一万二〇〇〇人ほどの町。八田の手記に記された、山陰巡業最後の地だ。

二〇一六年夏、広島から電車を乗り継いで岩美町を訪ねた。

一行が降り立った岩美駅の駅舎は、明治四三年（一九一〇）の平屋建ての木造建築だ。平成に入って一度改築されてはいるものの、地元の人は「外観はほとんど昔のまま」と話す。この小さな駅に七一年前、大荷物を抱えた桜隊の一行は降り立った。

人気のない岩美駅を背に、八田の手記を手に歩く。当時の幹線道路だったという道は、車がすれ違うこともできぬほどの狭さだ。辺りには民家が点々と見えるほか、左右に生い茂る緑以外に何も見当たらない。

風の通り道に生まれる木々の葉ずれ、遠くに響く野鳥のさえずり。耳に入ってくる音は、それだけだ。こんな静けさの中を、国民服を着た桜隊の一行は隊列を組んで進んだのだろうか。昭和二〇年七月一四日の鳥取の天気は快晴、気温は約二九度。昼前に岩美駅に到着した彼らはきっと、汗を拭きながら大荷物と格闘したことだろう。しかも、丸山の熱は下がっていない。

岩美駅から最初の公演場所の大岩小学校まで、ちょうど四キロ。八田は「一里あまり」と書いていて、演出家の正確な描写に改めて驚く。

ところが道中、「砂丘を越える」というくだりの「砂丘」がどこにも見当たらない。だがよく見ると、古い民家が建ち並ぶ小高い丘の畑地は砂地だった。後日、国土地理院が所蔵する地図から、その丘が戦時中は砂丘だったことが分かった。七一年という歳月は、自然の風景までも変えてしまう。

大岩小学校は一九九二年、別の学校と統合して廃校となっていた。だだっ広い空き地は、近くの会社の駐車場になっていた。当時を思い起こさせるような風景は何ひとつ残っていないが、桜隊は確かにここで『獅子』を熱演した。

丸山由利亜の夫、加藤博務が九一年に岩美町を訪れ、大岩小学校の元教諭、奥田敬子（故人）に話を聞いている。女子生徒が岩美駅までリヤカーを引いて桜隊を迎えに行き、大荷物を一緒に運んだという。先生は「その時の女優さんたちの綺麗でまぶしかったのを今でもはっきり覚えて」いた。劇のクライマックス、列車でかけおちするお雪に向かって「おゆきーっ」と叫ぶ園井恵子扮する母親の絶叫が、しばらく子どもたちの間で流行ったと懐かしそうに語ったという（『草の花』その七）。

八田の記録には、桜隊が泊まったのは、海沿いの「錬成道場」とある。

記述通りに大岩小学校の跡地から道を辿っていくと、丘を越えたその先に、抜けるように真っ青な日本海そして岩礁が切り立つ雄大な景色が広がっていた。手前には、真夏というのに無人の岩浜が広がっている。この日、鳥取の気温は三八度を超える猛暑となった。海から爽やかな風が吹き抜け、汗ばんだ額をそっと拭っていく。

町の人によると、ここには確かに旅館があったという。だが「錬成道場」は聞いたことがないと首を傾げた。戦時中、小学校や旅館が「錬成道場」という名称で軍に使用された例は各地にある。町の戦時中の証言記録を調べると、やはりその旅館も昭和一九年以降、徴兵検査で不健康とされた若者を鍛える陸軍の「修練所」として使われていたことが分かった。八田はそれを「錬成道場」と書いたのだろう。

その旅館も今は廃業し、荒れ地だけが残る。海から風が抜けるたび、人の背丈を越える雑草がユラユラと揺れる。その向こうに朽ちかけた木の門がチラチラと覗く。足下には、下半分が砂に埋もれた防砂垣が辛うじて踏ん張っている。

それでも、旅館があった場所から目の前の海の方角を望むと、「目の下は岩山にかこまれた、ささやかな湾を形づくっている」という景色が広がるのは八田の記述通りである。

灼熱の太陽もやがて傾き、夕闇が辺りを覆い始めると、海の向こうにポツリポツリと明かりが灯り始めた。

昼一回の芝居も片づいて、ほっと一息ついていると、さっさっと寄せ返す波の彼方に、ぽつりと光るものがあった。おやと思って見ていると、迫ってくる宵やみの中に、その火のまたたきは次第に数を増し、暮れきった海にイルミネイションのようなきらめきを見せはじめた。烏賊取舟の漁火とわかったのは暫くたってからであった。日夜空襲に追われて旅から旅を歩いていた私たちに、この灯の色が無性になつかしい和いだ気持をとりもどしてくれた。やがて、一人二人と浜へ消えて行った。波音と点滅する漁火とは、戦争の下とは思えない旅情をよみがえらせたのであろう。三々五々さまよい歩く者、砂浜にのびのびと身体を横たえる者、唄を口誦《くちずさ》んでいる者、波うち際近く槙村が久方ぶりに夫婦だけの語らいをしている後姿が漁火越しに見うけられた（『ガンマ線の臨終』）。

桜隊の彼らが見たのと同じように、潮騒の彼方に漁火が闇夜を白々と滲ませていた。遥か宇宙からも見えるという烏賊釣り漁船の集魚灯は、夜が更けるにつれ輝きを増していく。

人間が愚かな戦いを繰り広げる最中にも、漁師は船を出し、生きるために沖へと向かう。砂浜に寄せては返すさざ波も、暗闇の彼方に広がる星空も、太古からの営みを止めようとはしない。雄大な天の運行に比べれば、人間の営みはあまりに小さい。宇宙から見れば無にも等しいその中に、しかし彼らは必死に生きていた。

海の彼方に営々と輝きを増す力強い命の光のその先に、彼らは何を見ただろうか。

七月一五日、八田は波の音で目が覚めた。

この日、ひとり東京へ戻ることになっていた。丸山の代わりが務まる男優を探して広島に連れてくるためである。あと一回、公演を残してはいたが、次の村は内陸部にあって交通は省線の支線しかない。この交通難を往復すれば、さらに丸二日はかかる。とにかく一日も早く、丸山の代わりを探して休ませなくてはならない。仕方なく岩美町から出発することに決めた。

朝早く浜に出て、穏やかな名残の海をひと泳ぎした。明日からはまた、戦禍の東京だ。荷をまとめて宿を出ようとしたら、照れくさいことにみなが玄関先まで見送りに出てきた。

丸山定夫は、無言のまま片手を上げた。すまんが頼む、といった面持ちだ。森下彰子は、口角をいっぱいに上げて笑っている。山の手育ちの娘が、よくぞここまで来たと思う。高山象三は、のっぽな身体を折り曲げてぺこりと頭を下げた。築地小劇場を走り回っていたちびっ子は、いつか有望な演出家になるだろう。

隊員たちの笑顔に見送られ、八田は「錬成道場」を後にした。昨日より一層、力強さを増した太陽が容赦なく照り付けてくる。後ろ髪を引かれる思いで岩美駅へ向かってとぼとぼ歩いていると、背中に園井恵子の声が聞こえてきた。

遥か砂丘のてっぺんから大きく手を振って、「さようなら」と叫んでいた。

第十章　広　島

一路、広島へ

岩美町から東京に戻って、もう一週間が経っていた。

八田は、応援の男優を探して歩いたが、当てが見つからないまま時間だけが過ぎていた。日に日に現実味を帯びてくる「アメリカ軍の本土上陸」「一億玉砕」にみな浮き足立っており、東京はもう芝居どころではなかった。永田町の移動演劇連盟の事務所にも日参して頼んだが、遠い広島の話に職員の腰は重かった。

一ヵ月半ぶりの東京は、わずかに残っていた町も丹念に焼かれていた。上空からは焼夷弾に代わって天皇の似顔絵入りの降伏を促すビラが撒かれた。それを憲兵が必死に掻き集める姿が滑稽に思えるほど、何もかも破壊し尽くされていた。

七月下旬になって、桜隊で俳優兼事務長を担当していた槙村浩吉が、八田の応援のため広島から上京してきた。

槙村は戦後、八王子の市民団体の求めに応じて、敗戦間際の記憶を詳細に語っている。これからふれる槙村に関する部分は、未発表の「被爆者の証言」（田中憲助編集・昭和五八年）の中にまとめられた原稿に依るものである。


八田は、槙村と顔を合わせるや浴びせるように尋ねた。

「みんな、宮島に引っ越した？」

「それが、まだなんです」

槙村は、気が重そうな面持ちで事情を語った。

以前、下見に行った宮島の寺には、別の移動演劇隊「珊瑚座」が疎開して、桜隊はまだ広島の堀川町に留まっている。桜隊が山陰巡業から帰ってくるまでに、新しい疎開先を探しておくと言った連盟の赤星の約束は、果たされていなかった。しかも赤星は自分だけ宮島に越してしまった。丸山の容体は思った以上に悪く、寝た切りの状態が続いている。幸い、宿舎の隣の医者が往診してくれており、女優たちは丸山を気遣って自分たちで疎開先を探すと言っているというのだ。

槙村は家財の全てを広島に移していた。さらに、小学校の教員をしていた妻まで仕事を辞めて桜隊に同行して裏方を手伝っていた。その妻を残したまま上京するのは気乗りしなかったが、丸山から「事務長だから行ってくれよ、人（俳優）を連れて帰ってくれ」と頼まれて腰をあげた。「誰も見つからなければ、藤原釜足がいるはずだ、奴なら事情を話せば助けてくれるだろう」とも念を押されていた。

八田と槙村が奔走し、七月も終わる頃、ようやく広島に期限付きではあるが同行してくれる男優が二人そろった。

ところが、今度は鉄道の切符が手に入らない。移動演劇は国が命じる公用なので、日本移動演劇連盟を所管する内閣情報局から優先的に乗車できるよう特別な証明書を発行してもらっていたが、新宿駅には疎開者が殺到し、もうそんなものは何の効力もなかった。

八月五日の夜から意を決して窓口に徹夜で並び、六日の朝になってようやく四人分の広島行きの切符が手に入った。ところが、広島行きの列車が一本も出ない。夕方になって、広島がやられたらしいとの一報が入ってきた。

八田は胸騒ぎがした。岩美町を去る時、海沿いの宿で見た隊員たちの笑顔が浮かんで胸がギュウッと締め付けられた。もうこうしてはいられない。翌日、取りあえず列車が動いている名古屋まで中央線経由で向かうことにした。それから先はなるようになる。
「とにかく生きていてくれ！」
八田はそう念じたと、日記代わりのメモに書いている。以下、そのメモより。
八月七日
広島の爆撃は相当なものだったらしい。中央線廻りで行くところまで行くことにして、槇村、新宿駅で徹夜して切符を買うべく夕刻から出て行った。慣れた移動の旅支度だが、爆撃された街へ行くので、野宿の用意もする。
八月八日
朝、切符入手の為、徹夜した槇村と交替の二人と新宿駅。膝まで焦げ付きそうになって待つこと五時間、鉄道の御役人様の号令に引率されて、中まで入れば、後は我勝ちの雪崩れ込み。三時間して真黒な甲府駅着。
八月九日
木曾渓谷。津の爆撃の様子を話している男がある。御法度の筈だが、もう国民はそんなものを尻目にかけている。名古屋着。切符は名古屋まで。鉄道局に駆け込み、岩国までの切符を入手、午後の汽車で京都へ。

「六ヒケイコハジメル」

桜隊が山陰巡業を終え、七月一九日頃に広島に戻ってから八月六日まで、二週間余の空白がある。

彼らの被爆前の様子を記録する資料は、これまで丸山が七月二九日付で親戚や知人に書いた手紙が最後とされていた。桜隊の前身、苦楽座の元隊長、薄田研二夫妻に宛てた手紙は次のようなものだ（『俳優・丸山定夫の世界』、以下同）。

御機嫌いかがですか。／その後大きなブーブー（空襲）は来ませんか。あのなつかしい杉並の家はちゃんとしていますか。／目の廻る忙しさで手紙仲々出せなかったら、今度いくらでも時間が出来た。けれどだらしがない。時間が有っても書くと叱られる身になった。／軽い湿性肋まく「絶対安静」という事がこんな忍耐と修養と技術がいるものだとは夢にも思わなかった。／皆とても親切でうれしい。／神が一ケ月ほど楽をさせようと思ってワザと病気にして呉れたらしい。／申し訳ないけど後でうんと埋め合わせをしようと思っています。／象ちゃんはつくづく私の一生の掘出しもの――幸福でした。……

七月二十九日　ガン

象ちゃんとは、薄田の長男、象三のことだ。象三は丸山のことを何かと気遣った。ようやく手に入った自分の食料を丸山に分けたり、率先して設営準備をして丸山を休ませたり。若い男が自分一人だけという気概もあったのだろう、あらゆる裏方仕事に獅子奮迅の働きを見せたと八田も書いている。

八月六日まで、広島に残された九人の隊員は、どのように過ごしたのか。

手がかりが見つかった。俳優、田辺若男（一八八九〜一九六六）の手記『俳優—舞台生活五十年』である。田辺は明治時代から松井須磨子の芸術座をはじめ、様々な劇団を渡り歩いてきた新劇のベテラン俳優だ。築地小劇場にも数ヵ月間いたことがあるし、一時期は作家の林芙美子と恋仲にあり、『放浪記』にも登場する。

桜隊には、広島に出発する間際に召集された隊長の永田靖の代役として急遽、参加した。しかし結果として、田辺が桜隊にいたのはほんの一ヵ月足らずとなった。なぜなら山陰巡業から広島に戻って以降、次の公演のめどが立たず、田辺は七月二七日、疎開した家族の様子を見にいったん長野へ向かったからだ。

八月初旬、その長野に広島から電報が届いたと手記にはある。

八月二日広島の桜隊から電報が来た。「六ヒケイコハジメル」。八月五日、午前四時牟礼駅出発、北陸回りで広島へ向う。

桜隊は「六ヒ」つまり八月六日から稽古を再開する予定だったという。電報が打たれた八月二日は、八田や槙村から、男優の手配がついたという連絡も入っている頃だ。稽古再開の話が出るほど、丸山の体調も快方に向かっていたのかもしれない。八月六日は、再び巡業に向けて『獅子』に取り組もうとしていた、まさにその日だった。田辺の手記は続く。

五日夜は京都駅で野宿。夜半に西宮に焼夷弾爆撃があって、六日午前大阪、神戸間を三時間余で突破、日暮れて、呉駅通過後に空襲警報、真っ暗い窓外は月夜のように明るい。広島の空、猛火炎々。さてはいまの空襲で広島がやられたかと長嘆息していると、今朝の八時から燃えつづけている火炎だとのことに今さら仰天。

朝から燃え始めた火が、夜になってもなお衰えず猛威をふるっている。普通の空襲とは明らかに様子が違う。広島は一体どうなっているのか。

田辺は、呉を経由して海田市駅《かいたいち》（爆心から約七キロ）までたどり着く。そこから先は不通だった。町には明かりひとつなく、足元すらおぼつかない。ひとまず駅の防空壕のそばでリュックを枕にして横になった。夜空には星が静かに輝いていた。

夜が明けて、持参してきた食料も尽きた。一度は広島方面へ線路伝いに歩き出すも、睡眠不足と疲労で身体が悲鳴をあげる。火傷で肌が溶け落ちた異形の重傷者がレール伝いに次々と歩いてくる。「惨害は予想外」「市内へ足を踏みいれることは危険」という噂も飛び交っていた。田辺は止むなく、広島入りを断念して引き返した。

田辺が広島を出る前に、桜隊には宮島への疎開の話が持ち上がっていた。きっと避難しているに違いない、そう自分に言い聞かせた。もし田辺が乗った列車が予定通り広島に着いていれば、八月六日の朝は広島で迎えていたことになる。幾つもの運命が交錯し、紙一重の差で明暗を分けていた。

「火山灰地」の町

ここからの記述は八田元夫の著作『ガンマ線の臨終』、その草稿、執筆に使われたノート類、先の槙村の未発表原稿を基に辿る。

八月一〇日未明、八田と槙村、応援の男優二人を乗せた列車は、のろのろと岡山駅にすべり込もうとしていた。新宿を出てすでに四〇時間、口をきく気力も失せていた。一ヵ月半前に列車で通った時はまだ、車窓の外には町が見えた。それも今や灰燼に帰している。駅に着くや屍臭が漂ってきた。八田は、岡山の空襲は少し前だったと聞いていたので不思議に思った。

よく見ると、一つ向こうのプラットホームの列車から、次々と重傷者が降ろされていた。顔中を包帯でグルグル巻きにした人、ものすごい裂傷が化膿し始めている人が、まるで荷物のように無造作に放り出されている。元気な人は誰もいない。

「福山が昨日、やられたから、そうじゃないか」

まさか広島からの避難者だとは、誰も思わない。

岡山を過ぎて福山の町はまだ、焔の熱気が残っていた。さらに進み、呉線回りで広島へと向かう。あと少しというところ、海田市駅で列車は止まり降ろされてしまった。海田市駅は、山陽本線と呉線が乗り入れる連結点だ。三日前、呉経由で広島に駆けつけようとした田辺若男が夜を明かした場所でもある。

真夏の太陽に晒されること二時間、ようやく無蓋列車が広島に向けて出ることになった。それも広島の知人を案ずる人たちで鈴なりだ。

列車が広島の郊外までくると、奇妙なことに、どの家の屋根も頭の部分だけが壊れていて、立木も上の方だけが一方向からちょん切られたような姿になっている。これなら大したことはないのではないかという安堵を感じたのもつかの間、間もなく目に入ってきたのは、壁の一面だけを残してすべてが吹き飛んだ広島駅の姿だった。
広島に着いたのは、八月一〇日午後。すでに出発から四八時間が経っていた。駅から足を踏み出してすぐ、八田は目の前の風景に言葉を失った。明治から繁栄を誇ってきた軍都広島は、壊滅していた。

今までみたどの戦災都市もくらべものにならない、見ごとに焼きつくされた灰の野原は、一足ごとにボクボクとめりこみ、靴底を通じて熱気がつたわってくる。六日の爆撃から四日もたった十日の今日、その灰から白金色の焰がチロリチロリと舌を見せている。数時間前、岡山駅頭でかいだあの屍臭が数倍の執拗さでむっと鼻をつきあげてきた。……コンクリート塀のすき間から、腐ったぼろ布のようなものが覗いている。手首だった。まだ焦げきらない手首が半ば骨をみせたままいぶっているのだ。

火山灰地のような、ぬくぬくした道を歩いて、とにかく桜隊の宿舎のあった方角へと向かった。水道管が破裂して、ショボショボと水が出ている。そこからごくごく水を飲んで喉を潤しながら歩を進めた。川面には、水を吸って膨らんだ半焼けの遺体が背面をぷかりぷかり浮かせている。電車のレールは飴のようにひん曲がり、車体は黒焦げのまま。強固なコンクリートの電柱が、途中でねじ切られたように折れている。単なる火災ではない。いったいどれほどの圧力が加わったのか。

桜隊の宿舎の近所にあった福屋百貨店の巨大なコンクリの残骸が、広大な焼け野原に突っ立っているのが目印になって、何とか宿舎のあった辺りに着いた。

残っていたのは、道路に面して立っていた大きな門の石柱だけ。それも大きく傾いている。総二階の立派な檜造りの日本家屋が、まるで上から大きなローラーでならしたようにホカホカの灰になりきっている。八田は立ちすくんだ。そこには一片の希望を抱かせる何物も残されていない。

「ああ、この灰の下に、仲間達がおしつぶされ、やきつくされて居るのだろうか」

八田は、この年の秋に書いた初稿に、そう書き綴っている。

宿舎があった堀川町は、爆心から至近距離の約七〇〇メートル。『広島原爆戦災誌』によると、町内の建物は一〇〇%が爆風で倒壊し、住民の八六%が即死したとあ

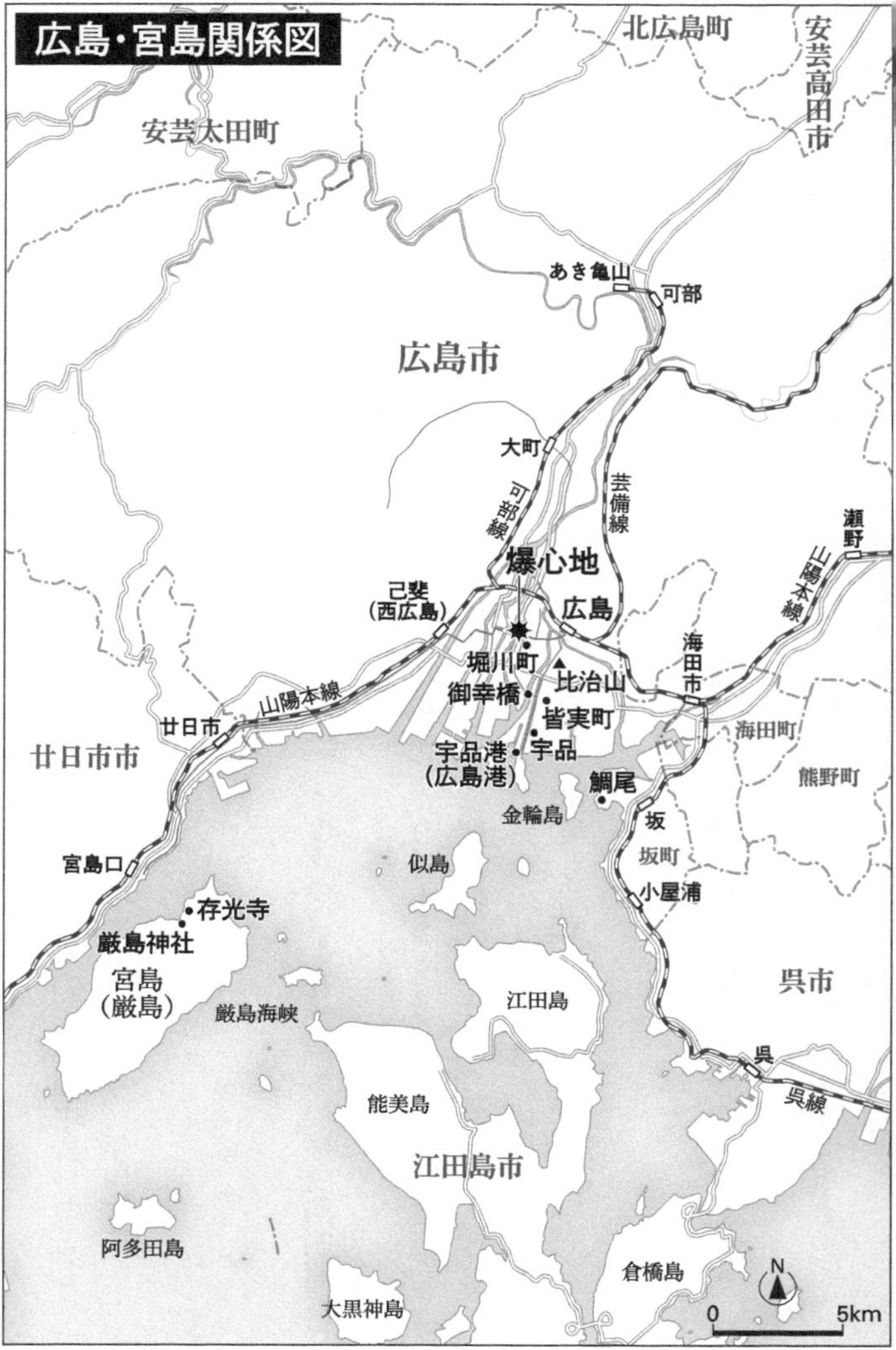

地図　atelier PLAN

る。火災を免れて一命を取り止めた残る一四%の者たちも、たとえ家の中にいたとしても、原子爆弾が炸裂した瞬間に極めて強い放射線を全身に浴びており、年内にほとんどが亡くなった、そんなエリアだ。

誰かが、声をあげた。

「おい、何か書いてあるぜ」

門柱をよく見ると、「桜隊、厳島に連絡せよ」と書きつけられている。移動演劇連盟の事務員、赤星の筆跡だった。

再び広島駅まで歩いて戻った。われ先に電車に乗り込もうとする群衆の中を掻き分け、何とか電車に乗り込んだ。電車は歩くような速度で何度も止まり、宮島の対岸にある駅まで三時間もかかった。すでに日も暮れた。背中のリュックは一段と重さを増していく。厳島水道を渡る連絡船に乗り込むと、甲板も船室も満員だった。

宮島の赤い鳥居が見えてきた。神の島はまったくの静寂に包まれていた。

島に着いて一〇分程歩いたところに、珊瑚座が疎開していた寺があった。すぐに連盟の赤星が出て来た。

「皆、大丈夫ですよ、はっきりした情報はないのですが、とにかくお上がり下さい」

赤星の言葉に、八田には何とも言えぬ怒りがこみ上げてきた。框《かまち》に腰を下ろし、六〇時間しめっぱなしだったゲートルを解きながら繰り返し思った。桜隊が山陰巡業に出ている間に疎開先を探す約束だったじゃないか。あの焼け野原を見て「皆、大丈夫ですよ」はないだろう。君ひとり宮島に疎開して、今まで何をしていたのか。

八田の初稿には、「噛みつきたい様な腹立たしさがこみ上げて来る」とある。初稿には、他にも赤星ひいては連盟への怒りが綴られている。そのくだりを全面的に削除したのは、『ガンマ線の臨終』の脱稿直前の昭和四〇年、初稿が書かれてから二〇年後のことだ。ただし、自らが発した言葉として、「君がついていてどうして、（疎開を）取はからってくれなかったんだ」という一行だけは残している。

七月下旬まで、桜隊といっしょに広島で次の公演を待機していた俳優の池田生二の手記にも、赤星に対するいらだちが綴られている。「一日も早く田舎へ引き移れる先を見つけてくれと、毎日のようにせきたてていました。しかしさっぱり埒があかず、いらいらした気持で日を送っていた」、さらには「移動演劇連盟を（直接には赤星君という同行者を）当てにしていては、再疎開も巡演も実現出来そうにない、動きようがない」と怒りを露わにしている（『新劇』昭和四一年一〇月号）。

池田の家族が疎開していた沼津は七月一七日に酷い空襲を受けていた。桜隊の巡演のめどが立たないことから、池田はひとまず沼津へと戻った。

空襲の危機が日に日に迫る中、地元の人たちですら疎開先を探すのに苦労していた。地縁を持たぬ赤星では、どうしようもなかったのかもしれない。実は宮島の寺も偶然、珊瑚座の隊員のひとりが寺の関係者と親戚だったために特別に疎開を受けてくれたもので、赤星が見つけたわけではなかった。

戦後になって、桜隊が宮島の寺に疎開をしなかった理由について赤星は、「桜隊の女優たちが宮島は狭くて不便だからいやだと反対したから」とだけ語り、その証言は検証されることなく多くの関連書物に引用されてきた。

宮島の寺の名前は「存光寺」という。現在は住む人もないが、建物は当時のまま残っていた。私は二〇一六年一二月中旬、寺を管理している方の立ち合いの下で庫裏の中に入れてもらい、現場を確認した。

まさに百聞は一見にしかず。寺が提供したという二間に、大人が身体を伸ばして寝るとすれば、せいぜい七、八人が限度の広さだ。そこに大荷物の珊瑚座だけで十数人が宿泊していた。加えて、寝たきりの丸山を抱える桜隊十数人が疎開するということは、物理的に不可能だ。立って寝たとしても身動きが取れないだろう。そこに来いと誘われて、桜隊が疎開を断るのは当然で、正確に言えば、最初から無理な話を持ち掛けられて「断らざるを得なかった」と言える。

桜隊の古参の園井恵子と仲みどりの二人は、料理当番や丸山の世話を若手の女優たちに任せて、広島県北部の芸備線沿線にまで疎開先を探しに行っていたという複数の証言がある。女優たちは必死だった。桜隊はたまたま運が悪かったわけではない。彼らは危険な広島市中から身動きが取れない状態に置かれていた。必然的に広島に留まらざるを得なかったのである。この事実は、死者たちの尊厳のためにも特に記憶されていい。

話は八月一〇日夜に戻る。宮島に到着した八田に赤星が言った「皆、大丈夫ですよ」という言葉には、一つだけ理由があった。その日の朝、宮島の隣組の町民から、丸山が書いたというメモが届けられたのだ。

「タイビ島にいる、レンラクたのむ、ガン」

八田の初稿には、このメモを見た時の気持ちがこう書かれている。

鉛筆でゴシゴシとかいたまぎれもないガンの筆跡だ。生きていてくれたか!! 収容所から軽傷で還された人がもって来たもので、大分重体だという。それでも、それでも、生きていてくれたか！

タイビとは「鯛尾」と書き、瀬戸内海沿岸の呉の少し手前にある町だ。どういうわけか、丸山は広島から随分遠くにまで運ばれていた。たまたま鯛尾の救護所で丸山の隣に寝かされていた人が、自宅に戻る際に丸山から伝言を預かり、宮島の誰かに手渡してくれたことから奇跡的に連絡がついた。この一片のメモと、それを運んだ幾人かの善意がなければ、丸山は被爆して行方不明のまま、遠く離れた救護所で生涯を終えていただろう。

運はまだ尽きてはいない。八田はメモを後生大事に握りしめた。ただし、あれだけ肋膜をひどく患って寝ていた丸山である。もし、あの惨事を自力で脱出したとすれば、今はどうなっているか分からない。八田の張りつめた心は緩まなかった。

名簿の中の丸山定夫

翌八月一一日、八田は槇村と朝一番で宮島を出て、広島市内へと向かった。

路面電車のゴットンゴットンと玩具のような動きに揺られて広島に近づくにつれ、家並みが変わってゆく。最初は屋根が一様にもぎ取られていたのが、次に二階部分が吹き飛ばされ、やがて根こそぎ倒壊した家々が続いた。

電車は広島市内への入り口、己斐《こい》駅で止まった。そこからはまた「火山灰地」を歩かなくてはならない。鯛尾までは、広島の南端にある宇品港から船が出ているという。己斐駅から宇品港まで、地図に落とせば広島市の中心部を通って約一〇キロの道のりである。

まだ煙のくすぶる焦土を踏みつけて歩く。照り付ける真夏の日差しと、地面から立ちのぼってくる熱気で、喉はすぐにカラカラになる。壊れた水道がチョロチョロとほとばしっているのを見つけるや、飛びつくように噛り付いて渇きを潤す。後に爆心地と呼ばれる辺りは、すっかり平らに圧縮された地面に黄色い焔が消えやらず、生あたたかい屍臭が立ち上ってきては鼻を刺した。

宿舎のあった堀川町の西側を走る電車道を、宇品に向かって南へと歩く。電車の車体は黒焦げのままあちこちに横倒しになっている。数日前まで、車内には黒焦げの遺体が立った姿のままあったという。

つい先ごろまで宇品港に向けて、銃を担いだ出征兵士が軍靴を高鳴らせて行進した大通りだ。すでにがれきは撤去されている。道路沿いには広島名物のひとつ、白神社《しらかみしゃ》の大楠がそびえていたが、その巨木も半分にねじり切られた上に無残に焼けてくの字に倒れ、爆撃のすさまじさを物語っている。そんな町の景色を見れば見るほど、八田の胸には隊員たちの笑顔が物悲しく浮かび、その安否が絶望的に思えてくるのだった。

壊滅状態の中洲から宇品地区へと繋がる御幸橋《みゆき》を渡ると、景色が変わった。川一本隔てた町は焼けていなかった。陸軍船舶司令部の基地がある宇品港は、そこからさらに三、四キロ南に下った突き当たりにあり、目立つ被害は受けていない。

ようやく渡船場まで辿り着いた。だが、船は一隻も見当たらない。鯛尾行きの便は昼前に出てしまった後だと知らされ愕然とした。

折角ここまで来たのだから手がかりを求めて人だかりのしている建物に向かうと、受付に戦災者名簿が貼り出されていた。手書きの名簿は収容所の場所ごとに分かれていて、鯛尾地区のものもあった。しかし、丸山の名前は見当たらない。そばにいた衛兵に尋ねると、鯛尾地区の患者を受け持っていた部隊はここの輸送部ではなく、同じ海沿いの遥か向こうの建物だから、詳しい情報を知りたければそこへ行けという。

鉄条網が張り巡らされた迷路のような塀に沿って延々と歩いた先に、その建物はあった。先の桟橋から六〇〇メートルほど東側、陸軍専用桟橋の前にある整備教育隊の兵舎だ。宇品地区の海沿いは船舶司令部がすべて占拠していて、こんな非常事態にならなければ市民が立ち入ることなど絶対に許されないエリアである。

バラック建ての教育隊の兵舎の一つに、ザラ紙に鉛筆で走り書きをしたものをまとめたノートが二十数冊、投げ出されていた。一冊一冊の周りには、行方不明の家族を血眼になって捜す人たちが人垣を作っていた。中には目当ての名前が見つからなかったのか、呆然と座り込んでいる人もいる。

八田と槙村は手分けをして、ノートを片っ端から見ていった。一頁の中で数名は「死亡」の刻印が押されていて、不吉な予感がよぎる。炎天下、半日あまり道なき道を歩かされ、喉は渇ききっていた。風通しが悪く、蒸し暑い兵舎の中で疲労と絶望感が重なり、名簿を見ながらも八田は意識が朦朧としてきた。

「ありましたよ、ありましたよ！」

槙村の叫びで我に返り、ノートを覗き込んだ。「丸山定夫」という文字が、痛いように眼に染みた。ノートには「小屋浦国民学校収容者名、計三八六名」とあった。

小屋浦は、鯛尾地区からさらに四キロほど呉方面に下ったところにある小さな町だ。もし、この情報を知らずに八田らが宇品港から鯛尾に直行していれば、丸山には会えなかっただろう。船に乗り遅れたことで、小屋浦への移送を記した名簿に出会えたのは幸いだった。

兵隊が言うには小屋浦は海を渡ればすぐだが、列車では広島駅から海田市経由で回らねばならず、運行が乱れがちで二時間近くかかる。その列車すら、ちゃんと来るかどうかも分からない。その日のうちに宮島に帰るのはとても無理だという。

二人は意気消沈して、翌日、出直すことにした。

この後、八田は広島師範学校に校長として赴任していた高校時代の恩師の官舎に立ち寄っている。二月の巡業の時に訪ねていて、おおよその位置を覚えていた。官舎は焼け落ちて夫妻はいなかったが、火傷を負った娘さんがひとり留守番で残っていて、当日の広島の様子を詳しく教えてくれた。八田はそこで初めて、桜隊の宿舎は爆心に最も近い地域にあったことを知った。

陸軍少尉が目撃した丸山定夫

八田らが名簿を見つけた宇品の兵舎まで、丸山定夫が運び込まれた経緯を知っている人が見つかった。丸山の被災後の空白を埋める証言である。

北海道在住の中村治弘は、当時二二歳。室蘭高等工業学校の機械科を卒業した技師で、少尉として陸軍船舶司令部直属の整備教育隊の教官をしていた。

戦後ずっと沈黙を保っていた中村だったが、晩年、二〇〇五年頃から当時のことを少しずつ語り始めた。直接お会いするために連絡を取っている最中の二〇一六年、九三歳で亡くなられたため直にお話をうかがうことはできなかった。幸い、北海道被爆者協会が生前の中村に丹念に聴き取りを行い、過去に行った証言の全てを冊子にまとめていた。それを寄贈していただき、詳細を知ることができた。

中村は八月六日、爆心から六・五キロ離れた宇品の陸軍栈橋近く、整備教育隊第四中隊にいた。将校集会所で朝食を取った後しばらくして、窓の外が一瞬ものすごく明るくなった。「何だろう」と思った矢先、巨大としかいいようのない爆風が吹き込んできて、部屋の中は砂埃や天井のほこりで真っ暗になった。

まずは床に伏せたが、二発目、三発目の爆撃が来ない。不思議に思って外に飛び出すと広島市の上空に、表面が白いベールで覆われたような巨大な火の玉が浮かんでいた。双眼鏡で覗くと、火球の内部では火焔のようなものがメラメラと右へ左へゆらいでいて、時々、白いベールを破っては表面に赤い舌を覗かせていた。地上では火災が発生し、焔が上がり始めた。それが曲がりくねりながら火球へと繋がってゆき、その軸はだんだん太くなり、火球は上昇してやがてきのこ雲に姿を変えた。

間もなくして、宇品港から川を遡上して市内に偵察に出ていた部隊が戻って来て、将校集会所で報告を行った。「広島市全市は壊滅的な損害。中心部へは専売局（現在の南区皆実町《みなみまち》・爆心から約三キロ）から先へは進めない。迂回して望見したが、広島駅付近も延焼中、各河川の岸には負傷者が殺到しており死者も多数出ている模様」。

司令官から全部隊に命令が下りた。中村が所属する第四中隊は、空き兵舎に大至急、寝具を用意して可能な限り負傷者を収容する準備を命じられた。中村は、その収容隊の責任者として、下士官たちを集め、収容の手順、名簿の作成、即席の担架の製作などを指示して準備に当たった。

午後二時を過ぎた頃から、収容隊の舟艇が次々に戻り始めた。舟艇は何隻も何隻も続いていて、舟の帆柱がまるで林のように連なって見えた。部隊桟橋には舟艇が殺到し、瞬く間に桟橋の両側だけでなく突端まで、二重三重に舟に取り囲まれるありさまだった。内側の舟艇から順番に負傷者が下ろされていく。待ち構えていた搬送係が担架に乗せたり、背負ったり、歩ける人は案内人が誘導しながら兵舎に運んだ。後に分かることだが、この中に丸山定夫もいた。

中村は満州に駐屯したこともあり、多少なりとも戦場の負傷兵は見たことがあった。しかし、ここに運ばれてくる市民は全く様子が違う。背中一面の大火傷で担架に腹ばいに寝かせなくてはならない人、顔全面が火傷で目も塞がっている人、両腕が大火傷をしたうえに強烈な爆風に晒されたのか、皮がべろりと剝げて指先から垂れ下がっている人、「もう地獄としか表現のしようが」なかった。夜を徹して、収容所の見回りが続いた。あちこちから呻き声があがり、負傷者は次々に亡くなっていく。しかし、手のほどこしようがない。

何回目かの見回りの時、看護責任者の衛生上等兵が中村に、ある男を指さしてこう言った。

「あの人は、〝新劇の団十郎〟と評判を呼んでいる、有名な俳優の丸山定夫という人です」

中村は岩手の田舎の育ちで、その方面には疎かった。すると上等兵は、丸山定夫がどんなにすごい俳優で、どんな舞台や映画に出ていたか饒舌に語った。中村には知らない話ばかりで会話が続かない。上等兵がかなり気にかけていることだけはよく分かったので、その丸山という人の具合はどうなのか尋ねた。

「外傷はないのですが、骨折か打撲でもしているのか、どうも具合が大変悪いようです」

丸山が肋膜を患って寝ていたことを、彼らが知る由もない。中村はこう語っている。

被爆直後の火災の危険が迫っている避難途中の場所から取り敢えず、そこよりは安全と思われる場所に移して体を横たえられるところを提供し、水と食事だけは差し上げられるのが精一杯という状況でした。衛生上等兵には『ご苦労さんだが、それとなく（丸山に）気を配っておいて上げなさい』というしかありませんでした。何しろ収容を開始して1時間くらいたったころから2人3人と亡くなる人が出始め「痛い、痛い……」と呼ぶ人、寝ていないで歩き廻ろうとする人、それが皆、火傷や怪我を負っています。そんな地獄のような中を衛生兵も看護兵も飛び回っているわけで、丸山さんのことだけに関わっていられる状態ではありません。

中村の証言から、丸山が被爆当日の六日午後には、船舶司令部が差し向けた救護艇に救護されていたことが判明した。

それから四日後の八月一〇日昼過ぎ、部隊がにわかに慌ただしくなった。今日明日中にもアメリカ軍が、六日の爆弾投下で焼け残った宇品地区一帯を絨毯爆撃するという情報が入った。そのため部隊で収容している負傷者たちを全員、呉側の対岸の村に移すことになった。ちょうど八田や槇村が、広島駅に着いた頃のことである。

翌八月一一日の早朝五時から、部隊は朝食も取らぬまま朝霞が立ち込める海上を、負傷者を乗せて対岸へと搬送した。片道三〇分くらいだったと中村は記憶している。

その日の午後、中村は八田や槇村が、丸山を捜して第四中隊の兵舎まで訪ねて来たのも見ていた。証言に二人の名前は書かれていないが、「(二人は)桜隊が被爆したことを知って手分けして何ヵ所もの名簿を見て回り、丸山さんが鯛尾に収容されていることが判って、迎えに来たのだが、既に小屋浦に移った」後だったと語っている。八田は数時間の差で、丸山とすれ違ってしまったことになる。

丸山定夫のことを熱心に中村に教えてくれた、若い衛生上等兵。戦争が始まるまではきっと、演劇や映画が大好きな若者だったに違いない。築地小劇場にも足を運んだこともあっただろうか。その彼は敗戦の翌日、部隊の医務室で毒を飲んで自殺してしまったという。数え切れぬほどの悲劇があちこちで起きていた。

生きた屍の中に

翌八月一二日、八田と槇村は朝一番で宮島を出て、炎天下、小屋浦を目指した。広島から一四キロ離れた海岸そばの小さな駅に降り立った時には、午前一一時をまわっていた。小屋浦国民学校はすぐに分かった。校庭を横切って受付に立った時、八田は、そこから垣間見えた風景に「グッと胸をふさがれてしまった」という。

顔半分が崩れたように火傷の血膿を流している人、片袖のちぎれた肩から手首まで一面に黄色く膿んだ手を痛そうに下げながら丈夫な片手で壁につかまりつかまり歩いている人、さまざまな人混みの中から数知れぬうめき声が大きな不協和音をお経のように響かせ、赤ん坊の引き裂くような泣き声がその騒音を縫うかの如く、きしませて響いてくる。

校庭のポプラ並木の根元には、ずらりと三、四〇体くらいの菰に包まれただけの死体が投げ出されてあった。焼くのが間に合わないのだろう。菰からはみ出した、うす汚れた足が生々しく青白い。またそこへ、兵隊の手に抱えられた菰包みがどっさりと無造作に投げ出された。解剖教室のような、あの臭いがまた一層、強くなった。

「丸山定夫はおりますでしょうか」

受付で恐る恐る尋ねると、ここでもその存在は認知されていたようで、二階にいるとすぐに返事があった。重傷者のひしめく中、階段をそろそろと上がっていく。階段の下では、身体中に包帯を巻いた幼い女の子が母親に抱かれて「イタイ、イタイ、コロシテエー」と泣きわめいている。

二階に上がり、廊下に沿って並んだ一〇あまりの教室を端から順に見ていった。この世のものとは思えない「生きながらの屍」が、ゴロゴロと並べられている。丸山に似た体格の男の負傷者の顔を覗きこむたび、八田は生きた心地がしなかった。

その瞬間のことは、初稿にこうある。


一と部屋一と部屋さがし求めて一番奥の教室の窓を覗くと、その眼の下に、まぎれもない丸山定夫が、土気色の顔をして昏々と眠っている。

「ガンさん、ガンさん」

と低めに呼びかけると、少しうごいたようだ。

「俺だよ、八田だ、八田と槇村だよ」

うすら眼を開いたかと思うと、「ウウウ?」かすれたような叫び声と一緒に、端の破れ板を、片手でトトトトとはげしくたたき、「来てくれたか、来てくれたか!」と、泣き声で云う。


丸山は、生きていた。声を振り絞って、両手をばたつかせ、子どものように泣いた。八田が抱きしめようにも、衰弱しきって起き上がることができない。板の上には毛布を一枚敷いてあるだけで、身に着けているのは糞尿にまみれたパンツ一丁だ。頬は、死人のようにげっそりと痩せこけている。ついひと月前まで、舞台の上で勇壮な獅子舞を見せていた役者の面影はどこにもなかった。

「みんなは？」

丸山の問いに、八田は答えられない。

「じゃ、僕一人助かったのか……」

丸山は、苦悶の表情を浮かべた。

地元の女の人が話しかけてきた。丸山のことは映画で知っていて「広島までわざわざ慰問に来て下さって」と申し訳なさそうに言いながら、徴用されて留守だという夫のシャツとズボンを渡してくれた。丸山は礼を言おうと頭をもたげるのだが、笑顔はベソ面になってしまう。どこを触っても激痛の走る身体を気遣いながら、槙村と二人、四苦八苦しながら服を着させた。

再会を喜んだのも束の間、こんな状態の丸山をどうやって宮島まで連れて戻ればいいのか、次から次へと心配が浮かんできた。

八田は、翌日に担架を用意して出直そうと言ったが、丸山は置いていかないでくれ、一緒に連れて行ってくれと言って譲らない。八月六日から丸七日間、ほとんど何の処置も受けることなく板の上に寝かされていたのだ。その心中も痛いほど分かる。

見回りに来た若い軍医も、ここでは裂傷に赤チンを塗るくらいしか出来ない、連れて帰った方がまだましだろうとあきらめ顔で言う。赤チンが、帝国陸軍野戦病院の最大無二の手当てなのだった。
八田も覚悟を決め、丸山のために用意した藁草履をやわらかくするために揉みだした。そのそばで、丸山はぽつりぽつりと語り出した。八田は、その時に丸山から聞いた言葉を、ノートにこう書きとめている。

ピカッときたと思うと、グワーンガラガラとものすごい音がして家が圧し掛かってきて。そのままどしんと叩きつけられた。途端に「オオイ」という仲さんの声がきこえたので、「仲さん」と叫んだが、そのまま気が遠くなってしまった。どのくらいたったのか分からない。気がつくと、あたりがブスブス燃えている。キナ臭い匂いがつうんと鼻をついてきた。目の前は真暗らだ。柱や板が首をしめつけている。夢中になってにじり出ようとした。パチパチと燃える音が近づいてくる。夢中でもがいた。シャツが釘に引っかかっている。そいつを引きちぎって眼の前の梁のようなものを力一杯おしのけ、夢中で這い出ると、あたり中は一面火の海だ。今思うと本当に申し訳ないが、みんなのことを考える余裕もなく、火の中を走る人と一緒に走った、走った。そして山のようなところへ来て、たおれてしまった。

丸山はいったん建物の下敷きになりながら、身体中を傷だらけにして火が出る直前に脱出した。戦後の広島市の調査によれば、堀川町や八丁堀、胡町《えびすちょう》一帯は原爆投下の五分後、八時二〇分頃に出火した。各所から一斉に火の手があがり、たちまちにして全町、見わたす限りの火の海となった(『広島原爆戦災誌』参照)。

丸山が脱出した時、倒壊した家の下にはまだ隊員たちが残されていた。それも瞬く間に猛火に飲み込まれていった。中心部の火は、夕暮れになっても燃え続けたという。

その後の丸山の記憶は断片的だ。「山のようなところ」というのは、「俳優の丸山定夫が比治山《ひじやま》で蓆をかけられて寝ていた」という市民の証言と重なる。その後、宇品と小屋浦の二ヵ所に収容された時の記憶は、丸山の中ではっきり区別されていない。

八田と槙村は、丸山の身体を両方の脇で抱きかかえながら歩き出した。

一歩進んでは休み、休んではまた進み、立ちくらみでまた止まる。燃えるような日盛りを、気の遠くなるような作業が続く。皆のいる場所へ早く戻りたい、その執念だけが、丸山の足を前へ前へと出させていた。ようやく乗り込んだ列車では、通路にそっと大の字に寝かせ、まるで壊れ物を運ぶような具合だった。真夏なのに、丸山は寒い寒いと言ったりもする。宮島に着いた時にはすっかり夜になっていた。

丸山の尋常ならざる衰弱ぶりを見て、みな肋膜炎が悪化しているのだろうと言い合った。ひとまず丸山を横にならせ、八田は島を走り回って医者を探した。この島に一人という女医がようやく宿にやってきたのは、夜半に近かった。肋膜が随分、進んでいるし、爆発の瞬間に「ガス」を多く吸っているので、ここ数日が山だという。

広島では、火傷もなく元気に見えた人が次から次へと亡くなっていた。市民はまだ放射線の恐ろしさを知らされていない。六日の爆弾は毒ガスをまき散らした、それを吸うと怪我をしなくても身体が弱って亡くなるらしいと噂されていた。

現実は、原子爆弾が核分裂を起こして炸裂した時、爆心地には致死量を超える膨大なガンマ線が瞬間的に放出された。身体を蝕むのはガスではない。運よく火災を免れた人たちも、ひと時の猶予を与えられたに過ぎなかった。

珊瑚座が使っていた二部屋のうち、六畳の一部屋を丸山に譲ってくれた。丸山は時々、うなされては「象ちゃん」とか「園井君」と名前を呼んだ。隊員のことが気になって仕方がないらしかった。

八田も一応、床には入ったが、寝つけるはずもない。明日からは、残る八人を捜さなくてはならない。

五人の遺骨

八月一三日、みなでもう一度、広島の宿舎跡に向かうことになった。

この時の経緯については、宮島の同じ寺に疎開していた移動演劇隊、珊瑚座の乃木年雄が戦後になって書いた手記『移動演劇 さくら隊原爆殉難記』(広島市公文書館所蔵)の情報も一部参考にする。

それによると丸山が宮島に運ばれた夜のこと、寺に疎開していた移動演劇連盟の赤星、珊瑚座、八田と槙村が集まり、今後について相談した。赤星は「丸山さんや八田さんは東京へ引き揚げたら」と勧めた。すると丸山が断固として拒否した。

「隊員の消息が判らない以上、東京に戻るわけには行かない」

悲愴な表情で続けた。

「もう一度、寮の焼け跡を捜索してくれ。僕が天井から出た時に聞こえた、助けてと言った声はたしかにうちの女優だった。あの下でみんな、死んでいるに違いない。すまないが明日最後の捜索をしてくれないか」

八田は、改めて丸山に八月六日の朝のことを詳しく聴き取り、見取り図に落としていった。丸山は二階にいて、森下彰子と羽原京子の二人は隣の部屋にいた、仲みどりと島木つや子は離れの二階から声がしていた、園井恵子は食事当番だったから下にいたのではないか、象三はどうだったろう、槙村の妻は自分の部屋にいたはずだ、そんな具合である。

翌朝、槙村は珊瑚座の男性数人と、スコップやツルハシを担いで広島へと向かった。八田は丸山たっての頼みで宮島に残り、丸山に付き添うことになった。看病は同居している珊瑚座の女性たちがしてくれるというのだが、丸山の性分からして自分からは遠慮して何も頼めないだろうと八田は察した。

再度の広島行きは、槙村にとっては妻を捜す旅でもあった。この日までに、いくらかの目撃証言は得ていた。連盟の赤星と珊瑚座の数人が八月一〇日、最初に堀川町の焼け跡を見に行った時、つまり、石の柱に「桜隊、厳島に連絡せよ」と書きつけた時、ひどい火傷を負った三軒隣の散髪屋の主人と出会っている。

主人は、火が出る直前に、桜隊の女性と男性が走って逃げたのを見たという。「女性は無法松の一生の女優さん」つまり園井恵子と話し、男性といえば丸山の他には薄田研二の息子、高山象三だけだ。その散髪屋も、八田が後日改めて話を聞きに救護所に訪ねた時には亡くなっていた。他にも、「男のような女優さんが逃げるのを見た」という証言もあった。体格がよくて男まさりな、仲みどりのことに違いなかった。残る五人については何の情報もない。

誰も口にしなかったが、自分たちの仕事は五人の骨を掘り起こすことだと悟っていた。槙村たちは、宿舎の焼け跡を本格的に掘り起こし始めた。手がかりは、丸山から聴き取った見取り図だけである。

防空壕のあった場所からは、行李に入れていたままの荷物が出て来た。着替えが数枚と、トランクもそのまま焼けずに残っていた。しかしその他のものは見事に灰になっている。

珊瑚座の乃木が、大広間のあった辺りを手で掻き分けていると、土に混じって瀬戸物が粉々になったような白い固まりが出てきた。よく見ると人骨だった。女の髪に挿すようなピンが二、三本、混じっていた。

「おーい、あったぞ！　これ白骨に違いない。しかもピンが混ざっている所を見ると、女の人だ」

人骨にしては、あまりに少ない。両手にすくって一杯程度。よくもここまで焼けたものだった。

今度は、同じ場所ばかりを掘っていた槙村が、「あった！」と大声を出した。槙村夫妻の部屋があった場所から、一盛りの人骨とピンが出てきた。

「これは女房の骨だ」

槙村はそれをハンカチにそっと包んで懐に入れた。

「ここにもあるぞ！」

玄関あたりを掘っていた別の隊員から声があがった。ちょうど車座に座ったような形で六人くらいの白骨が出てきた。やはりピンが混じっている。誰かが焼け跡から壺のようなものを探してきて、掘り出した人骨をまとめて納めた。

焼け跡に置いてあったトタンをはぐると、性別の区別もつかぬほど焼け焦げた人間の姿が現れた。足が引っかかって逃げ遅れたような形で、ところどころは生焼けだった。辺りは灰ばかりで木切れもない。遠くから木片を集めてきて、遺体の上に置いて火をつけた。焼き直して、翌日改めて骨を拾うことにした。


同じ頃、宮島では丸山が昏々と眠っていた。

前夜はうなされ通しだったが、一行が出発した後、ようやく眠りに落ちた。時々、ふと眼を覚まして八田の顔を探したかと思えば、安心したようにまたうつらうつら眠る。頬は、何かで切り取ったように削げ落ちたまま。せっかく手に入れた卵も受け付けず、重湯を流しこむのが精いっぱい。静まり返った部屋には、苦しそうな寝息だけが聞こえる。

八田は、身動きのままならぬ丸山の身体を、ぬるま湯で拭ってやった。削げ落ちたのは頬だけではなかった。小柄ながらもたくましかった肩や腹、モモの肉もそっくりなくなり、肋骨が何本もくっきり浮き出ている。首や背中の傷も生々しい。肋膜のあたりに触れぬよう注意を払いながら、手を動かした。丸山は、されるがままぐったりと横たわっている。熱もある。その日は交わす言葉もなく、二人とも判決を待つ被告人のような気持ちで過ごした。

夜になると丸山が暑がり始めた。氷と水にタオルをつけて、痛むところを冷やしてやる。だが八田が氷を取りに行った隙に、丸山は便所へ行くふりをして洗面所に向かい、熱がある身で頭から水をじゃぶじゃぶ浴びてしまう。それを叱っては寝床に連れ戻した。

そんなことを繰り返しているうちに夜遅く、槙村たちが帰ってきた。槙村は目線を落とし、消え入りそうな小声で報告した。

「駄目でした、五人分の骨が出てきました」

丸山は骨を入れた壺を受け取ると、それを抱くようにして「すまん、すまん」と床の上に崩れたと、乃木の手記にはある。八田のノートには、「丸山が骨壺を前に、窪んだ目をぐっと曇らせて、深い絶望感に落ち込んでから、暫時、唇を嚙みしめていたが、喉を震わせるようにして『俺はどうすればいいんだ、おれは』と崩れ落ちた」とある。

槇村のいう「五人分」というのは、あくまで目撃情報のない五人の女優たちの数を口にしたものに過ぎない。掘り出された遺骨を数えたり判別したりすることなど、とてもできなかった。

壺の中には、丸山が直接、両親に会って懇願してまで連れてきた森下彰子もいる。被災する前の夜遅くまで、彼女はいつものように夫に宛てて手紙を書いていた。その手紙も、猛火は焼き尽くしてしまっただろう。丸山は低く「ウウウ」と唸り出し、身もだえするように言った。

「若し、若し、あのパチパチという音で息を吹き返えし、はい出すことも出来ないで焼け死んだのならどうだったろう。圧し潰されて、息がとだえて、そのまま焼けてしまったのなら、いや、それでも、火がせまってくれば気づいたろう、女の力では這い出せない。火がじりじり逼《せま》ってくる。もしそうだったらどんなだったろう。ああ、地獄だねえ、地獄だねえ」

八田の胸に、口角をきゅっと上げて笑う彰子の顔が浮かんだ。彼女は必死にお雪を演じた。何度ダメ出しをしても、華奢な身体で泣きながら食いついてきた。彼女の結婚記念日を広島の宿舎で祝ったのは、ほんのひと月前のことだ。彰子は、戦争が終わって禾門が帰ってきたら、ふたりで家を建て、若手の俳優が集える稽古の道場を作るのだと語っていた。よく当たる占い師に、自分は子だくさんだと言われたという話を、頰を赤らめて話したりもした。九月に桜隊との契約が切れたら、そのまま夫のいる朝鮮へ渡るのだと覚悟したような眼差しで語っていた。

女優として妻として、ささやかな夢を奪われ、命まで絶ち切られた。死の痕跡すら残さない、あまりに無慈悲な結末だった。


翌八月一四日早朝。

残る園井恵子と高山象三、仲みどりの三人の捜索に出かけようとすると、丸山がすがるような声を出した。

「八田さん、今日も出かけるの」

隊員たちが八田を「モッちゃん」と呼んでも、丸山だけはいつも「八田さん」と呼ぶ。演出家との一線を崩そうとしなかったその丸山が、はっきり口にこそ出さないが、そばにいてほしいと懇願していた。皆が目線で、八田に残るよう促した。

昼から空襲になった。警報が青空に鳴り響いているが、島では誰も防空壕に避難する者はいない。遠くで高射砲の音が響き始めた。雑音混じりのラジオは「敵機、周防《すおう》灘から東進」と同じ文句を繰り返し伝えている。

丸山は寝床から縁側まで這い出して来て、じっと空を見上げていた。

「こんなにまでやられて、なぜ日本は手を上げないのかなあ」

丸山は小さくつぶやいた。

丸山はけだるそうに障子の桟に身を預けている。八田も肩を並べて縁側に座った。蟬の声が遠くに幾重にも響きわたるのが、風に運ばれて聞こえてくる。

「あの頃が、懐かしいな」

どちらからともなく振り返れば、脳裏に浮かぶのは築地小劇場の薄暗い舞台裏だった。青春のすべてが、そこにあった。

八田が演出家として丸山と歩んだ道のりはいつも、戦争の影に覆われていた。官憲の検閲に対抗して舞台でパントマイムを演じたこともあった。食い詰めた丸山がエノケンの元に駆け込んだこともあったし、海軍の仕事を断るため二人で共闘したこともあった。命がけで三好の『浮標』に挑み、総立ちの喝采を浴びたのは五年前。眼に涙を浮かべた丸山が、舞台裏で八田の右手をがっしりと摑んだあの時の感触は、今もはっきりと残っている。

八田も丸山も、時代の強風に押し流され、何度も脇道に逸れた。だがどんな苦しい時でも、舞台に関わってさえいられれば、それでよかった。今は、東京から遠く離れ、全てを失って、この小さな島にふたりきり――。

夕方、八田は丸山を寝かしつけてから、被災者の死亡証明書を得るための手続きを調べに外に出た。しばらくして戻ってみると、布団に丸山の姿がない。

「大変です、丸山さんが水を浴びて!」

女性の叫び声に、裏手の井戸までふっとんで行った。丸山は頭からざんざんと水を浴びている。

「そんなことして、死んだって知らないよ!」

心から腹が立って、乱暴な言葉がつい口をついた。

「水浴びくらいさせておくれよ。身体が熱くてかなわないんだよ」

ダメを出されて「演出者、そりゃ無理でしょう」といった、あの表情だ。八田は夕オルで丸山の身体を拭きとり、押さえつけるようにして寝床に運んだ。少しして、丸山に猛烈な寒気が襲ってきた。「身体が痛い、痛い」としきりに訴える。だから言わないことはない。八田はそばに付き添い、手足の指の関節をそっと揉み続けた。

ガンマ線の臨終

八月一五日。

丸山の熱は下がらない。これまで飲んでいた重湯も喉を通りにくくなっている。

連日、みな炎天下、捜索に出かけている。これ以上、自分だけ宮島にいるわけにはいかない。八田は朝一番で「今日は出かけるよ、いいね、ガンさん」と先手を打って連絡船に飛び乗った。園井たちが今この時も、丸山のように苦しんでいるかと思えば何かしていないではいられない、そんな差し迫った気持ちもあった。

宮島沿線にある国民学校をしらみつぶしに歩いた。どこも臨時の避難所になっていて、収容者の名簿が作られていた。寝かされている人たちの顔を確認しながら、園井、高山、仲の名前を呼んでみるが返事はない。

警察署に行けば全市の避難者名簿があるらしいと聞いて、急いで向かった。保護監護の身分でありながら、黙って広島に来てしまっていることなど、もうすっかり忘れていた。道を尋ねながら、廿日市の警察署に着いた。分厚い名簿に一枚、一枚、目を通している時のことだ。

「玉音だ！　玉音だ！」

周りの警察官たちがあわてて直立不動の姿勢をとってラジオに向かった。天皇の声だ。いよいよ天皇まで動員しなければ一億総決起もできなくなったかと思いながら聞いていると、「ポツダム宣言……」という言葉が耳に入った。さては、と身体中に戦慄が走った。しかし、天皇の声はよく聞き取れない。続いて首相の放送が始まった。ようやく、日本が敗戦を認めたことが分かった。どうりで、朝から空襲警報が一度も鳴らなかったわけだ。八田は「ウワァ――」と大声をあげようとしたが、身体から力が抜けて声にならない。

茫然と突っ立っていると、近所の女性が「何ですか？」と尋ねてきた。ようやく声が出た。怒りつけるような声が出た。

「敗《ま》けたんだよ、おばさん、日本は敗けたんだよ」

夜遅く、宮島に戻った。戦争は終わったが、先の見えぬ苦しみは何も変わらない。ただ、空襲を避けるため部屋の電気を覆っていた黒い布が取り外されていた。昨日より明るくなった部屋で、丸山は大人しく寝ていた。放送を聞いたかと尋ねると、「うん」と感慨深そうな表情を浮かべて、こう続けた。

「もう一〇日、早く手をあげたらなあ……」

一〇日前、つまり八月五日だ。その日までに天皇が敗戦を認めてくれていたら、広島にあの爆弾は落とされなかった。隊員も、自分も、みな無事だった。何万、何十万という人たちが、同じように思ったことだろう。

丸山は骨と皮ばかりになった腕をしみじみと見て、八田に言った。

「こんなに駄目になってしまった。しかしまた芝居の出来る世の中になったんだね。二年、待っておくれ。この身体を直してきっといい芝居をやってみせるよ」


八月一六日。

八田はまた捜索に出かけようとした。とたん丸山が声をあげた。

「昨日、一日留守だったんだ。今日はいておくれよ」

必死にすがってくる様子にグッときたが、仲間も捜さねばならない。丸山の介護は槙村に頼んで寺を出た。それが丸山最後の姿になろうなどとは考えもしなかった。

宮島沿線にはもう、手がかりはない。大勢の避難者が逃げこんだという、広島駅から北へ向かう沿線伝いに歩いた。山間の小さな駅を降りては国民学校を探し、名簿を確認してはまた次の駅に向かう。省線がない場所は、隣の国民学校まで延々と歩いた。島根県との県境近くまで来たが、手がかりを見つけることはできなかった。

徒労感だけを背負って、帰路についた。宮島への連絡船は最終便だった。甲板で潮風に当たっていると、今朝がたに見た丸山の心細そうな表情がふと浮かんできた。少しは何か食べられただろうか。そんなことを思いながら、午後一一時頃、寺に着いた。

足音をしのばせて丸山の様子を見に行った。横で、槙村がうたた寝をしている。昨日まで苦しそうだった寝息が聞こえてこない。おやと思って顔を覗きこむと、目がうっすら開いている。はっと思って額に手を当てた。冷たい。すでに息がなかった。八田に揺り起こされた槙村は、つい三〇分前までは意識があったのにと嘆いた。八田はこう書いている。


静かな寝顔だった。あるいは眠ったまま行ってしまったのかもしれない。額の辺りに思いなしかしわがよっている。固くならぬうちにとそのしわをのばしのばししているうちに、今朝のすがりつくような瞳が急によみがえってきた。

「馬鹿野郎、ガンの馬鹿野郎。」

そんな言葉が思わず口をついて出てきた。

何で死んでしまいやがったんだ、今日からこそ大手をふって歩ける俺たちじゃないか、今からこそ日本の芝居には、かけがえのない大事なお前ではなかったのか。

丸山の臨終に居合わせた、珊瑚座の俳優、諸岡千恵子（当時一八歳）は二〇一〇年、私の取材にこう語っている。

「八田先生が『皆、起きて、丸山がおかしい！』と言われて飛んでったら、もう息も殆どないようで、苦しそうに喘いでから、そいでスゥーッと……。皆が『丸山さん、丸山さん』って呼んでも応えもなく、そのまま静かに亡くなりました。戦争が終わって『ああ、いい芝居できるねぇ、これからは』っておっしゃってたのに……。お棺もなくて、亡くなった方は果物の箱に折って入れられてあるんですよ。それが高く積んであって、すごい臭いなの……」

八月一七日は野辺送りとなった。

不浄を嫌う神の島、宮島では古くからのしきたりで、遺体を焼くことが出来ない。

連絡船にも遺体は乗せられないことになっている。槙村と小舟を手配し、ずっしりと重くなった丸山を乗せた。むごいまでに晴れ渡った厳島水道を、漕いで進んだ。空も青い、対岸の山も青い、波一つない潮はさらに青く、青く、青かった。

対岸の山の頂に遺体を担いで登り、その手で火をつけた。丸山の屍を焼く煙が、山肌をはうように立ち上ってゆく。翌日、焼き場に迎えに戻ると、骨はきれいに焼けきっていた。

俳優、丸山定夫。よく学び、よく歌い、よく恋し、友を愛した。数々の舞台を天真爛漫に駆け抜けた。また、いい芝居をやってみせる——。そんな言葉を残して、新劇の役者は四四年の生涯を閉じ、小さな骨壺に納まった。

それは、長い長い戦争が終わった、夏の日の盛りのことだった。

第十一章　終わらない戦争

広島から神戸へ

八月一五日の敗戦を境に、人生が一変したと語る人は多い。

八田元夫の場合、戦中と戦後という二つの時代に明確な区切れはなく、むしろ強烈に繋がり合っていた。なぜならば、仲間の遺骨を拾う旅はまだ続いていたからである。

八田は、丸山定夫以下六人の隊員たちの遺骨を抱えて宮島を出た。広島駅で何とか切符を手に入れ、深夜、駅のホームに立っていると、遠い暗闇に沢山の青い光がポーッ、ポーッと浮き沈みしているのが見えた。死者の燐が、無数に燃えていた。破壊し尽くされた町並みが闇夜に覆い隠されてもなお、広島は死者の町のままだった。

何時間か遅れて来た列車に乗り込むと、そこには全く別の喧噪が広がっていた。混雑ぶりは相変わらず殺人的だが、八田の胸の骨壺を見て気の毒そうに席を譲ってくれる人もいる。「もう空襲がない」、それだけで人々の顔にはどこか安堵感のようなものが漂っていた。モンペに肌襦袢だけの女、大荷物を抱えた女の子、立ったまま握り飯を頬張る老人、そんな市民に混ざって大半を占めているのが、大きな毛布の包みを抱えた復員兵たちだ。彼らの顔にも、戦争に敗けたという悲愴感はない。

身動きのできない三人掛けの椅子に縮こまって座り、八田はふと、今日は何日なのだろうと指を折った。丸山が死んだのが玉音放送の翌日だから八月一六日、遺体を焼いたのが一七日、骨を拾ったのが一八日、その足で宮島を出た。「今日は、そうか八月一九日なのか」。そう気づくと、とたん長いため息が漏れた。

八月一九日。それは八田の生涯にとって、八月一五日に匹敵する重みを持つ日付だった。五年前の今日、新築地劇団は突然、強制解散させられ、自分は朝早く寝起きを襲われて牢屋にぶち込まれた。命ある限り忘れることのできぬ、最大の「弾圧記念日」である。

以来、思想犯として保護監護下に置かれ、見えぬ腰縄に引かれて日々を過ごしていたのが、数えてみれば、つい一昨日の八月一七日、三年の執行猶予が満了していた。この三年間、どれほど自由を待ち焦がれたか。その満了日すら忘れていたというのは、この数日に起きた事々が、それすらも凌駕するほどのものだったということでしかない。だが、まだ全てを過去形で振り返ることはできなかった。園井恵子、高山象三、仲みどりを、どうしても捜さねばならない。

喧噪の大阪・梅田駅で乗り換えて、神戸へと引き返す。

園井恵子『無法松の一生』（川村禾門の遺品から）

神戸には、園井の宝塚歌劇団時代の有力な後援者の家、中井家があった。園井はそこで家族同様に扱われていて、八田も前年の暮れに一度だけ、苦楽座の巡業先から園井の荷物を持って送り届けたことがあった。園井はつい七月中旬にも、物資を得るために広島から中井家に出かけたことがあったと槙村から聞いていた。八月六日は園井の誕生日だ。中井家で分けてもらってきた甘味は、六日の夜に誕生日祝いとしてみなで頂くことになっていたという。これらのことから考えると、園井にとって中井家は、生き延びていればきっと頼りにするはずの場所だった。

六甲の閑静な住宅街も、あちこち空襲でひどく焼け落ちていた。中井家が無事かどうか、一抹の不安がよぎる。ゆるゆると続く坂道を上っていくと、見覚えのある国民学校の建物が現れた。その角を曲がると、中井家が見えてきた。

ベルを鳴らした途端、娘が飛び出て来た。

「八田先生でしょう、ハカマちゃん（園井の愛称）がお待ちかねです！」

やはりいたか！　それも象三と一緒という。生きていた、よくぞ生きていた！　八田が小躍りしたい気持ちを抑えて玄関に入ると、向かいの部屋で、園井が柱にすがって涙を浮かべてこちらを見据えている。具合はかなり悪そうだ。

「なぜもっと早く来て下さらなかったの」

聞けば何度も東京に電報を打ったという。広島にいたのだと伝えると、園井は続けざまに丸山の安否を尋ねた。即答できないでいる八田の様子から、園井も察したようだった。中井夫人にうながされ、二階の床に入った園井の枕元で、中井夫人はこれまでの経緯を説明した。

園井と象三が中井家に駆け込んできたのは、八月九日のことだった。二人ともボロキレのような着物をまとい、どこかで拾った左右別々の靴を履いて、しかし火傷も負わず身体は元気だった。ところが数日前から象三が「歯が痛い」と言い出し、園井が一人でリヤカーを引いて病院に連れて行った。その後、象三が高熱を出し、寝ずの看病をしていた園井も体調を崩した。それも昨日まで元気だったというのだ。医者からは広島で「ガス」を吸っているので安静にしているよう言われた。あるいはジフテリアかもしれないとも言われ、中井夫人は二人を家の西側と東側の隅の、別々の部屋に寝かせていた。

明らかに具合の悪そうな園井の寝顔からふと窓に目をやると、部屋から神戸港が一望できた。沖合いは夕日を受けて穏やかに輝いている。一ヵ月前、園井らが見送ってくれた岩美町の海を思い出した。

「ガンさんの最期を知らせて」

園井は目を覚ますと、驚くほどきっぱりと言葉にした。八田には、まだ自分の中に生々しいまま残る日々を言葉にすることすら躊躇われたが、順を追って説明した。病人の身体にさわらぬよう、なるべく穏やかに手短に話すも、園井の顔はだんだん曇っていく。ひとしきり伝えきったところで、今度は園井が語り出した。

八月六日は朝食が済んだばかりだった。炊事当番で片付けをしていると、ピカッと光った後で家がガラガラ落ちてきた。ちょうど二階に上がる外付け階段の下にいて、柱と階段の隙間に挟まれて助かった。象三も一緒にいた。二人で抱き合うようにして猛火から逃れ、近くの比治山へと向かった。桜隊の他の隊員たちが避難して来ていないか捜したが、誰にも会えなかった。それから二人で市内を出て海田市まで歩いたところ、列車が出ると聞いて飛び乗ったという。つまり二人は爆弾投下後、幸いにも海田市駅から東へ向けて出る八月九日の一番列車に乗り込んだことになる。後に分かることだが、この列車には仲みどりも乗っていた。

それにしても、医師の「広島の『ガス』にやられた」という言葉に、八田には不吉な予感が走った。隣の象三の部屋に行ってみると、象三は「熱い、熱い」と言って、布団から這い出て板敷に大の字で寝転んでいる。丸山が熱がっていたのと同じだ。これも「ガス」のせいなのか。

その晩から八田は、それまで寝ずの番をしてくれた中井夫人に休んでもらうため、園井と象三の部屋を行き来して看病を始めた。園井の熱はだんだん上がっていき、三九度を超えた。やはり背中が痛い、痛いと言う。丸山にしたのと同じように、ゆっくりとさすってやる。

　そうするうち象三がまた、床から抜け出して板敷へ出ようとする音がする。苦しいのだろう、駆け付けてみると板敷に足を叩きつけている。それを押さえつけて床に戻すと、うがいをしたいとしきりに訴える。

　ガーゼで口の中を拭ってやった。すると、黒い血がべったり付いた。歯茎や喉から新しい血が次々に滲んでくる。象三はもともと扁桃腺が弱いと話していた、そのせいだろうかと八田は不思議に思った。髪の毛もごっそり抜けて、枕が毛だらけになっている。足をさすってやるとようやく落ち着き、「ママ、ママ」とか細い声をあげた。

　薄田研二夫妻には、中井家から何度も電報を打っているという。象三には「明日にでも駆け付けてくるよ」と気休めを言いながらも、全てを刈り尽くされた東京で、果たして電報が届くかどうか八田は正直、心もとなかった。

　象三はふと正気を取り戻すと、鉛筆を手に取って「朝鮮へ行く」と書いてみせた。中井夫人に聞けば、一昨日から「朝鮮へ行きたい」とばかり言うのだという。三月に朝鮮に渡った村山知義と仕事の約束を交わしていたことは知っていた。実は象三には恋人がいた。苦楽座の隊員だった、女優の利根はる恵だ。利根は彰子の前に「お雪」を演じていた。それがこの年の春に朝鮮に渡ることになり、象三と再会を誓いあって別れたという話を八田が伝え聞いたのは、ずいぶん後のことである。

夜が更けていく。今度は「センセ!」と園井の必死な声が響く。象三の部屋から園井の方へと移り、園井の背中をさする。胸が苦しいと盛んに訴える。また象三の這い出す音がして、部屋を移って床に連れ戻す。二人の部屋を何度も往復しているうちに、夜が明けてきた。

窓越しに見える黒い水平線の向こうに、白々とした光が滲んできた。いつも変わらぬ海だけが、八田を慰めた。

焼かれた文書

日一日と死へと向かう園井と象三の必死の看病に八田が追われている頃、日本移動演劇連盟を所管した内閣情報局の局員たちは連日、文書の焼却にかかりきりになっていた。元情報局局員、桑原経重の証言がある(『悲劇喜劇』昭和四七年四月号参照)。

東京ではマッカーサーの進駐がいつになるのか、それが最大の関心事だった。ひと頃騒がれた広島の大被害の報も、戦争に敗けてしまった今となっては、空襲された他の都市と扱いは何ら変わりなくなっていた。

米軍が最初に手掛けるのは、戦犯の摘発に違いない。そのための証拠探しが各官庁で行われるのは目に見えていた。そうなる前に全ての文書を燃やしてしまえという命令が、どこからともなく下った。どの書類が危ないかという思案をする暇はない、「速やかに」、「一切合切燃やしてしまえ」という命令である。

桑原は、内閣情報局第二部第二課の主任だった。情報局は内務省の最上階の五階にあり、内庭の焼却場まで重い資料を持って降りるのは大変な作業だ。上に下に書類を運んでいた者たちは、すぐに音を上げた。そこで空襲時のために常備していた非常持ち出し用の麻袋を活用しようということになった。

下で「燃やす係」が焼却を行い、桑原は麻袋に詰めた書類を五階から投下する「落とす係」になった。麻袋を投下すると、ドシーンという鈍い音がはね返ってくる。あちこちの窓からドシーン、ドシーンと続き、階下は燃えに燃え続ける文書の山。まさしく「紅蓮《ぐれん》地獄」のようだったという。

桑原は昭和二〇年三月に内閣情報局に配属された。半年近く芸能演芸課を担当し、移動演劇を中心とした事務の補佐をした。戦争も末期で仕事らしい仕事はほとんどできなかった。手元の文書にはその他、各劇団が移動演劇で地方を回る際に鉄道当局に協力を依頼した書類や、地元の興業者とトラブルが生じないように協力を求める要請書などがあった。いずれも一方的に発送しただけのものだった。

特に前者の鉄道局宛の依頼文は、八田や槙村が新宿駅で広島行きの切符を得る際に提示しても全く効果のなかった代物である。桑原自身、「役に立ったと喜ばれたことも少しある。しかし、そうでない場合のほうがむしろ多かったのではないか。軍にくらべれば情報局などは問題にならない」と書いている。

桑原は考えた。自分のようなものでも戦犯になるのだろうか。まさかこの程度の仕事で、それはなかろう。自分の手元にある資料だけでも残しておけないか、家に置いておけば、わざわざ調べに来る者もいないだろう。桑原がまとめてこっそり持ち出した書類の中に、前に書いた、池田生二が入手した桜隊の広島疎開に関する文書も含まれていた。

桑原は半年間の記録を見ながら、四月は劇団を疎開させるために忙しかったことを思い出した。ふと、四月一二日か一三日頃の出来事が浮かんだ。直属の上司である情報官と文部省の辺りを歩いていた時のことだ。ばったり、丸山定夫と出くわした。

「広島に行きます！」

丸山は一瞬、直立したような姿勢で、敬礼するように情報官に報告した。広島について少しばかり語った後、あっという間に去って行った。なんと颯爽とした人だろうと思った。その丸山の弔辞の原案を間もなく自分が書くことになろうなど、この時の桑原には思い至るはずもない。

内務省の内庭から立ち上る煙は、九月頃まで消えなかったという。内務省だけではない。全省庁が、そして軍部が、必死に戦争の痕跡を焼き尽くしていた。

この国の指導者たちの再出発は、戦争責任の隠滅から始まったのである。

二人の遺骨を拾って

八月二〇日、神戸。

中井家には、園井の宝塚時代の後輩や象三の叔父と叔母が駆け付けてきて、看病の手が増えた。一八日に宮島を出て以降、一睡もしていない八田も、ようやく少しだけ仮眠を取ることが出来た。あまりの疲労に精神が麻痺し、疲れたという感覚すらよく分からなくなっていた。

園井と象三の熱は四〇度、四一度とじりじりと上がっていく。

園井が左腕を掻きむしると、そこに紫色の小豆粒の痕が出来た。あちこちに皮下出血が広がっていく。

一方の象三は、洗面器に血を吐くようになっていた。昼を過ぎると、「象三の生命との最後の格闘」が始まる。「水がほしい」というが、タオルに含ませて口に当てた水は、もう一滴も喉を通らない。喉からは、黒血が吹き出す。その度に象三は七転八倒し、のたうち回る。鼻腔まで黒血が詰まる。何の手のほどこしようもない、救いようのない絶望的な介護が数時間、続いた。

夕刻、象三はとうとう力尽きた。目を白くさせて痙攣を起こし、やがて手足は動かなくなった。枕元には「水がのみたい」と殴り書きされた紙が散らばっていた。空襲による火災から逃げ出し、火傷もしていなかったのに、身体中から出血して苦しみ抜いた末に死んだ。そこにいた誰もが、一言も口にはしなかったけれど、象三の最期を園井の近未来に重ねていた。


象三が亡くなった夜から、園井が幻覚を見るようになった。

「あ、ガンさんが」

園井の低い声に、八田は水を浴びせられたような気になる。

「ガンさん、よかったわねえ」

手足にできた小豆大の出血はぶどう大に膨らみ、壊疽の症状を見せ始めていた。象三と同じように髪の毛が抜け始める。生理でもないのに大量の内臓出血が続き、携帯用の便器が手放せない。身体中が痛いと訴え続ける園井の背を軽くさすりながら、八田もついウトウトしてしまう。

夜が明けて、八月二一日。

「しょうちゃん、どお、したの。きょう、は、おとなしいのね」

園井の発する言葉が、聞き取れなくなった。言語中枢が侵され始めたようだった。皮下出血が全身に広がっていく。熱は下がらない。体温計に四一度以上の目盛りはない。水銀の棒は伸び切ったままだ。

象三の棺桶を送り出すのと入れ替わるように、東京から薄田研二夫妻が到着した。臨終には間に合わなかった。園井をよく知る薄田の妻は、息子にしてやれなかった悔いを園井に差し向けるように、ずっと枕元に付き添った。

園井の膨れ上がった壊疽が壊れると、象三が吐いたのと同じような色の黒血が流れ出す。幸い、顔にだけは出血がない。視点の合わぬ瞳を、遠くの方へ向けている。小さなつぶやきに、薄田の妻が優しく相槌を打つ。

「ええ、ええ、そうねえ、早く良くなって、またいいお芝居しましょうね」

園井の呼吸がだんだん早くなっていく。のけぞるように二、三度と身体を突き上げたかと思うと、そのまま息絶えた。

この日も、白い日差しが照り付けていた。

八田は、園井の柩を荒縄で結わえ、荷車を引いて焼き場へと向かった。一片の希望を託して上った六甲の坂道だった。柱に摑まり立ちして八田を迎えた園井も、わずか三日で逝ってしまった。象三を焼いたばかりの窯に、園井の柩を入れた。

仲間たちの最期を看取り、その骨を拾うことが、桜隊の演出家としての最後の仕事であったとすれば、その運命はあまりに過酷すぎた。八田は、歴史の目撃者となった。遠く離れた東京には伝わるはずもなかった悲劇の記憶と記録を、彼は一生、抱え続けることになる。


八人の遺骨を抱えた八田が薄田夫妻とともに、東京に戻ったのは八月二四日のことだ。

荻窪にある薄田の家には、近くに住む徳川夢声も駆け付けてきた。そこに夕刻、「仲みどりが東京帝国大学医学部付属病院で一二時四五分に息を引き取った」という知らせが入った（『夢声戦争日記』第五巻）。

仲は、桜隊で残る最後の一人だった。果敢にもあの地獄から脱出して園井らと同じ列車に乗り込んで東京に戻ったものの、原因不明の体調不良が続き、母親に付き添われて入院していた。

仲が亡くなる数日前に、森下彰子の養父が病院を訪れている。移動演劇連盟から、仲みどりが広島から戻って病院で治療を受けているという連絡が入ったからだ。養父は、音信が途絶えた彰子の安否が聞けるのではないかと思って駆け付けた。

彰子の養父を取材したのは、昭和五五年に『櫻隊全滅』を書いた元女優の江津萩枝だ。自著の中ではふれなかったが、面会して話は聴いたという。生前の江津に許可を得たうえで、江津が早稲田大学演劇博物館に寄贈した取材ノートを見せてもらった。調べると確かに、森下彰子の養父から聴き取った言葉が綴られていた。

仲さんは熱がある時は暴れて看護婦が押さえつけないとダメなくらいだが、今日は大変いいから会わせると看護婦が言うので、会うことができた。仲さんは、「自分は話したくないから、お父さんが聞きたいことを話せば、それについて答える」というので、「彰子がどこにいたか」を聞いたら、仲さんは炊事で下に下りていて、森下さんたちは二階にいたと聞いて、もうそれを聞けば分かって、帰路についたが、どこをどう帰ったか全く分からない。仲さんは大変苦しんで死んだと聞いて、彰子はむしろ幸せだったと思い、あきらめた。

丸山が語ったように、仲もまた、森下彰子ら生き埋めにされた女優たちの叫び声を聞いていたのかもしれない。必死の思いで駆け付けて来た隊員の親に、「話したくない」と放たれた言葉は、仲間を置き去りにして逃げてしまわざるを得なかった苦しみから発せられたものだったのかもしれない。

あの日、堀川町には九人の隊員がいた。うち五人は建物の下敷きになり、生きたまま焼かれた。助けを求める必死の声は、どこにも届かなかった。彼らが抱いた恐怖と絶望、そして無念は言葉にならない。

残る四人は、一度はその修羅場から逃げ出し、助かったと安堵した。戦争が終わったことを知り、また芝居ができると希望を抱いた。その命を放射能は生きたまま蝕み、うちから破壊し、一九日間かけて奪い尽くした。

桜隊は全滅した。

面子のための大葬儀

東京に戻った八田は、薄田の家で数時間を過ごした後、その足で三好十郎の家へと向かった。荻窪駅から南へ南へと、夕暮れのバラックが建ち並ぶ焼け跡の中を歩いて行く。三好、八田、そして丸山。近いのは年齢だけで、育ちも性格も全く異なる三人だった。常に奇妙なバランスの中に互いを認め合い、反目しながらも、どこか根っこの深いところで結ばれ合っていた。

八田の演出家人生で最も輝いた名優、丸山定夫。丸山に、かけがえのない演出家として自分を認めさせるために、これまで舞台に取り組んできたといっても過言ではなかった。三好の戯曲『獅子』に、丸山は真に生きた。その丸山を失って、八田の中にはどこか空虚な穴が開いたようだった。だが、三好のそれは自分の比ではなかろうことは容易に想像がついた。

三好は、まるで待ち構えていたかのようなタイミングで玄関に現れ、何とも言えぬ悲痛な面持ちで八田を迎えた。背を伸ばして正座し、八田は丸山の最後の様子をつぶさに語った。三好は相槌すら打たず、一言一言、嚙みしめるように聞いている。一連の出来事を聞き終わると、無言で薄暗い庭に向かって座り直した後、つぶやくような声を漏らした。

「あいつは転がる石のような奴さ。折角二足のわらじを芝居一足に履きしめながら、苔もつけられないで転がり転がった末に死んでしまいやがった」

三好は、いつもの言い方で盟友の死を悼んだ。二年前、映画と舞台を掛け持ちする丸山を、三好は激しく糾弾した。それさえなければ丸山は映画界に留まり、むざむざ広島に殺されに行くことにはならなかったかもしれない。全ては結果論に過ぎないが、三好がそのことに深く胸を抉られていることは間違いなかった。

戦後、八田と三好はそれまで以上に多くの仕事をともにすることになるが、丸山について会話を交わしたのは、この時一度切りである。

八月二六日、薄田の家で慌ただしく葬儀の準備が始まる。祭壇を準備している最中、移動演劇連盟が後日、盛大な告別式を主催したいという話が飛び込んできて、八田はさらに事務連絡に忙殺された。連盟といえば、あれだけ劇団の行動に強権を振るい、命令一下、その運命すら変えた組織である。だが声がかかるまで、八田はその存在すら思い出さなくなっていた。

薄田家では二九日に象三の告別式、九月一日に丸山と園井の告別式と続いた。三好十郎、佐々木孝丸、和田勝一ら、新築地時代をともに歩んだ仲間たち、徳川夢声や藤原釜足ら苦楽座に参加した者、広島行きを前に脱退した者、その他、小説家の佐多稲子や作家の壺井繁治・栄夫妻ら、厳しい時代に顔を合わすことすらできなくなっていた多くの関係者が集った。

祭壇の奥には、三好十郎が描いた丸山の横顔と、村山知義が描いた象三の油絵。飾りが足らずどこか物悲しかった祭壇も、あっという間に小さな花束で埋めつくされた。八田がポツリポツリと語る広島での出来事に、みな静かに耳を傾けた。三好も部屋の隅で目をつぶり、押し黙ったまま聞いていた。

僧侶の読経が終わると、八田はかつての東京少年劇団のメンバーを呼んだ。子ども隊長として八田の演出補をした土方与志の長男、敬太や、象三の姉、つま子らが並んだ。もうみんな立派な大人になっていた。

「象ちゃん、少年劇団の歌を歌うよ」

八田の合図で、みなが声を張り上げて歌った。勇ましいながらも、どこか調子が外れた旋律に、人々の嗚咽が漏れてくる。薄田の妻のすすり泣きはひと際大きい。

広島行きからこの日まで二十数日間、八田の感情もどこか麻痺していたようだった。すっかり乾ききっていた瞼の裏が、ようやくジッと熱くなっていった。

二日後の九月三日、東京新聞の第二面に八田元夫による寄稿が掲載される。

「廣島に友を探す」というタイトルで、五段にわたる長文だ。先の隊員の葬儀に取材に来た東京新聞の演劇担当記者、安藤鶴夫（後の直木賞作家）が、八田が広島で目撃したことを聞いて執筆を依頼したものだ。

記事には、広島で全滅した桜隊九人全員の名前を記し、丸山定夫の最期を認めた。「打撲と裂傷と、ガンマ線の肉体破壊の初期的兆候」を示したという記述もあり、この時には八田が原子爆弾の放射能による影響を知っていたことが分かる。この記事が出たことにより初めて、多くの関係者が桜隊の訃報を知ることになった。

当時、新聞紙上で原爆の被害について詳細な体験記を書いたのは、全紙を調べた限りにおいて二人しかいない。八月三〇日、朝日新聞に「海底のような光—原子爆弾の空襲に遭って」という自身の体験を寄稿した作家の大田洋子と、八田元夫だ。GHQによる報道規制は特に原爆の被害に関する情報に厳しかったが、これらの記事が掲載されたのは、九月一〇日から規制が始まる前のことだ。

八田は「私自身の経験の百分の一の実感をさえ伴ってくれない表現のもどかしさを感じるばかりであった。否、どんな拙文でもかまわない。この貴重な体験は犠牲になった人達のために、正確な記録だけでもとどめておかなければ、という気になってきた」と書いている(『ガンマ線の臨終』)。

しかし間もなく、事情は一変する。あらゆる雑誌に桜隊の最後について寄稿するも、見事なまでにすべて掲載不可とされた。最終のゲラが刷り上がった段階で突然、掲載が禁止されたものもあった。ＧＨＱからの差し止めである。それでも八田は、発表する宛てもない原稿を書きあげていった。その内容はすでに見てきたとおりだが、膨大な記録は書籍化されるまで約二〇年間、八田の手元に眠ることになる。

九月一七日午後二時から、内閣情報局が主催する桜隊の告別式が、築地本願寺で開催された。東京新聞の八田の記事の影響もあって、ほとんど顔も分からぬような人たちまで詰めかけて現場はごった返した。八田は、遺族の案内だけに集中した。

式の途中、なぜか竹田宮が臨席するらしいという情報が入り、一時は式の進行を止めて全員が車の御成りを待機させられる一幕もあったが、結局、出席はなかった。祭壇は豪華な生花という生花で見事なまでに埋め尽くされた。先の情報局主任、桑原が保管していた資料によると、備考の欄に「生花ヲ供フコト」とあり、その費用は「機密費」から支弁するとあった。

式の冒頭に披露された情報局総裁、河相《かわい》達夫による弔辞について、八田は怒りを覚えたと短く綴っているだけで、内容は全く記していない。

桑原の資料によると、弔辞は主任の桑原が九月一四日に原案を書き、一五日から一六日にかけて、上司の菅原情報管理官、第二課長、第二部長、秘書課長そして総裁次長の決済を得ている。決裁書の右肩には「至急」という押印も見える。その内容の一部を抜粋する。

諸君は戦争の進展とともに逸早く芸能に課せられたる任務の如何に重大なるかを認識せられ啓発、宣伝面の第一線に率先し、社団法人日本移動演劇連盟の下に、工場、鉱山、農山漁村等の慰問激励公演に揮《ふる》って挺身せられ、その真摯なる演劇精神と溌剌たる演技は、工場の食堂に、山村の仮設舞台に、大いなる感動と慰楽を齎《もたら》したのであります。而して戦局の緊迫化に伴い、諸君は益々その使命遂行に邁進せんとして、進んで連盟専属「桜隊」を結成すると共に、劇団地方移駐の魁《さきがけ》となり、本年六月、決然として広島市に赴かれました。かくして、諸君は熾烈なる空襲下、移動、輸送の困難に耐え、宿舎食糧の不充分をも忍び、ひたすら芸能奉公の赤誠に燃え、奮励敢闘中のところ、八月六日、原子爆弾戦災に殉ぜられたのであります。

移動演劇連盟に参加する以外に道はない状態に追い込み、広島だけは空けられないと疎開を強要しておきながら、それを「進んで」参加したという。誰ひとりとして「啓発宣伝」のため、「芸能奉公の赤誠に燃え」て広島に向かった者などいない。虚しい弔いの言葉は、いかに飾られようとも、八田の心に沁みてはこなかっただろう。

盛大な葬儀が終わり、八田が広島から運んで帰った骨壺が祭壇から下ろされた。九人の隊員の遺族が進み出て、遺骨を分けあった。

残った遺骨は後日、慰霊碑を建立してそこに納められることになった。

第十二章　骨肉に食い込む広島

元伯爵の釈放

昭和二〇年一〇月四日、ＧＨＱは「政治警察廃止に関する覚書」を発表した。

これにより、日本の治安維持法や思想犯保護観察法、特高警察が廃止され、政治犯の即時釈放が決定した。

八田元夫は自宅のラジオで、このニュースを聞いた。マッカーサーが厚木に降りて一ヵ月余り、待ちに待った報せだった。戦時下、日本政府に思想犯との刻印を押された者たちが今後どう扱われるのか、それまで全く不明だったからである。

外は雨だった。

八田は窓を開け、喉が切れそうなほど大きな声で叫んだ。

「バカヤロ――！　ザマミヤガレ――！」

ひと呼吸おいて、三井牧場の木立ちの中からこだまが返ってきた。八田は、吐き出してすっきりするどころか、奇妙な感情に囚われた。

――俺は一体何をして来たのだろう……？

ここ数日ずっと、そんな自問自答を繰り返していた。

桜隊の仲間たちの最期を看取り、葬儀を終え、人生に二度とないような怒濤の日々が過ぎ、ようやく我に返りつつあったちょうどこの頃、八田にとって冷や水を浴びせられるような出来事が起きていた。

ことの発端は、数日前にさかのぼる。毎日新聞社から「新劇の再興」について意見を求められ、短い文章を寄せた。その中に八田は、戦争指導者たちを批判した後で、「戦時中、自分は何もできなかった」という趣旨の一文を付け加えた。戦争に反対する大きな声をあげることができなかったことを詫びたつもりだった。

その記事を読んだ旧知の佐々木孝丸や金子洋文（劇作家・後に日本社会党参議院議員）が、酒席で絡んできた。

「自分だけいい子になるな」

八田は一瞬、意味が分からなかった。金子が続ける。

「俺たちは確かに、戦争協力の本も書き、演出もした。お前だって覆面でやったじゃないか、お前にだって、あの戦争の責任はあるぞ」

いつもは何かと仲裁役を買って出る佐々木まで、金子に同調して八田を責め立てる。この時、いつも穏やかな八田が珍しく激高し、摑み合いの喧嘩になりそうになった。八田は店の外まで二人を引っ張り出しておきながら、拳を上げる代わりに踵を返して家へと駆け戻ってしまった。

敗戦の日から二ヵ月、八田の心の中から桜隊の悲惨な最後が消えることはひと時たりともなかった。八田自身、自分もあの戦争の被害者だという、恨みにも似た気持ちを強く抱いていた。よもや自分に、あの戦争の責任の一端があるなどと責められるとは思ってもみなかったことである。

確かに自分は覆面という形で仕事をした、国策の移動演劇にも参加した、佐々木や金子が言うように、弾圧に対して筆を折ったわけでもない。移動演劇では『獅子』だけでなく、露骨な国策演劇も演出した。しかし、少しでも良い演劇を求めてもがき、身体を張って芝居に生きた。そのことが、果たして戦争に加担したことになるのか。憎んでも憎み切れない戦争指導者たちの最後尾に、自分も並んでいたというのか。

「解決しきれないもの」が、八田の心の隅でうずき始めた。

戦後の新劇の復活は、ＧＨＱの戦後改革の一環として動き始めた。

ＧＨＱはまず、戦争犯罪人の摘発と戦争協力人の公職追放の準備を始めた。同時に、ＧＨＱ内に最も早く設置されたＣＩＳ（民間諜報局）は、占領政策にふさわしい内容を見極めるため、日本国内の過去の出版、映画、演劇の状況など様々な情報収集、分析を行った。

九月二四日、警視庁はＧＨＱの指導に基づき、映画や演劇の興業を戦前どおりに復活させる方針を明らかにした。表向きは都民の生活を明朗にするためとされたが、真の狙いは、占領軍への不満を吸収する装置を構築するためでもあった。歌舞伎は九月に公演を再開、映画界も制作を始めた。しかし、新劇界だけは動きが鈍かった。

敗戦を迎えても、新劇界の主要な人物は思想犯として監獄に置かれたり、自由な行動を禁じた保護観察制度に縛られたりしていた。これまでの法律はまだ何ら変わっていなかった。演劇界には「移動演劇」という特殊な形体だけが残され、ほとんどの劇団は消滅していた。ＧＨＱによる何らかの方針が出るまで、みなジッと息をひそめ、行動を起こしかねていた。

だからこそ一〇月四日の思想犯釈放のニュースは、新劇界にとってようやく戦後の第一歩を踏み出すことを予感させるものになった。

一〇月八日、土方与志が仙台刑務所から釈放された。
戦前、新劇の拠点となる築地小劇場を誕生させ、丸山定夫はじめ大勢の俳優を世に送り出した。あの時代を生き抜いた新劇人の中でただ一人、当局による弾圧に抗い、一切の転向を拒んで服役させられた。約四年間、極寒の宮城刑務所で囚人服を着せられ、腰縄を付けられ、囚人番号「四〇番」と呼ばれた〝赤い伯爵〟は一転、英雄となる。

土方は、妻の梅子と長男、薄田研二らに出迎えられて刑務所から出獄した。かつて亡命先のフランスで、ドイツに白旗を上げた時の社会の様子をつぶさに見ていた与志は、日本の敗戦を知った時、社会の最下層に置かれた自分たち囚人は殺されるだろうと思っていたという。

まさかの出獄という展開に、彼は取材にこう心境を語っている。
「四年余の刑務所生活で心身ともに疲労しているから、当分の間は栃木県の西那須野の息子の農園で農耕生活をしながら世の推移を慎重に研究し、また友人、先輩の意見も聞いて、自分の今後の生き方を決めたいと思う」(毎日新聞・昭和二〇年一〇月一〇日付)

ソ連に亡命するため土方が日本の演劇界から去って一二年、演出家としてはあまりに長いブランクがあった。演出は目に見えない生き物のようで、時代にあわせて形も色も変えていく。自分は再起できるのか、自信はなかった。土方は新聞の取材に答えたように、暫くの間はゆっくり休養して身の振り方を考えようと思っていた。

ところが土方が那須野に戻るや、かつての子弟たちから「寄せ書き」が届いた。山本安英、千田是也、滝沢修、杉村春子らの名前に混じって、八田元夫が書いた一行もある。

——早くお目にかかりたい　そのうち飛んで行きます　八田

みな日々の食糧難に苦しみながらも、一日も早く新劇を再興させたいという思いを土方にぶつけていた。

土方与志を新劇復興の旗頭にするという願いは、皮肉にもGHQの手によって実現されていく。土方は出獄から一〇日後、GHQ配下のCIE（民間情報教育局）の招きで上京している。そこで現在の心境を問いただされたうえ、演劇活動を再開するよう強く促された。

円滑な占領を演出しようとするGHQにとって、日本軍政下における弾圧の象徴だった元伯爵をアメリカが主導する民主主義の旗頭に使うことは、最適の配役といえた。戦時中に弾圧を受けていた共産党も合法化されて政治活動を始めており、土方の政治的傾向が問題にされることもなかった。時代はそこまで様変わりした。

土方は時代の風に背を押されるようにして、徐々に演劇界での活動を開始する。新しく創設された準備組織には進んで名を連ねた。関東大震災の焼け跡に築地小劇場を建設した時と同じように、また焼け野原から出発するのだと思った。

しかし、各方面から最も強く要望された「新劇団の創設」には、とうとう最後まで踏み切らなかった。この事情について妻の梅子は、すでに財産のほとんどを失っていたという経済的な事情に加えて、もう一つ大きな理由があったと書いている。


しかし、与志が劇団創立に積極的にならなかったもう一つの原因は丸山定夫さんの原爆死でした。丸山さんがいたら、どんなに苦労しても一緒に劇団を作っただろうと思います。また丸山さんも「先生。やりましょう!」と言ってくださったと思います。

「丸《がん》ちゃんが生きていたら……」

与志は出獄してから、その生涯を終わるまでにこの言葉を何度、口にしたでしょうか。原爆は天才的な俳優丸山定夫さんを殺したことによって、演出家としての与志の戦後の道をも大きく変えたと思います(『土方梅子自伝』)。

新劇、再開

一二月四日、ＧＨＱのお墨付きを得て「新劇人クラブ」が発足する。「新劇の諸問題を自由に心おきなく懇談しつつ将来の全新劇運動の母胎」になることを目指し、劇作家、演出家、俳優、舞台美術家ら約六〇人が参加した（東京新聞・昭和二〇年一二月四日付）。

同月一七日、新劇人クラブの結成を祝い、記念の「新劇講演会」が毎日新聞社の社屋で開かれている。講演に立った三人のうちの一人が、八田元夫だった。「新劇受難史」と題し、移動演劇隊として広島に派遣された桜隊について語った。外地からの引揚者も多く、桜隊が全滅したことを初めて知る関係者も少なくなかった。会場は新劇再興に向けて活気に満ちていたが、丸山定夫はじめそれぞれの悲愴な最期を淡々と語る八田の言葉には、会場に集結した人々は咳ひとつせず静まり返った。

それから九日の一二月二六日、戦後初めて、新劇人クラブを母体とする新劇合同の舞台『桜の園』（チェーホフ作・青山杉作演出）が有楽座で上演された。歌舞伎や映画に三ヵ月遅れてのスタートだった。

困難を極めると思われた会場の確保は、ＧＨＱが手配してすんなり決まった。毎日新聞社の久住良三の証言によると、「土方与志を入れてやるなら」という条件で「電話一本で有楽座に決まった」という（この時、土方は客席で観劇した）。

東山千栄子や薄田研二、千田是也、杉村春子、三津田健、滝沢修、森雅之ら、戦禍を生き抜いたそうそうたる顔ぶれが一堂に集まった。劇場も舞台衣装も全て空襲で焼けてしまい、衣装は、自分の役に相応しいものをそれぞれが用意した。舞台装置もベニヤ板数枚を張り合わせて色を塗っただけの簡素なものだったが、それでも三日間六回の公演は約一万人もの観客を動員した。

「とにかくまた舞台に立てることが嬉しくて、ただ嬉しくて」と東山千栄子が語ったように、俳優にとっても客席の観客にとっても感慨深い公演であったに違いない。

この三日間、八田元夫の居場所は舞台ではなく、むしろ劇場の「廊下」にあった。八田は、この日までに桜隊の遺族の元を回り、九人全員の遺影を集めていた。それを大きく同じサイズに焼き直し、有楽座の廊下の左右の壁に並べて掲げた。その側には、桜隊の「殉難碑」を建設するための基金を募る小さな箱も据えられた。黒縁の額に収まった丸山や園井の写真の前でふと立ち止まり、事情を察したような表情を浮かべる人たちもいた。

目黒・五百羅漢寺にある「移動劇団さくら隊原爆殉難碑」。前列左端が八田。
（提供・早稲田大学演劇博物館）

劇場は連日、大勢の観客でにぎわった。みな着の身着のまま、知識階級だとか労働者だとか、そんな区別はもはやなかった。かつて関東大震災後の東京・神楽坂で、芝居小屋を探し求めて歩いた八田のように、みな芝居を待ち焦がれた人たちである。新築地劇団を解散させられた昭和一五年以降、五年半ぶりに味わう懐かしい小屋の空気だ。かつての関係者の顔が行き交っては「お久しぶり」と再会を喜び合っている。そんな廊下の片隅で、八田はずっと九人の遺影とともに座って過ごした。

この時に集まった募金で、桜隊の慰霊碑建立の話が実現することになった。しかし、慰霊碑の文言を考える段階になって、GHQが「原爆」という文字を碑に刻んではならぬと言い出した。八田は下手な英語で交渉に臨んだが、取りつく島はなかった。民主主義を掲げ新劇を再興させる姿勢と、原爆について徹底して封じようとする姿勢は、同じ国の仕業とはとうてい思えなかった。こんな国にそもそも勝てるはずはない、そんな無力感だけが残った。

徳川夢声の斡旋によって、目黒の五百羅漢寺に桜隊の慰霊碑が建つのは、サンフランシスコ講和条約が結ばれ日本が独立する昭和二七年まで待たねばならなかった。慰霊碑には当初の予定通り、「移動劇団さくら隊原爆殉難碑」という文字が刻まれた。「桜隊」がなぜ「さくら隊」とひらがなで表記されたか、詳しい記録はない。だが、敗戦の翌夏に桜隊の法事を営む際、印刷物に書かれた「桜隊」という漢字を見た警視庁が、右翼団体または特攻の生き残りの集会と勘違いして集会にストップをかけかけたという出来事が影響したかもしれない、というのが関係者に伝わる話である。

新劇人の「戦争責任」

戦後の新劇再興を振りかえる時、どうしても避けられない問題がある。八田自身にも突き付けられた「戦争責任」にどう向き合うかである。

戦後初の新劇合同公演のひと月前の昭和二〇年一一月中旬、新劇人クラブの発足に向けて準備会が開かれた時のことだ。その会合での一幕を、八田はこう記している。

一九四五年敗戦直後、新劇の再建のため、毎日新聞の斡旋で私たち新劇人が会合した席上、久保栄が戦争責任の問題を提出した。私などもその尻馬にのって二三発言したが、ちょっと重苦しい沈黙がきた。それを破るように、杉村春子が「じゃ、私みたいに、荒鷲の母なんて映画に出た人間はどうしたらいいの！」と叫んだ。それは腹の底からひびく悲痛な叫びであった。私たちはぐッと言葉につまった。それをとりなすように千田是也が「僕だって皇軍艦のようなものをやっているのだから」といったことで、その場はこの問題が発展されずに終ってしまった。その前後にもたれた同じ会合で、やはり久保栄が、遠藤慎吾（演劇評論家）にむかって「君は、大政翼賛会の文化部で働いていたんだから、この会合に出ることは遠慮してほしい」とはっきりいいわたした。そしてこれをひきとめる誰もいなかった（『藝術新潮』昭和三五年一二月号）。

八田によると、久保栄が先頭に立って個人の戦争責任を糾弾した。久保は戦時中ずっと、評伝『小山内薫』を書き続けていて、この執筆以外の仕事をほとんどしていない。それでも生活していける環境にあったからとも言えるのだが、いずれにせよ自分は戦争には協力しなかったという強烈な自負があった。

久保は遠藤慎吾に加えてもう一人、新劇人クラブから排除している。評論家の山田肇《はじめ》だ。山田は戦時中、文部省の外郭団体である日本文化中央連盟の芸能研究部に所属していた。中央連盟は、保護観察所と連携した仕事も行っており、「新劇人の禊」にも積極的に関わった過去を持っていた。八田ら保護監護下に置かれた演劇関係者が、ふんどしで沐浴させられ、遊戯を踊らされ、土下座をさせられた例の伊勢参りだ。山田肇は戦後になって、「みそぎ」に同行させられた中野重治には相談して赦しを得ていたというが、久保は恨みを忘れていなかったということだろう（『対談　戦後新劇史』参照）。

久保は他にも、戦時中に表舞台で活躍した久保田万太郎や佐々木孝丸らも組織から除名するよう要求した。しかし結果として、それは実現しなかった。彼らの友人知人の中にも久保自身が親しくする者がいたり、一人を糾弾すれば芋蔓式に戦争責任が広がって収拾がつかなくなったりという事情があった。やがて合同公演に向けての準備が忙しくなり、それ以上の突っ込んだ議論が行われることはなかった。

新劇人が集まって戦争責任について真っ向から議論を行った記録は、この時ともう一回、半年後に新劇人クラブが新劇人協会へと再結成される時の、わずか二回しか見当たらない。

二度目のチャンスは、マッカーサーが昭和二一年二月に公布した「公職追放令」に従って、国内のあらゆる業界団体が一斉に「戦犯リスト」を作成した時期に訪れた。新劇人協会の準備会でも「演劇界の戦犯リスト」を作るかどうかを巡って紛糾した。

戦犯の候補としては、大政翼賛会の文化部長や移動演劇連盟の理事長まで務めた岸田國士、移動演劇連盟事務長の伊藤熹朔《きさく》、日本演劇協会の久保田万太郎らといった大御所をはじめ、演劇人に対する拷問を行った警視庁特高課の刑事、台本の検閲係、保護観察所の担当者まで名前が挙げられた。

しかし、千田是也がこれに異論を唱える。千田の主張は、芸術家は放っておいても自分で反省する、岸田や久保田を追放すれば多くの俳優を抱える文学座との関係に大きな問題が生じる、リストに名前が挙がらなくても皆、大なり小なり責任を抱えているではないかというものだった。

この主張に対して、珍しく八田がしつこく食い下がったと千田は書いている。戦犯リストの上位に名前が挙がる伊藤熹朔が、千田の実兄であったことは、千田の主張を八田がすんなりと受け止めきれない理由にもなった。

戦犯リストを作るべきだと言って引かない八田に、千田はとうとう「癇癪」を起こした。千田は八田に対して「戦争中に保護観察所や警視庁や興行会社に日参して……変な芝居の演出をさせてもらったり劇団をつくらせてもらったりしたのはいったいどこのどいつだ、そいつらはリストに入れなくともいいのか」などと「やくざなみの啖呵」を切る羽目になったという（『千田是也演劇論集』第一巻）。

先の毎日新聞への寄稿を巡る佐々木や金子との一件に加えて、千田にまで思わぬ楔を打ち込まれ、八田の心中は穏やかではなかったはずだ。

結局、戦争責任に関する議論は、またもうやむやになった。これからみなで団結して新劇の再起を目指すという時期に、互いの非を責め合うような議論は避けたいという空気があった。演劇界から戦犯リストが提出されることはついになかった。

生煮えのまま残されてしまった自身の戦争責任という問題は、八田の中でブスブスとくすぶり続ける。明確な言葉で当時の自分を振りかえることが出来るようになるには、まだかなりの時間を必要とした。

八田は、この時の千田とのやりとりについては一行も記録を残していない。彼の人生の記録における三つ目の空白だ。だが次のような文章が、遺品の中に残されていた。日付はなく、戦前の「新築地劇団」のロゴマークが入った原稿用紙に万年筆で書きつけられたものだ。

「だまされた。」

それだけではすまないものが私の心の中にあった。戦時下、最も良心的と思って協力した丸山たちとの仕事さえ、結局は戦争の片棒を担がされていたのではないか。そしてその苦しさの中で手を握り合った友だちがすでに戦争の最後の衝撃の大きな犠牲となってしまった。

歩みつづけなければならない。歩みつづけなければならない。新しい一歩を踏み出さなければならない。しかしどの地点へ、どんな資格でその一歩を踏み出したらよいのであろうか。

「ハチケン」での日々

新劇人たちは、胸に大なり小なりの傷を抱えて戦後を走り出した。文学座、俳優座、民藝の三本柱の他に、大小さまざまな劇団が産声をあげた。

八田元夫は昭和二〇年一二月、自宅に「演出研究所」を立ち上げている。四二歳の

八田元夫（提供・早稲田大学演劇博物館）

時のことだ。

あえて「八田」の名前を冠さなかったのは、どこの劇団所属の俳優でも素人でも、新劇について学びたい者はすべて受けいれるという方針からだ。また授業を夜に限定したのも、働きながら学びたい者に機会を与えたいと思ったためだ。

八田は、自分が演出者として表に立つことよりも、これからは教育者として新劇界全体の技術の底上げを図ろうと考えた。丸山定夫が自分の演出人生から消えて開いてしまった大きな穴は、どうしても演出の最前線から一歩引いてしまう自分の行動に、何かしら影響していただろうと後に振り返っている。

演出研究所は、エノケンならぬ「ハチケ

ン」（八田の演出研究所の省略）と呼ばれた。ハチケンで、八田は新人の演出家や俳優の養成に取り組んだ。演出理論の講義には村山知義や中野重治、山川幸世らが講師として教鞭をとった。女優の原泉も、若い俳優たちの演技指導を手伝ってくれた。近所に住む三好十郎は、やはり頻繁に研究所を訪れては生徒たちに容赦なく檄を飛ばした。イガ栗頭の急襲は「三好旋風」と呼ばれ、ハチケン名物となった。

ハチケンは約一四年にわたって続き、常時三〇人前後の生徒が学んだ。労働組合が作った演劇団体の育成に八田が熱心に取り組んでいたこともあって、そこで見つけた有望な若者を研究所に誘ったりもした。後に大成する俳優、近石真介などはこの方面からの参加者である。近石は、八田の演出をこんな風に語っている。

私たち俳優もクタクタになりましたが、八田先生のしぶとさも並大抵ではなかったですね。つい適当に流した台詞を喋ってしまうと、「ハイ、止めて！」と小返しが始まる。「今どうしてあんなことしたの？　見えないよ、お前の気持ち」「何をやったかは見てりゃ分かる、お客が知りたいのは〝何故〟なんだ」っていう風にね。何だから役に入れる役者さんはどんどん伸びていく。「見えたか？　感じたか？　何が見えた？　何を感じた？　よーし、こっちも見えたぞ！」と言って、八田先生まで席から立ち上がって子どもみたいに喜んで。ついていけない俳優にはキツイですよ。だって演技の形も何も付けないんだから。とにかくジッと目をつぶって、あの髭をむしりながら、俳優が自分で役を生み出す瞬間をじっと待つ。一見ニコニコしてますけどね、絶対に妥協しないんです。

演出家のふじたあさやは、当時のハチケンの舞台をほとんど観ているという。「役者が突出しない良さがあり、そのぶん作品がきっちりと見えた。今にして思えば無名性の良さということもあっただろうが、〈演じるのではなく、生きるのだ〉と思いつめてきた結果、従来の舞台にはなかったリアリティーがキラッと光る舞台がいくつもあった」と書いている（『戦後新劇――演出家の仕事②』）。

俳優たちを「ふうふう」言わした八田だが、稽古が終わると「一杯飲みに来いよ」と皆を家に誘った。いそいそと自分で酒の肴を用意してお酌をしながら、自分はちょびちょびとお猪口を舐めていた。

「丸山の無念を忘れるな」

自身の戦争の記憶に真正面から向き合い始めたという点で、八田元夫の本当の意味での戦後の再出発は、三好十郎の死によってもたらされたといっていい。

戦後になって、三好の家の前には、ラジオ原稿や演劇のシナリオを依頼する人の列が出来た。それまでの鬱憤を晴らすかのように、三好はがむしゃらに書きまくった。

それも晩年は体調を崩し、長く病床に就いた。書斎の椅子に座れなくなってからも一日一枚、ラジオの原稿を必ず書いた。かすれたような声をテープに録音して、それを文字に落とすのである。どんな状況に追い詰められようとも、作品を創り出そうとする作家魂は最後まで衰えることはなかった。

三好は頻繁に、八田に「家に来てほしい」とせがむようになった。そして遠慮なく甘えた。八田が地方回りで二、三ヵ月姿を見せないと、催促の葉書が届いた。

三好は晩年、すっかり「怒らない人」になった。八田が出張先から土産を持って訪ねると、決まってどこへ行って何を見たかをつぶさに聞いて、「動ける君がうらやましい」とつぶやく。いつものごとく書き上げたばかりの原稿の出来を諮《はか》る時もあったが、ただそばにいるだけでいいといったようなことも増えていた。柄でもなく気弱な態度を隠そうともしない三好の様子は、八田をどこか不安にさせた。

三好十郎ほど自身の戦争責任を深く突き詰めて考え、それを戯曲に反映させた戯曲家はいないという評価がある。

戦争末期は、例えば自身の思いを投影した『獅子』などの作品は限られていて、情報局の嘱託作家として多くの戦争鼓舞作品を書いた。それに応じなければ、いつ逮捕されるか分からない時代だった。三好は、当局からの作品への干渉を毛嫌いし、よくケンカ腰になって睨まれた。一方で、心から戦地の「兵隊さん」を応援し、この戦に勝ちたいとも願っていた。三好は自分を「民族主義者」だったと後に語っている。

そんな自分の姿を戦後、徹底的に見つめ直し、戯曲へとぶちこんだ。戦後三部作と言われる『廃墟』『胎内』『その人を知らず』といった作品の登場人物はすべて三好の分身であり、その台詞は自分自身を切り刻み、吐き出すようにして生まれたものだ。八田はそれを「三好のヘド」と呼んだ。

やはり自身の戦争責任を、ある家族の中に見つめた大作『廃墟』を書き上げた頃、三好の机の前には「丸山定夫の出る芝居」という紙が長い間、貼られていた。三好にとっては、重い仕事だ。自分自身に向きあうより難しい作業かもしれない。三好が丸山をどう描くのか、もしそれが戯曲として完成するならば、演出するのは自分しかいないと、八田は壁の貼り紙を見るたびに思ったものだった。

最晩年、三好は折にふれ、八田にこんな言葉を繰り返すようになった。

「君も、もういい加減、チイチイパッパは終わりにするんだな」

チイチイパッパとは、童謡「雀の学校」のフレーズ。その歌詞の通り八田は、ハチケンを舞台に若手に鞭を振り手を引いて、演劇人の育成に教育にと走り回った。一人前の俳優に成長して有名劇団に移った者もいた。ようやく舞台俳優として使えるぞと思った矢先、テレビ俳優に転身した者もいた。突然、稽古場から姿を消した者もいた。報われたり裏切られたりしながら、八田は裏方に徹して生きた。三好はそれを、もう終わりにしろと言う。

八田は最初、よく意味が摑めなかった。考えてみれば三好も一〇年前、自身が立ち上げた若手育成のための戯曲研究会を解散していた。その研究会からは、もう十分に三好の後を継げる作家が頭角を現していた。

三好が息を引き取ったのは、昭和三三年（一九五八）一二月一六日のことだ。

その二日前、八田が家を訪れた時にはちょうど寝ていて、「起こしましょうか」という夫人の申し出を断って帰ったばかりだった。

まだ五六歳、どこかで予感していたとはいえ、あまりに早すぎる訃報に八田は打ちのめされた。物言わぬ三好の顔に対面した時、ふと、「丸山定夫の出る芝居」の貼り紙のことを思い出した。丸山の戯曲はとうとう書けなかった。だが三好は最後まで自分自身の歩みを見つめ、突き詰め、貪欲にそれを作品を生み出す力に換えた。それに引き換え、自分は若手を育てることを言い訳にして、真の意味で芝居からずっと逃げ続けていたのかもしれない。

永遠に笑うことも怒ることもない静かな寝顔を見つめながら、八田は「チイチイパッパ」の意味を繰り返し考えた。

通夜の帰り、通い慣れた木立ちの中を歩いた。もう二度と、往復することのない道。師走らしい冷え切った空気が吹きつけると、頬の上に引かれた一筋の線をひんやりと感じた。どうやら自分は泣いているらしかった。

丸山は「これからはいい芝居が出来る」と言ったその矢先に、芝居も命も奪われた。「チイチイパッパを止めろ」とは、「お前も演出家として本気で芝居をしろ」「丸山の無念を忘れるな」という三好なりの遺言だと受け止めた。

そこからの動きは早い。三好が亡くなった翌月の昭和三四年一月、八田は一四年間続けてきた演出研究所の建物に自らの手で釘を打ち付け、閉鎖した。

そして、演出仲間の下村正夫とハチケンの五人の俳優、あわせて七人の同人で「東京演劇ゼミナール」（後に劇団東演）を立ち上げる。世田谷・松原に戦前から建っている「東京で一番オンボロな芝居小屋」で、新しい劇団はスタートを切った。

以降、怒濤のような劇団活動が始まる。劇団には研究所を併設して、新人には二年間の教育もした。方々からやる気のある俳優をかき集め、現代の社会問題に正面から向き合う戯曲に取り組んだ。これまで借金だけはしなかった八田が、恥も外聞も捨てて方々に金を借りに走った。

八田は沖縄返還の前から、沖縄が背負わされた不条理に注目していた。団員を引き連れてパスポートを持って沖縄に飛び、現地で「流天沖縄」という舞台も演出した。高度成長の中で拡大していく「格差」にも注目して演目に取り上げた。傍ら、三好十郎の作品も徹底して再演していった。

難産だった『まだ今日のほうが！』

劇団創設の翌年、八田は自ら、戯曲『まだ今日のほうが！』を書き始める。それこそ、戦前から数えて何十年ぶりの執筆である。遠い昔、小山内薫からは確かに「作家として将来有望だ」と褒めてもらったが、その言葉の有効期限はとっくに切れている。それでも、恩師の言葉をよすがに取り掛かった。

戯曲の舞台は昭和七年（一九三二）、五・一五事件直後の地方都市で、ある一家の風景が描かれている。主人公はピアニストの娘（妹）だ。革命を目指して共産党の活動に入れ込んだ挙げ句、検挙され、自宅で保護監護下の身にある。同じように活動を続けていた兄は拘束された後に転向し、満州に渡ってひと稼ぎしようと考えている。兄は、いつまでも考えを変えようとしない妹を何かと責め立てる。

医師である父と母は良識的な人間だ。激しく右傾化していく社会の流れにどこか疑問を抱きながらも、何とかその枠の中に自分をうまくはめ込んで生きようとしている。登場人物はすべて八田の父であり、母であり、そして今後の身の振り方を巡って意見を対立させる兄と妹は、八田の内なる葛藤を表している。

戯曲の終盤、兄と妹の間で、ヒトラーの弾圧下に置かれたドイツ人が使っているという、ある「挨拶」について議論が持ち上がる。この戯曲の魂の部分だ。

その挨拶とは、「Noch Heute」（ノッホ・ホイテ）。

ドイツ語で、ノッホは「まだ」、ホイテは「今日」。八田は「挨拶」としているが、現実には挨拶ではなく「急げ」という意味合いで使われることが多いようだ。

この「挨拶」について兄は、時代は明日から日一日とさらに悪くなっていくだろう、だから「まだ今日のほうが（ましだ）！」と、ドイツ人たちは絶望と皮肉を込めて挨拶し合っていると訳す。それに妹が反論する。ドイツ人は、その挨拶をもっと前向きな意味で使っているはずだ。それはきっと、「まだ今日ならば（間に合う）！」という意味に違いないと。

五・一五事件によって政党政治が終焉を告げ、軍部の暴走に一気にギアが入る昭和七年という時代の境目に、市民一人一人はどう生きたか。戦争へと突き進むのか、それとも踏み留まるか。その選択ができた最後のチャンスであったことを、八田は兄妹の対話を通して提示しようとした。

演出家としては名を知られた八田だったが、この戯曲の執筆には想像以上に七転八倒した。書いてはやり直し、書いてはやり直し、ようやく雑誌『世界』に発表したら、諸方面から様々な指摘が寄せられ、また一からやり直し。特に、登場人物の台詞が観念的で難解すぎると、友人知人同業者からは一斉に愛情ある批判が浴びせられた。

この時、八田の執筆を手取り足取り助けたのが、劇作家として名を鳴らしていた木下順二だった。

木下順二は戦争責任を抱える人間の有り様について、戦後には三通りの生き方があると折にふれ語っている。自分の罪を積極的に忘れるもの、自分の罪を忘れようとするもの、そして痛みを忘れずに常に反芻して生きるもの――。不器用ながらも戯曲を通して自分自身に向き合おうとする八田の姿勢は、木下の心をどこか突き動かすものがあったのかもしれない。

木下という強力な援軍を得て、戯曲『まだ今日のほうが！』は何とか完成する。昭和三七年一月、東京厚生年金会館で、東演総出で上演に漕ぎつけた（作・演出・八田元夫、舞台装置・朝倉摂、出演・相沢治夫、吉沢久嘉等）。この時、主人公とも言える妹役を熱演した女優、堀なせこそ、後に八田の遺品を早稲田大学演劇博物館へと届ける弟子である。

そして上演の後、盛大に『八田元夫を励ます会』が開かれた。一〇〇人を超える仲間が駆け付け、半世紀ぶりの戯曲の完成を祝った。かつて「お前にも戦争責任はある」と詰め寄った佐々木孝丸は、「よく頑張った」と、三万円の借金を帳消しにしてくれた。

後に劇団東演を率いるプロデューサーとなる横川功は、戦争責任について積極的に作品に投影していった三好十郎とは対照的に、八田はそれを、長く胸の奥に抱き続けていたように感じた。戯曲『まだ今日のほうが！』を完成させることで、八田もようやく自身が抱えてきた葛藤に一区切り付けたのではないかと思ったと語る。

劇団創設から五年、東演は一人の脱落者も見ることなく常時五〇人前後が集う集団に成長した。八田は恩師、小山内薫の十八番だった『どん底』の上演を重ね、「『どん底』の東演」と評判を呼ぶようにもなった。

しかし――。これからという時に、八田の身体に異変が現れ始めた。

骨肉に食い込む広島

劇団東演が軌道に乗り、ようやく生活が落ち着いた昭和三〇年代後半に入ってから、八田は吐血するようになった。どこにもぶつけてもいない腕や足に、なぜか内出血が滲む。貧血のような立ちくらみが頻繁に起きる。八田は、演出の仕事をこなしながら入退院を繰り返した。しかし何度、精密検査を行っても、結核などの病気は見つからない。医師は理由が分からないと手をあげた。

「白血球の数値だけは観察していきましょう」

そう付け加えられた医師の言葉に、八田は一瞬、胸を突かれたような気がした。

あの〝火山灰地〟の広島の風景が蘇った。そうだ、自分は二〇年前、まだ余熱のくすぶる爆心地を、何日も彷徨《さまよ》い歩いた。素手で土を掘り起こした。壊れた蛇口に噛りつくようにして水を飲んだ。何度も何度も飲んだ。改めて思い起こせば、放射能にまみれた爆心地で背筋が凍るような行動だった。

被爆地に滞在したその時期と頻度、期間からして、八田は紛れもなく残留放射能に侵されたと正式に定義される「入市被爆者《にゅうしひばくしゃ》」のひとりだった。

八田の胸には、丸山、高山、園井の三人の悲愴な最期が蘇ってきた。ついさっきまで正常に見えた人間の身体から黒血のどくどくと吹き出す様は、あきらかに大量の放射能によって急激に細胞が破壊された結果である。もしこの数十年の間に、体内に留まった放射性物質が徐々に細胞を侵しているとすれば、自分もやがて彼らと同じような末路を辿ることになるのではないか。

自分なりに戦後を総括し、ようやく自らの劇団を持ち、まさにこれからという時に、なぜ――。遠ざかりかけていた広島の黒い影が、我が身の恐怖としてまざまざと蘇ってきた。演出家として生き抜くことへの覚悟と希望に、一瞬にして不安と恐怖が同居した。発病すれば現代の医学で治療法はなく、為す術もない。ただ死を待つだけ。核汚染に晒された人間は、あまりに無力なのだ。

近石真介はこの頃、八田が少し体調を崩すとすぐに病院に駆け込む様子を目にしている。「先生も病気に対しては意外に臆病なんだなあ」と思った。八田は、単なる病気ではなく、放射能の後遺障害としての白血病の発病を恐れていた。

八田は、自分の人生の残り時間を計り始めた。昭和四〇年の春、自由に身体が動くうちに記録に留めておかねばと、戦後長く手元に置いてきた桜隊の記録を引っ張り出した。それを何度も推敲し、『ガンマ線の臨終』として書き上げた。長く埋もれて来た記録と記憶は、ようやく日の目を見ることになった。

その年の七月下旬、広島。

六一歳になった八田元夫は、久しぶりに広島駅に降り立った。『ガンマ線の臨終』を書き終えた後、どうしても広島に行かねばと思った。過去の感傷に浸るためではない。もう一度、今度は当事者としてあの町に立たねば、そう思ったからだ。

かさぶたのように焼け落ち、壁がボロボロ崩れ落ちた広島駅、そこから見た絶望的な火山灰地の痕跡を留めるものは、もうどこにも見当たらなかった。焼け野原の上には、全く新しい別の町が出来上がっていた。

桜隊の宿舎があった広島市堀川町九九番地は、ビルが林立する賑やかな繁華街に変わっていた。戦中から広島で新劇の劇団を主催していた大月洋（戦後は広島市民劇場事務局長）の案内がなければ、おおよその場所すら分からなかっただろう。

加えてこの夏の広島は、どこか異様な空気に覆われていた。八月六日に向けて、全国から様々な団体が「原水爆禁止」の旗を掲げて集まってくる。行進する幾つかの団体が睨み合い、時に怒号を飛ばし合う。「核兵器反対」という同じ目的を持ちながら小競り合いが起きている。

原水爆禁止運動は、分裂と対立が深まる最中にあった。

ＧＨＱの情報統制により陰に追いやられていた被爆者の存在にようやく光が当たるのは昭和二九年、ビキニ事件以降のことだ。翌三〇年にはアメリカやオーストラリア、中国など世界中の代表が一堂に集まり、広島で第一回原水爆禁止世界大会を開催。被爆地広島は、二度と原子爆弾を使用しないと世界が誓い合うための聖地として光を放った。

それが昭和三六年以降、ソ連の核実験により核廃絶運動は混迷の時代を迎える。ソ連の核実験を容認するのか、それとも全面的な核実験禁止を求めるのか、運動は共産、社会、総評系に分裂。核兵器による何十万という犠牲者を悼み、不戦を誓う場であるはずの町に、安保や基地闘争まで含めた政治的な対立が持ち込まれた。

今も、この町の方々には人知れず、顔に焼きつけられたケロイドを隠して息をひそめて暮らす人たちがいる。放射能の後遺症で次々に命を奪われ続けている被爆者たちがいる。そして自分もその列に並んでいる。

八田は、歴史の目撃者から、当事者のひとりとなった。身体の奥深くに刻みこまれた広島の刻印は、二〇年という歳月を経てもなお自分の命を脅かし、圧倒的な不条理を突きつけてくる。あと、どのくらい生きられるのか。一日でも二日でも長く、できれば舞台に関わりながら生きていたい。ただ生きることの難しさを肌身で知る者からすれば、政治闘争も思想闘争もあまりに空虚に映った。

広島市内から、ひとり宮島へと向かった。

車窓に穏やかな瀬戸内海を見ながら、宮島の対岸の駅で電車を降りた。さすがの暑さに観光客もまばらだった。

島に渡るフェリーに乗り込んでデッキに立つと、たっぷりと海の湿気を含んだ熱風が吹き抜けていく。あの日、惨酷なまでに青い空の下を、丸山定夫の遺体を乗せて舟を漕いだ厳島水道。この日の雲は厚く、海はどんより鉛色にくすんでいた。

桟橋に着いて、うろ覚えの道を五分ほど歩いた。車二台がすれ違うのがやっとの緩やかな坂をとぼとぼ上っていく。路地に入ってからのたたずまいは、二〇年前と少しも変わらない。

古びた石造りのトンネルを越えたその先に、寺の庫裏が見えてきた。木造りの門

八田が撮影した丸山が最期を迎えた部屋。存光寺（提供・早稲田大学演劇博物館）

も、丸山が水を浴びた井戸もそのままだ。近所の人の話によれば、あの時、世話になった住職は病気がちで、別に住まいを移したという。

無施錠の木扉を開けて框を上がると、黒光りする廊下の向こうに見覚えのある薄暗い和室が並んで見えた。当時感じたよりも、ずいぶん狭い。こんな場所に、十数人の珊瑚座の一行に加えて自分たちまで寝起きしていたとは考えられないほどだった。

島の午後は、静まり返っていた。野鳥の鳴き声ひとつ響かない。

八田は、丸山を見送った部屋の畳に腰を落とした。こんな小さな島で、こんな小さな寺の片隅で、名優丸山定夫は死んだのだ。

――また芝居ができる時代になった
死者の言葉そして面影とともに、何とも言えぬ物悲しさと怒りが絡みあうようにして胸の奥からこみ上げてきた。

八田はリュックサックから写真機を取り出してその部屋を撮影し、寺を後にした。それが、八田がこの年の広島行きで撮影した、たった一枚の写真である。

八田はもう二度と、八月の広島を訪れることはなかった。日々、東演の演出に精を出しながら、丸山定夫の命日である八月一六日、一人静かに東京の移動演劇桜隊の殉難碑の前にぬかずいた。


晩年になって、八田元夫は演劇雑誌の企画で、朝日新聞の演劇担当記者、扇田《せんだ》昭彦によるインタビューを受けている。「新劇人の戦争責任」について聞かれ、戦後直後、戦争中も演劇を捨てなかった者と、演劇をやめていたのにパッと戻って来た者とが一斉に活動を再開した時、どこか割り切れないものを感じたと答えている。そして「自分のことをたなに上げて、積極的戦争責任者の追及、それをやる」方向に執心してしまったとして、こう続けている。

やっぱり戦争責任てものは、これは私一生しょいますね。われわれの力では食いとめられなかったでしょう。しかし食いとめられなかった自分たちの弱さってものを、もう一ぺんほんとうに――やつらが悪かったから戦争が起こっちゃったんだじゃなくて、大正デモクラシーの中でいい気になっている間にどんどんやられちゃって、一歩前進せずに後退後退したこの責任てものは、私自身と同時に、われわれの世代的な責任としてははっきりつかまえなければいけないと思っています。俳優の戦争責任といわれましたけれど、まあ、一人一人の問題ですからね。それを痛みとしてうけとめてる人と、とぼけてる人と、全然忘れちゃってる人と、さまざまですね

（『新劇』昭和四九年一二月号）。

近石真介は、新劇人会議から基地反対運動などのデモの知らせが劇団に入ると、八田がいの一番に若手を引き連れて駆け付ける姿をよく覚えている。あれだけ病気のことを気にしているのに、結構な無茶をした。華奢で小柄な老人が人波に倒されてしまわないか、ハラハラさせられた。デモへの参加にドクターストップがかかるまで、八田はどこにでも出かけていって声を張り上げていた。

昭和という時代の嵐の中で、ひとりの演出家はあまりに無力だった。権力の弾圧にじりじりと土俵際に追い詰められ、大切な劇団を取り上げられ、果てに監獄に放り込まれた。釈放されてもなお、腰縄付きの状態に置かれた。それでも芝居がしたかった。どのような形であれ演劇を続けることが、ぎりぎりの抵抗線だと信じた。八田だけではない。広島で全滅した九人全員が、その先に未来があると信じて舞台に立ち続けた。

いったん国が戦争することを許してしまえば、それに抗って生きることは容易ではない。もし、同じ時代が再び来れば、自分はまた同じことを繰り返してしまうだろう。人間はそんなに強くない。だからこそ、平和と言われる時代にあっても、無関心にその時代の行列に並ぶのではなく、自分が正しいと思うことに向かって意志を示し続けなくてはならない。それは演劇であってもいいし、デモでもいい。とにかく傍観者にならないことが自分たちに課せられた義務なのだと、晩年の八田は若い俳優たちに繰り返した。それが、戦禍の中を生き延びた一人の演劇人、ガンマ線に貫かれた一人の被爆者として辿り着いた道だった。

昭和五一年夏、暑い日の盛り――。

八田は旅公演に出る東演の俳優たちに、いつも通り稽古をつけて彼らを送り出した。その後、ひとりで病院へと向かった。ただでさえ細身の体はさらに瘦せこけ、親族のひとりは「この頃の姿は、見るのも辛かった」と語っている。

八田の相棒として東演を築いた演出家の下村正夫は、ちょうどこの年が八田の演出五〇周年であったことから、記念公演の準備を進めていた。かつて新築地劇団で丸山定夫を主演に上演された和田勝一作『海援隊』を演目に選び、劇場の手配も終えていた。地方巡業の最中に、その報せは入った。残る公演を打ち切って東京に戻ることは誰よりも八田が許さないだろうとみなで話し合い、旅を続けた。

昭和五一年九月一七日、八田元夫は入院先で息を引き取った。

死因は心不全とされたが、晩年は原因不明の不調に長く悩まされた。臓器に癌も患っていた。多くの被爆者たちがそうであったように、八田の死もまた被曝との因果関係は不明のままだ。

八田が息を引き取った時、院内には村山知義も入院していた。八田の姪の八田浩野によると、村山は八田の死を知るや駆け付けてきてベッドの側に腰を下ろし、戦友のデスマスクに無言で筆を走らせた。後日、信濃町の千日谷会堂で開かれた劇団葬では、山本安栄が弔辞を読んだ。築地小劇場時代から始まる八田の足跡に、皆が無言で聞き入った。暫くして完成した墓石には、佐々木孝丸が筆を執った。流れるような、それでいて力強い「美演」の二文字が、深く深く刻まれた。

七二年の生涯のうち、五〇年を演出家として生きた。怯んでは歩みを止め、悩んでは進み、決して日の当たる王道を歩んだ演出家人生ではなかった。だが、その一生を演劇に捧げ尽くした稀有な男であったと書いても、決して大袈裟ではないだろう。

亡くなる少し前、八田はまた戯曲を書きたいと語っていた。今度はもう少しうまくやるぞと、髭をなでながら笑っていたという。その内容は誰にも語らず、永遠に八田の胸に収められたままとなった。

終章　そして手紙が遺された

二〇一六年八月六日、東京・目黒の五百羅漢寺で桜隊原爆忌の会が主催する慰霊祭が開かれた。戦後七一年の歳月が経ったけれど、この日も一〇〇人近い演劇関係者が集まり、在りし日の俳優たちを偲んだ。

原爆忌の会が戦後、代々引き継いできた資料の中には、広島で亡くなった森下彰子が川村禾門に宛てて書き続けた手紙が今も大切に保存されている。昭和一九年夏から二〇年夏まで、全部で四五通、その内容はすでに見てきたとおりである。

禾門から彰子に送られた手紙は、彰子が肌身離さず持ち歩いていたため、広島で焼けてしまった。しかしたった一枚だけ、禾門から彰子に宛てた葉書が残されていた。

日付は敗戦後の昭和二〇年一〇月、宛先は川村彰子、住所は禾門の親族が疎開していた神奈川・橋本の寺となっている。

宛ないたよりを書くような気がして、というのは広島で君が他界したのではないかと思われるので。夢ではいつも君は元気で、僕達が再会した刹那、一大交響楽が奏せられるようなアトモスフエアの中に浸って行くのが常なのであるが。君が生きていたら、たしかにぼく達の再出発は力強いものに違いない。そうあることを確信はしてるが、自然という力の前には覚束ない気もする。とにかく僕は生きているし、元気でもある。若しこの葉書が今月中に届くようだったら、そして朝鮮宛電報が送れるようだったら、安否を打電して欲しい。朝鮮忠清北道大田朝鮮軍司令部。

一〇月四日　川村禾門

この葉書を書いてから三週間後の一〇月下旬、川村禾門は朝鮮から復員する。その足で、森下彰子の両親が身を寄せていた青山を訪ね、彰子の死を知らされた。禾門は一晩中、遺骨のそばで泣き明かしていたという。

禾門はその後、大映多摩川撮影所の演技研究所に復帰する。彰子と二人、俳優として活躍する夢を抱き、共に過ごした思い出の場所だ。研究所は昭和二一年から試演会を再開している。その演出は偶然にも、大映から依頼を受けた八田元夫が担当した。八田が選んだ演目は『獅子』だった。禾門の役は、かつて彰子が演じたお雪と駆け落

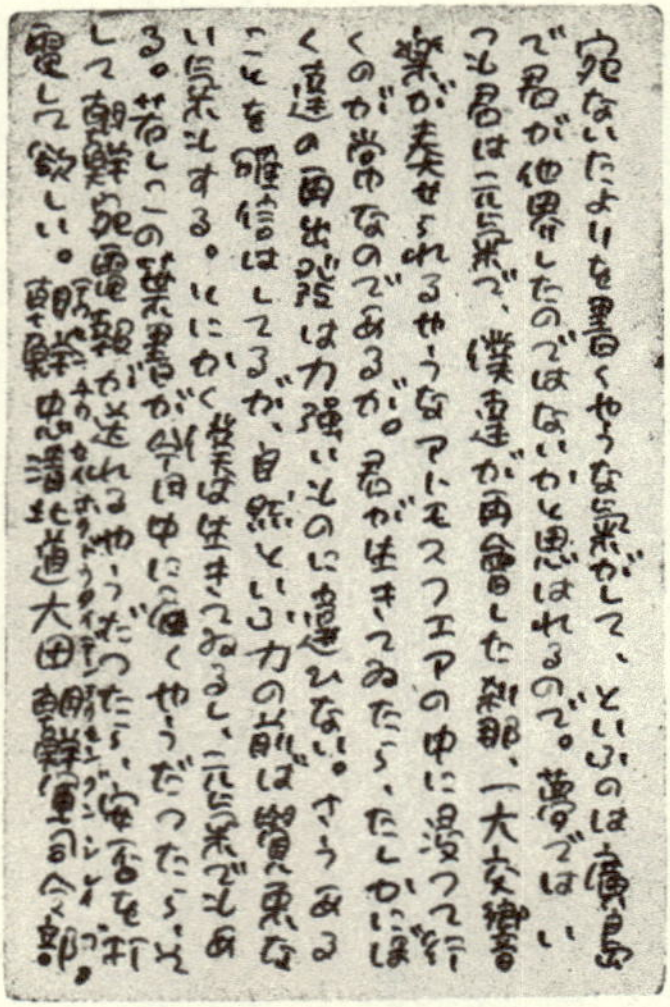
寃ないたよりを書くやうな氣がして、といふのは廣島で君が他界したのではないかと思はれるので。夢ではいつも君は元氣で、僕達が再會した刹那、一大交響樂が奏せられるやうなアトモスフエアの中に浸つて行くのが常なのであるが。君が生きてゐたら、たしかにぼく達の再出發は力強いものに違ひない。さうあることを確信はしてるが、自然といふ力の前は[illegible]い氣がする。とにかく僕は生きてゐるし、元氣でゐる。若しこの葉書が君の手中に届くやうだつたら、返して朝鮮宛電報が送れるやうだつたら、安否を[illegible]電して欲しい。朝鮮忠清北道大田朝鮮軍司令部。

1枚だけ残った禾門から彰子への便り

ちをする圭太郎という因縁である。

彰子は禾門に宛てた手紙に、桜隊の演目が『獅子』だったこと、彰子がお雪の役を演じていたこと、そして演出者として「八田先生」という名前も書いていた。大映演技研究所で顔を合わせた八田と禾門だが、互いの存在には気づかなかったのだろうか。禾門は晩年、こう書いている。

十月末、復員したわたしは、森下彰子の被爆を知った。それは、園井さんを含めて、桜隊が消えてしまったことであった。

どういうわけか、大映東京撮影所の、戦後最初の試演会に、「獅子」がとりあげられた。わたしの役は馬場圭太郎である。その頃わたしは、新宿の戦火の焼跡に出来た闇市の屋台で、横流しのドラム缶から注がれるエチールアルコオルを飲んで、酔いつぶれてしまう日々であった。ひどい馬場圭太郎をやってしまったと思う。それは、園井恵子さんと森下彰子の生き方への、裏切りになってしまうことだった。くやんでも、呼んでも、帰らない日と、痛感している（『悲劇喜劇』一九九三年一一月号）。

出征前、複数のヒット作で主演を務めた禾門は、戦後も活躍を期待されていた。ところが先の手記にあるように、稽古に全く身が入らなくなった。自暴自棄になって夜ごと新宿界隈に繰り出し、稽古場で酒の匂いをさせるようになる。禾門は翌年、大映を解雇された。

一度、俳優への道を踏み外した禾門に、次の機会は巡ってこなかった。かつて大映演技研究所でともに競い合った後輩の小林桂樹は、順調にスター街道を上っていく。映画は全盛期を迎え、銀幕には新しいスターが次々に誕生した。片や大映を解雇された禾門は、その後、松竹に拾われて何とか大部屋俳優に留まった。有名な映画にも出演したが、名前のつく役はほとんどなかった。

戦争が終わって一〇年が経とうとする頃、禾門は親族の勧めで見合い結婚をした。妻となった人は穏やかで誠実な人だった。やがて一男一女を授かる。彰子とのことは、妻や子にも封印して生きた。

八〇年代に入り、映画の時代はテレビへと移る。映画会社ではリストラが進み、禾門もまた『男はつらいよ　花も嵐も寅次郎』（山田洋二監督・昭和五七年）を最後に、松竹の専属契約を解消された。その後は、パン屋の仕事やホテルのフロント業で生計を立てながら、ひたすら出演の声がかかるのを待った。

その禾門が亡くなる六年前の一九九三年、映画『無法松の一生』の復元パフォーマンスで白井佳夫と出会い、彰子のことを初めて語り、手紙の存在を打ち明けたことはすでに書いたとおりである。


彰子の手紙にはもう一つ、エピソードがある。後日、白井を通して映画監督の大島渚から、禾門のもとに連絡が入った。彰子が遺した手紙を全て読ませてほしいという。手紙を読んだ大島は深く感動し、これを映画化したいと禾門に申し入れた。その時に手掛けていた映画『御法度』の撮影が終われば、次の企画として立ち上げる予定だった。ところが大島監督は翌年、脳出血に倒れ療養生活に入る。監督は二〇一三年に逝去し、映画化はついに叶わなかった。

妻の小山明子は、亡き大島監督の気持ちをこう代弁した。

「実は、私と大島とは結婚前、離れ離れになった時期がありましてね、その間に沢山の手紙を交わしたんです。まあ、言ってみれば恋文ですよね。時代は違えど、恋人たちが交わす手紙っていうのは、限られた字数でも、本当に大切な気持ちが行間に滲み出すものでしょう？　私と大島も、手紙で必死に気持ちを伝えあったんです。ですから、彼が彰子さんの手紙を映画化したいと考えたのは、分かるような気がします」

長く映画界を遠ざかっていた禾門が、白井との出会いを機に活動を再開させたのは、もう七〇を越えてからのことだった。

無名の老人が映画のオーディションを片っ端から受けてまわり、何本かに出演を果たした。『アトランタ・ブギ』（山本政志監督　アミューズ・一九九六年）では、古田新太ら若手の俳優たちを相手に戦う頑固な老人役で存在感を示した。遠い日の彼方、『無法松の一生』で老俳優が輝いた時代を知る者はいなかったが、稽古熱心なその姿は今も関係者の記憶に残る。

映画『二十世紀少年読本』のオーディションで、大勢の中から禾門を選んだプロデューサーの林海象《かいぞう》は、禾門の印象についてこう語った。

「この人、なんか雰囲気があるなあと思って採ったんですよ。後で知ったんですけど彼、『無法松の一生』に出てるんですね、それも結構な役で。それって大変なことですよ。でもそんなこと、自分から一言も言わないんですもん。ただ本当に真面目な人で、一生懸命でね、確か、あの後も何本かやってもらいましたよ」

晩年の禾門はいつ仕事の声がかかっても受けられるようにと、近所の公園で毎朝、発声練習をし、水泳の練習も欠かさなかった。禾門と同じ映画に出演したことがある女優の磯村千花子は、禾門がこんな風に漏らしたのを覚えている。

「撮影所のセットの陰にね、ふと彰子さんがいるような気がしたり、多摩川のほとりを歩いていると、彰子さんが後ろから付いてきているように思えて、辛いようなうれしいような不思議な気持ちになるんだって、そんな風に仰ってました」

一度は自ら手放した俳優への道を、禾門は必死に取り戻そうとした。名も無き脇役を必死に演じた。取り立てて評価されたこともなかった。だが禾門にとって、名声を得ることはもはや目的ではなかっただろう。どんな端役であっても俳優として生き続けること、輝き続けること。それは、あの戦争で無念のうちに亡くなっていった妻や仲間たちへの償いだったのかもしれない。

八〇を超えて、禾門は病に倒れた。容体が悪いとの報せを受け、出張先から病院に駆け付けた長男の哲司は、父が病床で漏らした一言を忘れることができない。

「元気になったら、また俳優をするぞ」

その時の父は、どこか格好良く見えた。

遥か遠い日、妻は夫に宛ててこう書いた。

あなたも真の演技者になって下さい。あたしもどんな立場になろうとも、同じことだと喜べる女房になりますわ。

一度は破ってしまった彰子との約束を、禾門はその人生の終末に、ようやく果たしたのかもしれない。

一九九九年三月、川村禾門は八一歳の人生を全うした。

あとがき

幼い頃、人は誰でも一度は夢を抱く。

八田元夫の場合、それが「芝居」だった。母の胸のぬくもりの中で、夜な夜な語られる舞台の話。おとぎの国のような世界に、少年は胸をときめかした。生まれて初めての有楽座で夢は現実になる。豪華な劇場で繰り広げられる芝居は、少年の心をたちまち虜にし、後の人生までも一変させた。

開演前の劇場には、薄い一枚の幕を隔てて、二つの世界が存在する。演じる者、そして観る者の世界である。いずれの側も芝居が好きで好きでたまらない、そこに夢を求めて集まる人たちだ。

待ちかねた時間が来る。場内の灯がふっと消え、ざわつきが引いていく。空気が一気に張りつめる。そして幕が上がったその瞬間、二つの世界は一つになる。両者は同じ空間に、同じ空気を吸い、感情の波動を五感いっぱいに味わう。そこでは時空を自由に旅し、自分の見知らぬ新しい人生までも生きることができる。

そんな夢と希望に満ち溢れているはずの演劇の世界が、蹂躙された時代があった。

舞台はイデオロギーによって変節させられ、国家によって自由を奪われ、俳優は警察に連行され、演出家は拷問を受け、作家が警察署の中で殴り殺される——。わずか七十数年前にあった、この国の姿である。

その戦争も末期、最たる不条理に晒されたのが桜隊の九人。

丸山定夫、森下彰子、園井恵子、高山象三、仲みどり、羽原京子、島木つや子、笠絅子《けいこ》、小室喜代。

本書では全ての人物の足跡を辿ることはできなかった。だが、みなが生きる場を求め求めて広島に辿り着いた。八田元夫と同じように、人生のどこかで芝居という夢の世界に触れ、虜となり、ただ舞台にふれて生きていたいと願った人たちだった。

二〇一七年の今、日本の演劇界は活気に満ちている。いわゆる新劇系では文学座、俳優座、劇団民藝、そして八田が創設した劇団東演ふくめ大小さまざまな劇団が旺盛に公演活動を続けている。紙面には毎週、新しい公演情報が次々と掲載され、喜劇に悲劇、娯楽に社会問題、そして戦争の記憶を問い質したりと演目も多種多様だ。丸山定夫がそうだったように、苦しい生活も厭わず、芝居の世界に夢を求めて飛び込んでくる若者たちはいつの時代も引きも切らない。

人は、時代を選んで生まれてくることは出来ない。

丸山定夫や森下彰子、そして志半ばで逝った八田元夫も、今、私たちが謳歌しているような、こんな時代に生きたかったに違いない。思う存分、自由に、その身体を舞台の上に躍動させたかったに違いない。観客からの喝采を、割れるような拍手を、その身に浴びたかったに違いない。

夢を抱くこと、これぞと思う仕事に没頭すること、理想を追い求めること、人を愛すること、生きること、そんな当たり前のことすべてを戦争は奪い去った。言葉には言い尽くせぬ彼らの無念を胸に、八田元夫という演出家の目を借りて本書の執筆にかかった。

この企画は二〇〇四年にテレビドキュメンタリーとして出発した。その後も、桜隊原爆忌の会をはじめ関係者の方々の協力を得ながら、取材を積み重ねてきた。二〇一六年、その成果の一部を講談社の中村勝行氏の助言により月刊誌『本』に連載した。さらに八田元夫の遺品発見という、取材における一大転機を経て、最終的には全く異なる形で本書として完結したものである。

足掛け一四年、道を外れるたび常に私を導いてくれた夫に心から感謝を捧げる。

二〇一七年六月　梅雨晴れの日に

堀川恵子

解説　拷問は嫌だ。戦争も嫌だ。

ケラリーノ・サンドロヴィッチ
（劇作家・演出家・映画監督・音楽家）

序章の結びがとても印象的だったので、二年前に買い求めた単行本にはラインマーカーで線が引っ張ってある。

彼らが生きた時代に向きあう時、私たちは改めて反芻することになるだろう。あの時と同じ空気が今、この国に漂ってはいやしないか。頭上を覆い始めたどす黒く重い雲から、再びどしゃぶりの雨が降り出しやしないか。そしてその時、果たして私たちは、足を踏ん張って立ち続けていくことができるだろうかと。

おかげでまんまと著者の思惑通り、頁を繰る間、ずっと「他人事《ひとごと》ではないかもしれない」と感じながら読むことになった。関東大震災を先の東日本大震災と重ね合わせたりもした。今この原稿を書きながらも、大正から昭和への移行を、平成から令和へのそれと重ねてしまう。それから、法の拡大解釈。無茶苦茶なこじつけで酷《ひど》い目にあった当時の人々と、現在の、いや、これを書くと私が将来拷問にあったりするのは勘弁だから詳しく書くのはやめておく。拷問は嫌だ。戦争も嫌だ。少なくとも、安倍政権の一強政治による数々の施策を「まるで戦前のようだ」と嘆き評する声があちこちから上がって久しい。

芥川龍之介が「ぼんやりした不安」という言葉を残して服毒自殺したのは令和二年、いや、昭和二年のことだ。翌三年、満州で張作霖《ちょうさくりん》爆殺事件が起き、国内では治安維持法により共産党の大弾圧が始まる。昭和四年十月、ニューヨーク株式市場大暴落により世界大恐慌。昭和六年、ついに満州事変が勃発《ぼっぱつ》し、日本は長く長く暗く暗い十五年戦争へと突入する。大正デモクラシーの気運のさなかには、政治的、市民的自由を求めて様々な運動を繰り広げた国民は、恐慌や弾圧の不安に押し流されるようにナショナリズムの大きなうねりに、否応なしに飲み込まれていった。

私は二十二歳の時に最初の劇団を立ち上げ、以来約三十五年間、やりたくないことは一切、まさしく一切やらずに、好き勝手放題に創作を続けてきた人間だ。土方与志《ひじかたよし》のような人物は周りにいなかったから、経済的に豊かだったとは言い難いものの、誰にも文句を言われずに書きたいことを書き、思う通りに演出して、これまでに百五十本以上の芝居を上演した。「人は殺してもいい」という群唱で終わる芝居を書いたこともあれば（もちろん私がそのように思ってるわけではないですよ、誤解なきよう）、ヒトラーが、虐殺したユダヤ人たちに反省文を書くよう促されているシーンから始まる芝居も作った。東日本大震災の直後には、過度な節電によって電力会社の社内が暗闇の中、大混乱に陥る芝居も書いた。これらはいずれも「ナンセンス・コメディ」にカテゴライズされる演劇で、多様雑多な拙作群のほんの一側面ではあるが、こんなものを発信できる時代に生きていられる幸福は、決して当たり前のものではないことを、本書を読むと改めて感じる。現代の演劇人はつくづく幸せだ。この幸せはいつまで続くのか。つい先日もツイッターでなんの気なしにつぶやいた一言がツイッター屋さんによって削除され、なんだか恐ろしげな警告をされた私である。あと十年か二十年、あわよくば三十年。余生においても今まで通り自由な創作が続けられるのだろうかと、思わず空を見上げて雲行きに眉をひそめる昨今だ。

そう、演劇や映画や、小説や絵画の中では何が起こったってよいはずなのである。

現実には起こっちゃ困るような事態でも、創作物の中では許される。「そもそも芸術や文化というのは、個人が『かなり極端でどちらかというと危険な感情』を体験するための、安全な場所を提供するものだ」。音楽家のブライアン・イーノの、最近のインタビューにおける発言だ。まったく同感である。私はあらゆる検閲を否定するものではないが……いや、この際、あらゆる検閲を否定しようじゃありませんか。そこで起こる問題には、どうあろうが責任をもって立ち向かう。そうでなければ「かなり極端でどちらかというと危険な感情」なんて提供できっこないのだから。

さてさて、本書は新劇の世界に的を絞って、あまり知られていないその歴史を辿りながら、舞台の魅力に取り憑かれた人々がいかに時代に翻弄され、権力に抗《あらが》ったのか、彼らが何に苦しみ、何に喜び、どういった事情で桜隊が八月六日を広島で迎えることになったのか。その壮絶としか言いようのない生き様、死に様を、上質な群像劇のように追っている。

では新劇以外の演劇はどうだったのか。ここで、苦難続きの新劇界だけでは食っていけなくなった三十二歳の丸山定夫が、生活のために浅草でエノケン一座の舞台に立っていたくだりを読み返してみよう。丸山に言わせれば「馬鹿げたギャグで人を笑わせている芝居」に出演している自分は「落ちぶれてしまった」のであり、本名で出演するのが躊躇《ためら》われて「福田良介」の偽名を名乗ったが、団員からは「あ、アカの役者さんね」と軽くあしらわれた。

新劇と異なり、アチャラカと呼ばれた商業喜劇には検閲の手が及ばなかったように思われる方もいようが、そうではない。たしかにプロレタリア演劇興隆時、警視庁の検閲は新劇への火消しに追われ、軽演劇への締め付けは些《いささ》か緩かったのかもしれないが、程なくして当局は「喜劇こそヤバい」と気づく。喜劇は笑いを通して人間性を解放する。そんなものを解放させせられるなんてことは当時の大日本帝国にとっちゃ迷惑極まりない話で、許し難い反国家的行為だった。

エノケンのライバル、古川緑波（ロッパ）の日記を読めば、戦時下における彼の正面の敵が強大な国家権力だったことがわかる（ちなみにロッパは戦争反対者でも、反体制論者でもない。それどころか、自分を「戦争傍観者」と批評した記者に激怒し、日本の勝利を神に祈った。言ってみれば、当時としてはごく当たり前の一日本人に過ぎなかった）。あの時代、喜劇が喜劇なりにどれほど弾圧され、手足を捥《も》がれていったのか。警視庁の手先を「木ッ葉役人」と罵《のの》りながら、その実態をロッパは詳細に記述している。

■警視庁の検閲が見物に来り、「芋と官軍」の演出について大いに怒り、今朝菊田等呼び出され、今日からお化けは一切引込めろと言はれた上、届出のセリフ以外のことを喋つてゐる件で、渡辺篤も明朝出頭しろといふ、馬鹿々々しくて話にならない。その上、ロッパといふ片仮名禁止の旨きゝ腹立ってたまらない、畜生、木ッ葉役人の、それも個人の手で此ういふ命令など出していゝものか！（昭和十八年七月八日 日記）

ロッパとかエノケンとか、片仮名で書くと英米的だから、というのが禁止の理由だったという。まあ、本書を読んだあとだと「そのくらい我慢しろよ」と言いたくならないでもないが、彼らは彼らで苦しんでいた。プロレタリア演劇と異なり、本来まったく反権力の立場でない者が、お門違いの指摘を受け続けることによって、結果、反権力の立場に立たざるを得なくなるというのは、まったくもって皮肉な話ではないか。なんて、私自身が笑いを最大の武器にして創作してきたものだから、ついつい喜劇人の肩をもってしまった。すみません。謝ることでもないが。

本書の成立の礎となった、膨大なメモと著書『ガンマ線の臨終――ヒロシマに散った俳優の記録』の草稿を遺した八田元夫をはじめ、本書に登場する人物、取材に答えた人々の殆どが、すでに鬼籍に入っている。元々はテレビのドキュメンタリーの企画として出発し、十三年もの歳月をかけて書かれたというのだから、著者堀川恵子氏の情熱というか執念というか執着というか、は並大抵のものではない。どんな苦境にあっても舞台にしがみついた八田や丸山定夫に匹敵する情熱だと思う。優れたノンフィクション作家の凄みと矜持に心より敬服する。

窮屈な世の中だ。もっと窮屈になるやもしれぬ。拷問は嫌だ。戦争は嫌だ。大丈夫、いくらなんでもそんなことにまではなりゃしないだろう。当時の人々だってそんな風に思っていたに違いない。

その時私たちは、足を踏ん張って立ち続けていくことができるだろうか。

令和元年　雨が降り始めた夜更けに、川村禾門《かもん》出演の『秋日和』をＢＧＶに記す

主要参考文献

『築地小劇場史』水品春樹　日日書房　一九三一年
『築地小劇場の時代――その苦闘と抵抗と』吉田謙吉　八重岳書房　一九七一年
『新劇年代記〈戦中編〉』倉林誠一郎　白水社　一九六九年
『日本現代演劇史　昭和戦後篇Ⅰ』大笹吉雄　白水社　一九九八年
『対談　戦後新劇史』戸板康二　早川書房　一九八一年
『移動演劇の研究』伊藤熹朔編　日本電報通信社出版部　一九四三年
『戦後新劇――演出家の仕事②』日本演出者協会編　れんが書房新社　二〇〇七年
『演出者の手記』小山内薫　文藝春秋社　一九四八年
『丸山定夫・役者の一生』丸山定夫遺稿集刊行委員会　ルポ出版　一九七〇年
『俳優・丸山定夫の世界』菅井幸雄編　未来社　一九八九年
『小山内薫』久保榮　文藝春秋新社　一九四七年
『ガンマ線の臨終――ヒロシマに散った俳優の記録』八田元夫　未来社　一九六五年
『三好十郎覚え書』八田元夫　未来社・てすぴす叢書60　一九六九年
『演出修業』八田元夫　河童書房　一九五〇年
『中野重治全集』第二十五巻　筑摩書房　一九九八年

『現代日本文學全集』第五十巻　筑摩書房　一九五六年
『現代日本文學大系』53　筑摩書房　一九七一年
『暗転──わが演劇自伝』薄田研二　東峰書院　一九六〇年
『久保栄全集』第五巻　三一書房　一九六二年
『演劇的自叙伝』2　村山知義　東邦出版社　一九七一年
『プロレタリア演劇の青春像』浮田左武郎　未来社　一九七四年
『風雪新劇志──わが半生の記』佐々木孝丸　現代社　一九五九年
『回想のプロレタリア演劇』宅昌一　未来社　一九八三年
『青春は築地小劇場からはじまった──自伝的日本演劇前史』阿木翁助　社会思想社・現代教養文庫　一九九四年
『メザマシ隊の青春──築地小劇場とともに』江津萩枝　未来社　一九八三年
『土方梅子自伝』土方梅子　ハヤカワ文庫NF　一九八六年
『園井恵子・資料集──原爆が奪った未完の大女優』岩手県松尾村編　ロッキー出版　一九九一年
『友田恭助のこと』田村秋子・伴田英司　中央公論事業出版　一九七二年
『夢声戦争日記』全五巻　徳川夢声　中央公論社　一九六〇年
『評伝　北一輝』全五巻　松本健一　岩波書店　二〇〇四年
『女優の一生』杉村春子・小山祐士　白水社　一九七〇年

『杉村春子――女優として、女として』中丸美繪　文春文庫　二〇〇五年
『農村演劇入門講座』下　農村演劇懇話会編　農山漁村文化協会　一九五八年
『田端文士村』近藤富枝　中公文庫　一九八三年
『長谷川如是閑集』第一巻　岩波書店　一九八九年
『二人の友』小山清　審美社　一九六五年
『ロンドの青春――平和と演劇を愛した大月洋の足あと　大月洋演劇稿』大月洋　民劇の会大月洋演劇稿出版世話人会　一九九六年
『八田三喜先生遺稿集』堀内信編　八田三喜先生遺稿集刊行会　一九六四年
『葡萄の枝』八田亨二　八田毅　一九九三年
『桜隊全滅――ある劇団の原爆殉難記』江津萩枝　未来社　一九八〇年
『ねじ釘の如く――画家・柳瀬正夢の軌跡』井出孫六　岩波書店　一九九六年
『柳瀬正夢　1900―1945』北九州市立美術館編　読売新聞社・美術館連絡協議会　二〇一三年
『柳瀬正夢研究』Ⅰ・Ⅱ　武蔵野美術大学　柳瀬正夢共同研究編　武蔵野美術大学　一九九三・九五年
『伊丹万作全集』１　伊丹万作　筑摩書房　一九七三年
『静臥雑記』伊丹万作　国際情報社出版部　一九四三年

『荻窪風土記』井伏鱒二　新潮文庫　一九八七年
『摘録　断腸亭日乗』下　永井荷風　岩波文庫　一九八七年
『アルト　ハイデルベルク』マイアー・フェルスター著　番匠谷英一訳　岩波文庫　一九五二年
『巨匠』木下順二　福武書店　一九九一年
『日本映画黄金伝説』白井佳夫　時事通信社　一九九三年
『富島松五郎伝』岩下俊作　中公文庫　一九八一年
『活動写真フイルム検閲年報』内務省警保局編
『映画検閲時報』第三十九巻　内務省警保局編　不二出版　一九八六年
『映画史』岩崎昶　東洋経済新報社　一九六一年
「統制・抵抗・逃避——戦時の日本映画」岩崎昶　『文学』一九六一年五月号所収　岩波書店
『検閲・メディア・文学——江戸から戦後まで』鈴木登美ほか編　新曜社　二〇一二年
『内務省の歴史社会学』副田義也編　東京大学出版会　二〇一〇年
『日本映画の若き日々』稲垣浩　中公文庫　一九八三年
『日本映画史110年』四方田犬彦　集英社新書　二〇一四年
『夢の痂《かさぶた》』井上ひさし　集英社　二〇〇七年
『日本放送史』日本放送協会放送史編修室編　日本放送協会　一九六五年
『ラジオ年鑑』日本放送協会編　大空社　一九八九年

『劇空間の緊張とともに——劇団東演50年』劇団東演編　青陶社　二〇一〇年
『安保体制打破　新劇人会議　50周年記念誌』田口精一ほか編　新劇人会議　二〇一〇年
『がんす横丁』薄田太郎著　薄田純一郎編　たくみ出版　一九七三年
『東京大空襲・戦災誌』第一巻〜四巻　東京空襲を記録する会　一九七三年
『広島原爆戦災誌』全五巻　広島市役所編　一九七一年
『日本の近代5　政党から軍部へ』北岡伸一　中央公論新社　一九九九年
『地域のなかの軍隊7　帝国支配の最前線　植民地』坂本悠一編　吉川弘文館　二〇一五年

本書は二〇一七年七月、小社より単行本として刊行されたものです。

|著者| 堀川恵子　1969年広島県生まれ。ジャーナリスト。『チンチン電車と女学生』（小笠原信之氏と共著）を皮切りに、ノンフィクション作品を次々と発表。『死刑の基準—「永山裁判」が遺したもの』で第32回講談社ノンフィクション賞、『裁かれた命—死刑囚から届いた手紙』で第10回新潮ドキュメント賞、『永山則夫—封印された鑑定記録』で第4回いける本大賞、『教誨師』で第1回城山三郎賞、『原爆供養塔—忘れられた遺骨の70年』で第47回大宅壮一ノンフィクション賞と第15回早稲田ジャーナリズム大賞、本作『戦禍に生きた演劇人たち—演出家・八田元夫と「桜隊」の悲劇』で第23回AICT演劇評論賞、『狼の義—新 犬養木堂伝』（林 新氏と共著）で第23回司馬遼太郎賞を受賞。『暁の宇品—陸軍船舶司令官たちのヒロシマ』は2021年に第48回大佛次郎賞を、'24年に山縣勝見賞・特別賞（同作を通じて船舶の重要性を伝えた著者とその講演活動に対して）を受賞した。

戦禍《せんか》に生《い》きた演劇人《えんげきじん》たち　演出家《えんしゅつか》・八田元夫《はったもとお》と「桜隊《さくらたい》」の悲劇《ひげき》

堀川恵子《ほりかわけいこ》

2019年7月12日第1刷発行
2024年12月11日第5刷発行

発行者——篠木和久
発行所——株式会社　講談社
東京都文京区音羽2-12-21　〒112-8001
電話　出版（03）5395-3510
　　　販売（03）5395-5817
　　　業務（03）5395-3615

Printed in Japan

講談社文庫
定価はカバーに表示してあります

KODANSHA

デザイン—菊地信義
本文データ制作—講談社デジタル製作
印刷———株式会社KPSプロダクツ
製本———株式会社KPSプロダクツ

ISBN978-4-06-516343-6

講談社文庫刊行の辞

二十一世紀の到来を目睫に望みながら、われわれはいま、人類史上かつて例を見ない巨大な転換期をむかえようとしている。

世界も、日本も、激動の予兆に対する期待とおののきを内に蔵して、未知の時代に歩み入ろうとしている。このときにあたり、創業の人野間清治の「ナショナル・エデュケイター」への志を現代に甦らせようと意図して、われわれはここに古今の文芸作品はいうまでもなく、ひろく人文・社会・自然の諸科学から東西の名著を網羅する、新しい綜合文庫の発刊を決意した。

激動の転換期はまた断絶の時代である。われわれは戦後二十五年間の出版文化のありかたへの深い反省をこめて、この断絶の時代にあえて人間的な持続を求めようとする。いたずらに浮薄な商業主義のあだ花を追い求めることなく、長期にわたって良書に生命をあたえようとつとめるところにしか、今後の出版文化の真の繁栄はあり得ないと信じるからである。

同時にわれわれはこの綜合文庫の刊行を通じて、人文・社会・自然の諸科学が、結局人間の学にほかならないことを立証しようと願っている。かつて知識とは、「汝自身を知る」ことにつきていた。現代社会の瑣末な情報の氾濫のなかから、力強い知識の源泉を掘り起し、技術文明のただなかに、生きた人間の姿を復活させること。それこそわれわれの切なる希求である。

われわれは権威に盲従せず、俗流に媚びることなく、渾然一体となって日本の「草の根」をかたちづくる若く新しい世代の人々に、心をこめてこの新しい綜合文庫をおくり届けたい。それは知識の泉であるとともに感受性のふるさとであり、もっとも有機的に組織され、社会に開かれた万人のための大学をめざしている。大方の支援と協力を衷心より切望してやまない。

一九七一年七月

野間省一

講談社文庫　目録

舞城王太郎　好き好き大好き超愛してる。
舞城王太郎　私はあなたの瞳の林檎
舞城王太郎　されど私の可愛い檸檬
舞城王太郎　畏《おそ》れ入谷《いりや》の彼女の柘榴《ざくろ》
舞城王太郎　短篇七芒星
真山　仁　虚像の砦
真山　仁　新装版ハゲタカ（上）（下）
真山　仁　新装版ハゲタカⅡ（上）（下）
真山　仁　レッドゾーン（上）（下）
真山　仁　グリード（上）（下）〈ハゲタカⅣ〉
真山　仁　ハーディ（上）（下）〈ハゲタカ2・5〉
真山　仁　スパイラル〈ハゲタカ4・5〉
真山　仁　シンドローム（上）（下）〈ハゲタカ5〉
真山　仁　そして、星の輝く夜がくる
真梨幸子　孤《こ》虫《ちゅう》症《しょう》
真梨幸子　深く深く、砂に埋めて
真梨幸子　女ともだち
真梨幸子　えんじ色心中
真梨幸子　カンタベリー・テイルズ
真梨幸子　イヤミス短篇集
真梨幸子　人生相談。
真梨幸子　私が失敗した理由は
真梨幸子　三匹の子豚
真梨幸子　まりも日記
松本裕士　兄〈追憶のｈｉｄｅ〉弟
円居　挽　原作 福本伸行　カイジ　ファイナルゲーム　小説版
松岡圭祐　探偵の探偵
松岡圭祐　探偵の探偵Ⅱ
松岡圭祐　探偵の探偵Ⅲ
松岡圭祐　探偵の探偵Ⅳ
松岡圭祐　水鏡推理
松岡圭祐　水鏡推理Ⅱ〈インパクトファクター〉
松岡圭祐　水鏡推理Ⅲ〈パレイドリア・フェイス〉
松岡圭祐　水鏡推理Ⅳ〈アノマリー〉
松岡圭祐　水鏡推理Ⅴ〈ニュークリアフュージョン〉
松岡圭祐　水鏡推理Ⅵ〈クロノスタシス〉
松岡圭祐　探偵の鑑定Ⅰ
松岡圭祐　探偵の鑑定Ⅱ
松岡圭祐　万能鑑定士Ｑの最終巻〈ムンクの〈叫び〉〉
松岡圭祐　黄砂の籠城（上）（下）
松岡圭祐　シャーロック・ホームズ対伊藤博文
松岡圭祐　八月十五日に吹く風
松岡圭祐　生きている理由
松岡圭祐　黄砂の進撃
松岡圭祐　瑕《か》疵《し》借り
松原　始　カラスの教科書
益田ミリ　五年前の忘れ物
益田ミリ　お茶の時間
マキタスポーツ　一億総ツッコミ時代〈決定版〉
丸山ゴンザレス　ダークツーリスト〈世界の混沌《カオス》を歩く〉
松田賢弥　したたか　総理大臣・菅義偉の野望と人生
真下みこと　#柚《ゆ》莉《り》愛《あ》とかくれんぼ
真下みこと　あさひは失敗しない
松野大介　インフォデミック〈コロナ情報氾濫〉
松居大悟　またね家族
前川　裕　逸脱刑事
前川　裕　感情麻痺学院

2024年9月13日現在